U0498110

# 初级会计实务

**CHUJI KUAIJI SHIWU**

## （第二版）

主　编　　许仁忠　李丽娟　杨　洋　刘　婷
副主编　　胡　虹　周　静　周凤莲　张珊珊　李慧蓉

西南财经大学出版社
Southwestern University of Finance & Economics Press

中国　成都

# 高职高专"十三五"规划精品教材·会计专业系列

# 编 委 会

主 任：许仁忠

成 员（以姓氏笔画为序）：

# 总　序

　　高等职业教育的培养目标是培养具有专业技能和工匠精神的高素质劳动者和人才。高职高专会计专业肩负着培养素质高、技术强应用型财务会计人才的重任。为了促进专业教学的发展，我们组织编写了这套《高职高专"十三五"会计专业系列规划教材》。按照三年的教学计划和进程，本系列规划教材共有十册：《基础会计》《基础会计实训》《财经法规与会计职业道德》《初级会计实务》《出纳实务》《商贸企业会计实训》《工业企业会计实训》《纳税实务》《会计电算化》《财务管理》，期望能为提高高职高专会计专业教学水平尽绵薄之力。

　　本套教材编写的指导思想是从企业的实际需要出发，结合学生的基本现状，力求通俗易懂、学以致用。财务会计是经济管理中进入行业门槛时对专业技能要求最高的工作，也是经济管理类学科中技术含量最为丰富的工作。要使高职高专会计专业毕业生走上岗位就能独立操作、胜任工作、减少企业再次培训的成本和精力，就必须时时处处从工作岗位的实际需要着手，让学生掌握会计工作的各项动手操作技能。为此，有一套能高度契合会计岗位工作实践的教材尤为重要，这也是我们编写这套高职高专会计专业系列规划教材的初衷。

　　本套教材在编写中本着"课堂就是岗位"的理念，着重实践，重视实训，强调培养学生的动手操作能力，在内容组织和安排上，岗位实训的材料较为丰富。为此，编者在编写时注重精心挑选案例和素材，所挑选的案例与素材均从多年教学与实训工作实际中获得，以让学生切实掌握会计工作的各项专业操作技能和专业基础知识。密切联系企业实际情况、切实贯彻培养学生专业操作技能的实践性原则是本套教材的最大亮点。编者期望能通过这种安排，加强实训练习，达到让学生毕业即能上岗胜任工作的目的。编者更期望能与使用本套教材的同仁一起为实现高职高专会计专业培养目标共同努力。

　　为了方便教师教学，考虑到选用的实训内容和材料较多，在本套教材编写的同时，还同步编写了教材习题的全套答案和解析，同时制作了教学课件。需用题解和课件的教师可登录西财出版网（网址：http://www.bookcj.com）下载，也可通过 QQ 号 736982502 与编者联系取用，相互切磋交流。

本套高职高专会计专业系列规划教材的编者从事会计专业高等职业教育数年，具有较为丰富的教学实践经验。编者在编写过程中参考了一些专家、学者的成果和资料，在此一并致以诚挚感谢。由于学识有限，恳请广大读者和师生对书中误漏之处予以赐教指正。此外，需要说明的是，本系列教材的出版得到了西南财经大学出版社的大力支持，在此特表示衷心感谢。

# 前　言

　　《初级会计实务》是《高职高专"十三五"规划精品教材·会计专业系列》中的一册，是帮助高职高专在校学生学习和掌握初级会计知识与技能的教材，也是有助于在岗财会人员进修、提高并报考初级会计职称的极好用书。

　　《初级会计实务》共八章，包括资产、负债、所有者权益、收入、费用、利润、财务报表、成本核算、初级会计实务实训等内容。初级会计实务是高职高专会计专业必修的专业课程，也是初级会计职称的考试科目。基于此，我们编写时既注重了内容选取上的广泛性和深入性，又兼顾了内容讲授上的普遍性和针对性，期望该教材能成为高职高专会计专业学生及在岗财会人员都可以选用的教材。

　　本书在编写时既强调初级会计基础知识的讲授，又注重初级会计实务中实际操作能力的训练，在对资产、负债、所有者权益、收入、费用、利润等知识的讲解中，着重对各类会计要素及相关会计科目在实际会计核算中的运用进行了深入广泛的讲授，重视培养学生的动手能力，以学生毕业上岗即能进行会计账务处理为目标，引导学生在编制会计分录与会计核算等实践、实训上下功夫。在财务报表和成本核算内容的讲授中，也强调对财务报表编制与产品成本核算的实际操作能力的训练，以能动手编制财务报表与实际进行产品成本核算为培养目标，进行教材内容的选编。为了培养和锻炼学生的实际动手技能，在书末设置了初级会计实务实训附录，让学生再次学习和练习会计实账核算的知识与技能。编者期望能通过密切联系实际的学习，让学生能真正学会和掌握初级会计实务的知识与技能，为走上工作岗位即能胜任初级会计工作做好应有的准备，更为取得初级会计职称打下良好基础。

编　者

二〇一七年元月

# 目 录

# 第一章　资产

资产是企业的过去交易或事项形成的、由企业拥有或控制的、预期会给企业带来经济利益的资源。资产按照是否具有实物形态可以分为有形资产和无形资产，按照来源不同可以分为自有资产和租入资产，按照流动性不同可以分为流动资产和非流动资产。其中流动资产又可分为货币资金、交易性金融资产、应收票据、应收账款、预付款项、其他应收款、存货等，非流动资产可分为长期股权投资、固定资产、无形资产及其他资产等。

## 第一节　货币资金

货币资金是企业生产经营过程中处于货币形态的资产，包括库存现金、银行存款和其他货币资金。

### 一、库存现金

库存现金是通常存放于企业财会部门由出纳人员经管的货币。库存现金是企业流动性最强的资产。

#### （一）库存现金的账务处理

"库存现金"科目反映库存现金的收入、支出和结存情况，借方登记现金的增加，贷方登记现金的减少，期末余额在借方，反映企业实际持有的库存现金的金额。企业内部各部门周转使用的备用金，可以单独设置"备用金"科目进行核算。企业设置现金总账和现金日记账，分别进行库存现金的总分类核算和明细分类核算。

现金日记账由出纳人员根据收付款凭证，按照业务发生顺序逐笔登记。每日终了，应当在现金日记账上计算出当日的现金收入合计额、现金支出合计额和结余额，并将现金日记账的账面结余额与实际库存现金额相核对，保证账款相符；月度终了，现金日记账的余额应当与现金总账的余额核对，做到账账相符。

#### （二）现金的清查

现金的清查一般采用实地盘点法，对于清查的结果应当编制现金盘点报告单。如果有挪用现金、白条顶库的情况，应及时予以纠正；对于超限额留存的现金应及时送存银行。如果账款不符，发现的有待查明原因的现金短缺或溢余，应先通过"待处理财产损溢"科目核算，按管理权限报经批准后处理。

1. 现金短缺

现金短缺属于应由责任人赔偿或保险公司赔偿的部分，计入其他应收款；属于无法查明的其他原因，计入管理费用。

2. 现金溢余

现金溢余属于应支付给有关人员或单位的，计入其他应付款；属于无法查明原因的，计入营业外收入。

（三）现金管理制度

国务院发布的《现金管理暂行条例》中，现金管理制度包括：

1. 现金的使用范围

企业可用现金支付的款项有：

（1）职工工资、津贴；

（2）个人劳务报酬；

（3）根据国家规定颁发给个人的科学技术、文化艺术、体育等各种奖金；

（4）各种劳保、福利费用以及国家规定的对个人的其他支出；

（5）向个人收购农副产品和其他物资的款项；

（6）出差人员必需随身携带的差旅费；

（7）结算起点以下的零星支出；

（8）中国人民银行确定需要支付现金的其他支出。

除上述情况可以用现金支付外，其他款项的支付应通过银行转账结算。

2. 现金的限额

现金的限额是为了保证企业日常零星开支的需要，允许单位留存现金的最高数额，由开户银行根据单位的实际需要核定。核定一般按照单位 3~5 天日常零星开支的需要确定，边远地区和交通不便地区开户单位的库存现金限额，可按多于 5 天但不超过 15 天的日常零星开支的需要确定。核定后的现金限额，开户单位必须严格遵守，超过部分应于当日终了前存入银行。需要增加或减少现金限额的单位，应向开户银行提出申请，由开户银行核定。

3. 现金收支的规定

（1）开户单位收入现金应于当日送存开户银行，当日送存确有困难的，由开户银行确定送存时间；

（2）开户单位支付现金，可以从本单位库存现金中支付或从开户银行提取，不得从本单位的现金收入中直接支付，即不得"坐支"现金。因特殊情况需要坐支现金的单位，应事先报经有关部门审查批准，并在核定的范围和限额内进行，同时，收支的现金必须入账。

（3）开户单位从开户银行提取现金时，应如实写明提取现金的用途，由本单位财会部门负责人签字盖章，并经开户银行审查批准后予以支付。

（4）因采购地点不确定、交通不便、抢险救灾及其他特殊情况必须使用现金的单位，应向开户银行提出书面申请，由本单位财会部门负责人签字盖章，并经开户银行审查批准后予以支付。

（5）不准用不符合国家统一的会计制度的凭证顶替库存现金，即不得"白条顶库"；不准谎报用途套取现金；不准用银行账户代其他单位和个人存入或支取现金；不准用单位收入的现金以个人名义存入储蓄；不准保留账外公款，即不得"公款私存"，不得设置"小金库"。

## 二、银行存款

银行存款是企业存入银行或其他金融机构的各种款项。企业设置银行存款总账和银行存款日记账，分别进行银行存款的总分类核算和明细分类核算。

企业按开户银行和其他金融机构、存款种类等设置"银行存款日记账"，根据收付款凭证，按照业务的发生顺序逐笔登记。每日终了，应结出余额。银行存款日记账应定期与银行对账单核对。企业银行存款账面余额与银行对账单余额之间如有差额，应编制银行存款余额调节表进行调节。如没有记账错误，调节后的双方余额应相等。银行存款余额调节表只是为了核对账目，不能作为调整银行存款账面余额的记账依据。

【例1-1】四川鲲鹏有限公司2016年12月31日银行存款日记账的余额为5 400 000元，银行转来对账单的余额为8 300 000元。经逐笔核对，发现以下未达账项：

（1）四川鲲鹏有限公司送存转账支票6 000 000元，已登记银行存款增加，但银行尚未记账。

（2）四川鲲鹏有限公司开出转账支票4 500 000元，但持票单位尚未到银行办理转账，银行尚未记账。

（3）四川鲲鹏有限公司委托银行代收某公司购货款4 800 000元，银行已收妥并登记入账，但四川鲲鹏有限公司尚未收到收款通知，尚未记账。

（4）银行代四川鲲鹏有限公司支付电话费400 000元，银行已登记企业银行存款减少，但四川鲲鹏有限公司未收到银行付款通知，尚未记账。

完成"银行存款余额调节表"（表1-1）

表1-1　　　　　　　　　　　银行存款余额调节表　　　　　　　　　　单位：元

| 项目 | 金额 | 项目 | 金额 |
|---|---|---|---|
| 企业银行存款日记账余额 | 5 400 000 | 银行对账单余额 | 8 300 000 |
| 　加：银行已收、企业未收款 | 4 800 000 | 　加：企业已收、银行未收款 | 6 000 000 |
| 　减：银行已付、企业未付款 | 4 000 000 | 　减：企业已付、银行未付款 | 4 500 000 |
| 调节后的存款余额 | 9 800 000 | 调节后的存款余额 | 9 800 000 |

企业银行存款账面余额与银行对账单余额之间不一致的原因，是因为存在未达账项。发生未达账项的具体情况有四种：一是企业已收款入账，银行尚未收款入账；二是企业已付款入账，银行尚未付款入账；三是银行已收款入账，企业尚未收款入账；四是银行已付款入账，企业尚未付款入账。

### 三、其他货币资金

（一）其他货币资金的内容

其他货币资金是企业除库存现金、银行存款以外的各种货币资金，包括银行汇票存款、银行本票存款、信用卡存款、信用证保证金存款、外埠存款等。

1. 银行汇票存款

银行汇票是由出票银行签发的，由出票银行在见票时按照实际结算金额无条件支付给收款人或者持票人的票据。银行汇票的出票银行为银行汇票的付款人。单位和个人各种款项的结算，均可使用银行汇票。银行汇票可以用于转账，填明"现金"字样的银行汇票也可以用于支取现金。

2. 银行本票存款

银行本票是银行签发的，承诺自己在见票时无条件支付确定的金额给收款人或持票人的票据。单位和个人在同一票据交换区域需要支付的各种款项，均可使用银行本票。银行本票可以用于转账，注明"现金"字样的银行本票可以用于支取现金。

3. 信用卡存款

信用卡存款是企业为取得信用卡而存入银行信用卡专户的款项。信用卡是银行卡的一种。信用卡按使用对象分为单位卡和个人卡，按信用等级分为金卡和普通卡，按是否向发卡银行交存备用金分为贷记卡和准贷记卡。

4. 信用证保证金存款

信用证保证金存款是采用信用证结算方式的企业为开具信用证而存入银行信用证保证金专户的款项。企业向银行申请开立信用证，应按规定向银行提交开证申请书、信用证申请人承诺书和购销合同。

5. 外埠存款

外埠存款是企业为了到外地进行临时或零星采购，而汇往采购地银行开立采购专户的款项。该账户的存款不计利息、只付不收、付完清户，除了采购人员可从中提取少量现金外，一律采用转账结算。

（二）其他货币资金的核算

企业设置"其他货币资金"科目反映和监督其他货币资金的收支和结存情况，借方登记其他货币资金的增加数，贷方登记其他货币资金的减少数，期末余额在借方，反映企业实际持有的其他货币资金。"其他货币资金"科目应按其他货币资金的种类设置明细科目。

1. 银行汇票存款

汇款单位（即申请人）使用银行汇票，应向出票银行填写银行汇票申请书，填明收款人名称、汇票金额、申请人名称、申请日期等事项并签章。出票银行受理银行汇票申请书，收妥款项后签发银行汇票，并用压数机压印出票金额，将银行汇票和解讫通知一并交给申请人。申请人应将银行汇票和解讫通知一并交付给汇票上记明的收款人。

收款人受理申请人交付的银行汇票时，应在出票金额以内，根据实际需要的款项办理结算，并将实际结算的金额和多余金额准确、清晰地填入银行汇票和解讫通知的有关栏内，到银行办理款项入账手续。

收款人可以将银行汇票背书转让给被背书人。银行汇票的背书转让以不超过出票金额的实际结算金额为准。未填写实际结算金额或实际结算金额超过出票金额的银行汇票，不得背书转让。

银行汇票的提示付款期限为自出票日起一个月，持票人超过付款期限提示付款的，银行将不予受理。持票人向银行提示付款时，必须同时提交银行汇票和解讫通知，缺少任何一联，银行不予受理。

银行汇票丧失，失票人可以凭人民法院出具的其享有票据权利的证明，向出票银行请求付款或退款。

企业填写银行汇票申请书、将款项交存银行时，借记"其他货币资金——银行汇票"科目，贷记"银行存款"科目；企业持银行汇票购货、收到有关发票账单时，借记"材料采购"或"原材料""库存商品""应交税费——应交增值税（进项税额）"等科目，贷记"其他货币资金——银行汇票"科目；采购完毕收回剩余款项时，借记"银行存款"科目，贷记"其他货币资金——银行汇票"科目。企业收到银行汇票、填制进账单到开户银行办理款项入账手续时，根据进账单及销货发票等，借记"银行存款"科目，贷记"主营业务收入""应交税费——应交增值税（销项税额）"等科目。

2. 银行本票存款

银行本票分为不定额本票和定额本票两种。定额本票面额为 1 000 元、5 000 元、10 000 元和 50 000 元。银行本票的提示付款期限自出票日起最长不得超过两个月。在有效付款期内，银行见票付款。持票人超过付款期限提示付款的，银行不予受理。

申请人使用银行本票，应向银行填写银行本票申请书。申请人或收款人为单位的，不得申请签发现金银行本票。出票银行受理银行本票申请书，收妥款项后签发银行本票，在本票上签章后交给申请人。申请人应将银行本票交付给本票上记明的收款人。收款人可以将银行本票背书转让给被背书人。

申请人因银行本票超过提示付款期限或其他原因要求退款时，应将银行本票提交到出票银行并出具单位证明。出票银行对于在本行开立存款账户的申请人，只能将款项转入原申请入账户；对于现金银行本票和未到本行开立存款账户的申请人，才能退付现金。

银行本票丧失，失票人可以凭人民法院出具的其享有票据权利的证明，向出票银行请求付款或退款。

企业填写银行本票申请书、将款项交存银行时，借记"其他货币资金——银行本票"科目，贷记"银行存款"科目；企业持银行本票购货、收到有关发票账单时，借记"材料采购"或"原材料""库存商品""应交税费——应交增值税（进项税额）"等科目，贷记"其他货币资金——银行本票"科目。企业收到银行本票、填制进账单到开户银行办理款项入账手续时，根据进账单及销货发票等，借记"银行存款"科目，贷记"主营业务收入""应交税费——应交增值税（销项税额）"等科目。

3. 信用卡存款

凡在中国境内金融机构开立基本存款账户的单位可申领单位卡。单位卡可申领若干张，持卡人资格由申领单位法定代表人或其委托的代理人书面指定和注销。单位卡账户的资金一律从基本存款账户转账存入，不得交存现金，不得将销货收入的款项存入其账户。持卡人可持信用卡在特约单位购物、消费，但单位卡不得用于 10 万元以上的商品交易、劳务供应款项的结算，不得支取现金。特约单位在每日营业终了，应将当日受理的信用卡签购单汇总，计算手续费和净计金额，并填写汇（总）计单和进账单，连同签购单一并送交收单银行办理进账。

信用卡按是否向发卡银行交存备用金分为贷记卡、准贷记卡两类。贷记卡是发卡银行给予持卡人一定的信用额度，持卡人可在信用额度内先消费、后还款的信用卡。准贷记卡是持卡人须先按发卡银行要求交存一定金额的备用金，当备用金账户余额不足支付时，可在发卡银行规定的信用额度内透支的信用卡。

准贷记卡的透支期限最长为 60 天，贷记卡的首月最低还款额不得低于当月透支余额的 10%。

企业填制信用卡申请表，连同支票和有关资料一并送存发卡银行，根据银行盖章退回的进账单第一联，借记"其他货币资金——信用卡"科目，贷记"银行存款"科目；企业用信用卡购物或支付有关费用，收到开户银行转来的信用卡存款的付款凭证及所附发票账单，借记"管理费用"等科目，贷记"其他货币资金——信用卡"科目；企业信用卡在使用过程中，需要向其账户续存资金的，借记"其他货币资金——信用卡"科目，贷记"银行存款"科目；企业的持卡人如不需要继续使用信用卡，应持信用卡主动到发卡银行办理销户，销卡时，单位卡科目余额转入企业基本存款户，不得提取现金，借记"银行存款"科目，贷记"其他货币资金——信用卡"科目。

4. 信用证保证金存款

企业填写信用证申请书，将信用证保证金交存银行时，应根据银行盖章退回的信用证申请书回单，借记"其他货币资金——信用证保证金"科目，贷记"银行存款"科目。企业接到开证行通知，根据供货单位信用证结算凭证及所附发票账单，借记"材料采购"或"原材料""库存商品""应交税费——应交增值税（进项税额）"等科目，贷记"其他货币资金——信用证保证金"科目；将未用完的信用证保证金存款余额转回开户银行时，借记"银行存款"科目，贷记"其他货币资金——信用证保证金"科目。

5. 存出投资款

企业向证券公司划出资金时，应按实际划出的金额，借记"其他货币资金——存出投资款"科目，贷记"银行存款"科目；购买股票、债券等时，借记"交易性金融资产"等科目，贷记"其他货币资金——存出投资款"科目。

6. 外埠存款

企业将款项汇往外地时，应填写汇款委托书，委托开户银行办理汇款。汇入地银行以汇款单位名义开立临时采购账户，该账户的存款不计利息、只付不收、付完清户，除了采购人员可从中提取少量现金外，一律采用转账结算。

企业将款项汇往外地开立采购专用账户时，根据汇出款项凭证，编制付款凭证，进行账务处理，借记"其他货币资金——外埠存款"科目，贷记"银行存款"科目；收到采购人员转来供应单位发票账单等报销凭证时，借记"材料采购"或"原材料""库存商品""应交税费——应交增值税（进项税额）"等科目，贷记"其他货币资金——外埠存款"科目；采购完毕收回剩余款项时，根据银行的收账通知，借记"银行存款"科目，贷记"其他货币资金——外埠存款"科目。

# 第二节 交易性金融资产

## 一、交易性金融资产

交易性金融资产是企业为了近期内出售而持有的金融资产，例如企业以赚取差价为目的从二级市场购入的股票、债券、基金等。

## 二、交易性金融资产的会计科目

企业设置"交易性金融资产""公允价值变动损益""投资收益"等科目核算交易性金融资产的取得、收取现金股利或利息、处置等业务。

"交易性金融资产"科目核算企业为交易目的所持有的债券投资、股票投资、基金投资等交易性金融资产的公允价值。企业持有的直接指定为以公允价值计量且变动计入当期损益的金融资产也在"交易性金融资产"科目核算。

"交易性金融资产"科目的借方登记交易性金融资产的取得成本、资产负债表日其公允价值高于账面余额的差额等；贷方登记资产负债表日其公允价值低于账面余额的差额，以及企业出售交易性金融资产时结转的成本和公允价值变动损益。企业应当按照交易性金融资产的类别和品种，分别设置"成本""公允价值变动"等明细科目进行核算。

"公允价值变动损益"科目核算企业交易性金融资产等公允价值变动而形成的应计入当期损益的利得或损失，贷方登记资产负债表日企业持有的交易性金融资产等的公允价值高于账面余额的差额；借方登记资产负债表日企业持有的交易性金融资产等的公允价值低于账面余额的差额。

"投资收益"科目核算企业持有交易性金融资产等期间取得的投资收益以及处置交易性金融资产等实现的投资收益或投资损失，贷方登记企业出售交易性金融资产等实现的投资收益，借方登记企业出售交易性金融资产等发生的投资损失。

## 三、交易性金融资产的账务处理

### （一）交易性金融资产的取得

企业取得交易性金融资产时，应当按照该金融资产取得时的公允价值作为初始确认金额，记入"交易性金融资产——成本"科目。取得交易性金融资产所支付价款中包含了已宣告但尚未发放的现金股利或已到付息期但尚未领取的债券利息的，应当单独确认为应收项目，记入"应收股利"或"应收利息"科目。

取得交易性金融资产所发生的相关交易费用应当在发生时计入投资收益。交易费用是可直接归属于购买、发行或处置金融工具新增的外部费用，包括支付给代理机构、咨询公司、券商等的手续费和佣金及其他必要支出。

【例1-2】2016年8月20日，四川鲲鹏有限公司委托证券公司从上海证券交易所购入A上市公司股票100万股，公允价值为1 000万元。支付相关交易费用金额为2.5万元。

取得交易性金融资产所发生的相关交易费用25 000元应当在发生时计入投资收益。四川鲲鹏有限公司作会计处理如下：

（1）2016年8月20日，购买A上市公司股票时：

借：交易性金融资产——成本           10 000 000

    贷：其他货币资金——存出投资款         10 000 000

（2）支付相关交易费用时：

借：投资收益         25 000

    贷：其他货币资金——存出投资款         25 000

取得交易性金融资产所发生的相关交易费用25 000元应当在发生时计入投资收益。

（二）交易性金融资产的现金股利和利息

企业持有交易性金融资产期间对于被投资单位宣告发放的现金股利或企业在资产负债表日按分期付息、一次还本债券投资的票面利率计算的利息收入，应当确认为应收项目，记入"应收股利"或"应收利息"科目，并计入投资收益。

【例1-3】2016年1月2日，四川鲲鹏有限公司购入成都旺成有限公司发行的公司债券。该笔债券于2015年7月1日发行，面值为2 500万元，票面利率为4%，债券利息按年支付。四川鲲鹏有限公司支付价款为2 600万元（其中包含已宣告发放的债券利息50万元），另支付交易费用30万元。2016年2月5日，四川鲲鹏有限公司收到该笔债券利息50万元。2016年2月8日，四川鲲鹏有限公司收到债券利息100万元。

取得交易性金融资产所支付价款中包含了已宣告但尚未发放的债券利息500 000元，应当记入"应收利息"科目，不记入"交易性金融资产"科目。四川鲲鹏有限公司作会计处理如下：

（1）2016年1月2日，购入成都旺成有限公司的公司债券时：

借：交易性金融资产——成本         25 500 000

    应收利息         500 000

    投资收益         300 000

    贷：银行存款         26 300 000

（2）2016年2月5日，收到购买价款中包含的已宣告发放的债券利息时：

借：银行存款         500 000

　　贷：应收利息　　　　　　　　　　　　　　　　　　　　　　500 000

　　（3）2016 年 12 月 31 日，确认成都旺成有限公司的公司债券利息收入时：

　　借：应收利息　　　　　　　　　　　　　　　　1 000 000

　　　　贷：投资收益　　　　　　　　　　　　　　　　　　　　1 000 000

　　（4）2016 年 2 月 8 日，收到持有成都旺成有限公司的公司债券利息时：

　　借：银行存款　　　　　　　　　　　　　　　　1 000 000

　　　　贷：应收利息　　　　　　　　　　　　　　　　　　　　1 000 000

（三）交易性金融资产的期末计量

　　资产负债表日，交易性金融资产应当按照公允价值计量，公允价值与账面余额之间的差额计入当期损益。企业应当在资产负债表日按照交易性金融资产公允价值与其账面余额的差额，借记或贷记"交易性金融资产——公允价值变动"科目，贷记或借记"公允价值变动损益"科目。

　　【例1-4】假定 2016 年 6 月 30 日，【例1-3】中四川鲲鹏有限公司购买的成都旺成有限公司债券的市价为 2 580 万元；2016 年 12 月 31 日，四川鲲鹏有限公司购买的成都旺成有限公司债券的市价为 2 560 万元。

　　2016 年 6 月 30 日，该笔债券的公允价值为 2 580 元，账面余额为 2 550 万元，公允价值大于账面余额 30 万元，应记入"公允价值变动损益"科目的贷方；2016 年 12 月 31 日，该笔债券的公允价值为 2 560 元，账面余额为 2 580 万元，公允价值小于账面余额 20 万元，应记入"公允价值变动损益"科目的借方。四川鲲鹏有限公司会计处理如下：

　　（1）2016 年 6 月 30 日，确认该笔债券的公允价值变动损益时：

　　借：交易性金融资产——公允价值变动　　　　　300 000

　　　　贷：公允价值变动损益　　　　　　　　　　　　　　　　300 000

　　（2）2016 年 12 月 31 日，确认该笔债券的公允价值变动损益时：

　　借：公允价值变动损益　　　　　　　　　　　　200 000

　　　　贷：交易性金融资产——公允价值变动　　　　　　　　　200 000

（四）交易性金融资产的处置

　　出售交易性金融资产时，应当将该金融资产出售时的公允价值与初始入账金额之间的差额确认为投资收益，同时调整公允价值变动损益。按出售交易性金融资产时实际收到的金额，借记"银行存款"等科目，按该金融资产的账面余额，贷记"交易性金融资产"科目，按其差额，贷记或借记"投资收益"科目。同时，将原计入该金融资产的公允价值变动转出，借记或贷记"公允价值变动损益"科目，贷记或借记"投资收益"科目。

　　【例1-5】假定 2016 年 2 月 15 日，【例1-4】中四川鲲鹏有限公司出售了所持有的成都旺成有限公司的公司债券，售价为 2 565 万元。

　　出售交易性金融资产时，还应将原计入该金融资产的公允价值变动转出，即出售交易性金融资产时，应按"公允价值变动"明细科目的贷方余额 100 000 元，借记

"公允价值变动损益"科目，贷记"投资收益"科目。四川鲲鹏有限公司应作如下会计处理：

借：银行存款　　　　　　　　　　　　　　　25 650 000
　　贷：交易性金融资产——成本　　　　　　　　　25 500 000
　　　　　　　　　　——公允价值变动　　　　　　　100 000
　　　　投资收益　　　　　　　　　　　　　　　　　50 000
借：公允价值变动损益　　　　　　　　　　　100 000
　　贷：投资收益　　　　　　　　　　　　　　　　100 000

# 第三节　应收及预付款项

应收及预付款项是企业在日常生产经营过程中发生的各项债权，包括应收款项和预付款项。应收款项包括应收票据、应收账款和其他应收款等；预付款项则是指企业按照合同规定预付的款项，如预付账款等。

## 一、应收票据

### （一）应收票据概述

应收票据是企业因销售商品、提供劳务等而收到的商业汇票。

商业汇票是一种由出票人签发的，委托付款人在指定日期无条件支付确定金额给收款人或者持票人的票据。商业汇票的付款期限，最长不得超过六个月。定日付款的汇票付款期限自出票日起计算，并在汇票上记载具体到期日；出票后定期付款的汇票付款期限自出票日起按月计算，并在汇票上记载；见票后定期付款的汇票付款期限自承兑或拒绝承兑日起按月计算，并在汇票上记载。商业汇票的提示付款期限，自汇票到期日起10日。符合条件的商业汇票的持票人，可以持未到期的商业汇票连同贴现凭证向银行申请贴现。

根据承兑人不同，商业汇票分为商业承兑汇票和银行承兑汇票。商业承兑汇票是由付款人签发并承兑，或由收款人签发交由付款人承兑的汇票。商业承兑汇票的付款人收到开户银行的付款通知，应在当日通知银行付款。付款人在接到通知日的次日起三日内（遇法定休假日顺延）未通知银行付款的，视同付款人承诺付款，银行将于付款人接到通知日的次日起第四日（遇法定休假日顺延）上午开始营业时，将票款划给持票人。付款人提前收到由其承兑的商业汇票，应通知银行于汇票到期日付款。银行在办理划款时，付款人存款账户不足支付的，银行应填制付款人未付票款通知书，连同商业承兑汇票邮寄持票人开户银行转交持票人。

银行承兑汇票是由在承兑银行开立存款账户的存款人（这里也是出票人）签发、由承兑银行承兑的票据。企业申请使用银行承兑汇票时，应向承兑银行按票面金额的万分之五交纳手续费。银行承兑汇票的出票人应于汇票到期前将票款足额交存开户银行，承兑银行应在汇票到期日或到期日后的见票当日支付票款。银行承兑汇票的出票人于汇票到期前未能足额交存票款时，承兑银行除凭票向持票人无条件付款外，对出票人尚未支付的汇票金额按照每天万分之五计收利息。

（二）应收票据的核算

企业设置"应收票据"科目反映和监督应收票据取得、票款收回等经济业务。"应收票据"借方登记取得的应收票据的面值，贷方登记到期收回票款或到期前向银行贴现的应收票据的票面余额，期末余额在借方，反映企业持有的商业汇票的票面金额。"应收票据"科目可按照开出、承兑商业汇票的单位进行明细核算。企业应设置"应收票据备查簿"，逐笔登记商业汇票的种类、号数和出票日、票面金额、交易合同号和付款人、承兑人、背书人的姓名或单位名称、到期日、背书转让日、贴现日、贴现率和贴现净额以及收款日和收回金额、退票情况等资料。商业汇票到期结清票款或退票后，在备查簿中应予注销。

1. 取得应收票据和收回到期票款

因债务人抵偿前欠货款而取得的应收票据，借记"应收票据"科目，贷记"应收账款"科目；因企业销售商品、提供劳务等而收到开出、承兑的商业汇票，借记"应收票据"科目，贷记"主营业务收入""应交税费——应交增值税（销项税额）"等科目。

【例1-6】四川鲲鹏有限公司2016年3月1日向成都达发有限公司销售一批产品，货款为1 500 000元，尚未收到，已办妥托收手续，适用增值税税率为17%。四川鲲鹏有限公司作会计处理如下：

借：应收账款　　　　　　　　　　　　　　　　　　1 755 000
　　贷：主营业务收入　　　　　　　　　　　　　　　　　1 500 000
　　　　应交税费——应交增值税（销项税额）　　　　　　　255 000

2016年3月15日，四川鲲鹏有限公司收到成都达发有限公司寄来一张3个月期的商业承兑汇票，面值为1 755 000元，抵付产品货款。

成都达发有限公司用商业承兑汇票抵偿前欠的货款1 755 000元，应借记"应收票据"科目，贷记"应收账款"科目。四川鲲鹏有限公司作会计处理如下：

借：应收票据　　　　　　　　　　　　　　　　　　1 755 000
　　贷：应收账款　　　　　　　　　　　　　　　　　　　1 755 000

2. 收回到期票款

商业汇票到期收回款项时，应按实际收到的金额，借记"银行存款"科目，贷记"应收票据"科目。

【例1-7】2016年6月15日，【例1-6】中四川鲲鹏有限公司应收票据到期收回票面金额1 755 000元存入银行。

四川鲲鹏有限公司作会计处理如下：

借：银行存款　　　　　　　　　　　　　　　　　　1 755 000
　　贷：应收票据　　　　　　　　　　　　　　　　　　　1 755 000

3. 转让应收票据

企业可以将自己持有的商业汇票背书转让。背书是指在票据背面或者粘单上记载有关事项并签章的票据行为。

企业将持有的商业汇票背书转让以取得所需物资时，按应计入取得物资成本的金额，借记"材料采购"或"原材料""库存商品"等科目，按专用发票上注明的可抵扣的增值税额，借记"应交税费——应交增值税（进项税额）"科目，按商业汇票的票面金额，贷记"应收票据"科目，如有差额，借记或贷记"银行存款"等科目。

【例1-8】假定四川鲲鹏有限公司【例1-6】中应收票据于2016年4月15日背书转让，以取得生产经营所需的A种材料，该材料金额为1 500 000元，适用增值税税率为17%。甲公司应作如下会计处理：

| | |
|---|---|
| 借：原材料 | 1 500 000 |
| 应交税费——应交增值税（进项税额） | 255 000 |
| 贷：应收票据 | 1 755 000 |

## 二、应收账款

应收账款是企业因销售商品提供劳务等经营活动，应向购货单位或接受劳务单位收取的款项，主要包括企业销售商品或提供劳务等应向有关债务人收取的价款及代购货单位垫付的包装费、运杂费等。

企业设置"应收账款"科目反映和监督应收账款的增减变动及结存情况。"应收账款"科目的借方登记应收账款的增加，贷方登记应收账款的收回及确认的坏账损失，期末余额一般在借方，反映企业尚未收回的应收账款。不单独设置"预收账款"科目的企业，预收的账款也在"应收账款"科目核算。如果"预收账款"科目期末余额在贷方，则反映企业预收的账款

【例1-9】四川鲲鹏有限公司采用托收承付结算方式向成都运盛有限公司销售商品一批，货款300 000元，增值税额51 000元，以银行存款代垫运杂费6 000元，已办理托收手续。

企业代购货单位垫付包装费、运杂费也应计入应收账款，通过"应收账款"科目核算。四川鲲鹏有限公司作会计处理如下：

| | |
|---|---|
| 借：应收账款 | 357 000 |
| 贷：主营业务收入 | 300 000 |
| 应交税费——应交增值税（销项税额） | 51 000 |
| 银行存款 | 6 000 |

四川鲲鹏有限公司实际收到款项时，作会计处理如下：

| | |
|---|---|
| 借：银行存款 | 357 000 |
| 贷：应收账款 | 357 000 |

用应收票据结算应收账款，在收到承兑的商业汇票时，借记"应收票据"科目，贷记"应收账款"科目。

【例1－10】四川鲲鹏有限公司收到成都运盛有限公司交来商业汇票一张，面值10 000元，用以偿还前欠货款。

四川鲲鹏有限公司作会计处理如下：

借：应收票据         10 000

 贷：应收账款          10 000

## 三、预付账款

预付账款是企业按照合同规定预付的款项。

企业设置"预付账款"科目，核算预付账款的增减变动及其结存情况。预付款项情况不多的企业，可以不设置"预付账款"科目，直接通过"应付账款"科目核算。

企业根据购货合同的规定向供应单位预付款项时，借记"预付账款"科目，贷记"银行存款"科目。企业收到所购物资，按应计入购入物资成本的金额，借记"材料采购"或"原材料""库存商品""应交税费——应交增值税（进项税额）"等科目，贷记"预付账款"科目；当预付货款小于采购货物所需支付的款项时，应将不足部分补付，借记"预付账款"科目，贷记"银行存款"科目；当预付货款大于采购货物所需支付的款项时，对收回的多余款项应借记"银行存款"科目，贷记"预付账款"科目。

【例1－11】四川鲲鹏有限公司向成都恒星有限公司采购材料5 000吨，单价10元，所需支付的款项总额50 000元。按照合同规定向成都恒星有限公司预付货款的50%，验收货物后补付其余款项。

四川鲲鹏有限公司会计处理如下：

（1）四川鲲鹏有限公司预付50%的货款时：

借：预付账款——恒星公司     25 000

 贷：银行存款         25 000

（2）收到成都恒星有限公司发来的5 000吨材料，验收无误，增值税专用发票记载的货款为50 000元，增值税额为8 500元。四川鲲鹏有限公司以银行存款补付所欠款项33 500元。

借：原材料          50 000

 应交税费——应交增值税（进项税额）  8 500

 贷：预付账款——恒星公司     58 500

借：预付账款——恒星公司     33 500

 贷：银行存款         33 500

## 四、其他应收款

其他应收款是企业除应收票据、应收账款、预付账款等以外的其他各种应收及暂付款项。

企业设置"其他应收款"科目反映和监督其他应收账款的增减变动及其结存情况。"其他应收款"科目的借方登记其他应收款的增加，贷方登记其他应收款的收回，期末余额一般在借方，反映企业尚未收回的其他应收款项。

【例 1-12】四川鲲鹏有限公司在采购过程中发生材料毁损，按保险合同规定，应由保险公司赔偿损失 30 000 元，赔款尚未收到。

借：其他应收款——保险公司　　　　　　　　　　30 000
　　贷：材料采购　　　　　　　　　　　　　　　　　　　30 000

【例 1-13】保险公司在【例 1-12】中的赔款如数收到。

借：银行存款　　　　　　　　　　　　　　　　　30 000
　　贷：其他应收款——保险公司　　　　　　　　　　　　30 000

【例 1-14】四川鲲鹏有限公司以银行存款替副总经理垫付应由其个人负担的医疗费 5 000 元，拟从其工资中扣回。

（1）垫支时：

借：其他应收款　　　　　　　　　　　　　　　　5 000
　　贷：银行存款　　　　　　　　　　　　　　　　　　　5 000

（2）扣款时：

借：应付职工薪酬　　　　　　　　　　　　　　　5 000
　　贷：其他应收款　　　　　　　　　　　　　　　　　　5 000

【例 1-15】四川鲲鹏有限公司租入包装物一批，以银行存款向出租方支付押金 10 000 元。

借：其他应收款——存出保证金　　　　　　　　　10 000
　　贷：银行存款　　　　　　　　　　　　　　　　　　　10 000

【例 1-16】四川鲲鹏有限公司【例 1-15】中租入包装物按期如数退回，收到出租方退还的押金 10 000 元，已存入银行。

借：银行存款　　　　　　　　　　　　　　　　　10 000
　　贷：其他应收款——存出保证金　　　　　　　　　　　10 000

## 五、应收款项减值

企业在资产负债表日对应收款项的账面价值进行检查，有证据表明应收款项发生减值的，应当将应收款项的账面价值减记，减记的金额确认为减值损失，计提坏账准备。

企业设置"坏账准备"科目核算应收款项的坏账准备计提、转销等情况。企业当期计提的坏账准备应当计入资产减值损失。"坏账准备"科目的贷方登记当期计提的坏账准备金额，借方登记实际发生的坏账损失金额和冲减的坏账准备金额，期末余额一般在贷方，反映企业已计提但尚未转销的坏账准备。

坏账准备计算计算公式为：

当期应计提的坏账准备＝当期按应收款项计算应提坏账准备金－（或＋）"坏账准备"科目的借贷方（或借方）余额

企业计提坏账准备时，按应减记的金额，借记"资产减值损失——计提的坏账准备"科目，贷记"坏账准备"科目。冲减多计提的坏账准备时，借记"坏账准备"科目，贷记"资产减值损失——计提的坏账准备"科目。

【例1-17】2015年12月31日，四川鲲鹏有限公司对成都鹏程有限公司的应收账款进行减值测试。应收账款余额合计为1 000 000元，四川鲲鹏有限公司根据该公司的资信情况确定按10%计提坏账准备。2016年末计提坏账准备的会计分录为：

  借：资产减值损失——计提的坏账准备      100 000
   贷：坏账准备              100 000

无法收回的应收款项按管理权限报经批准后作为坏账转销时，应当冲减已计提的坏账准备。已确认并转销的应收款项以后又收回的，应当按照实际收到的金额增加坏账准备的账面余额。企业发生坏账损失时，借记"坏账准备"科目，贷记"应收账款""其他应收款"等科目。

【例1-18】四川鲲鹏有限公司2016年对成都鹏程有限公司的应收账款实际发生坏账损失30 000元。确认坏账损失时，四川鲲鹏有限公司作会计处理如下：

  借：坏账准备             30 000
   贷：应收账款             30 000

【例1-19】承【例1-17】和【例1-18】，四川鲲鹏有限公司2016年末应收成都鹏程有限公司的账款余额为1 200 000元，经减值测试，四川鲲鹏有限公司决定仍按10%计提坏账准备。

根据四川鲲鹏有限公司坏账核算方法，"坏账准备"科目应保持的贷方余额为120 000（1 200 000×10%）元；计提坏账准备前，"坏账准备"科目的实际余额为贷方70 000(100 000-30 000)元，因此本年末应计提的坏账准备金额为50 000(120 000-70 000)元。四川鲲鹏有限公司作会计处理如下：

  借：资产减值损失——计提的坏账准备      50 000
   贷：坏账准备             50 000

已确认并转销的应收款项以后又收回的，应当按照实际收到的金额增加坏账准备的账面余额。已确认并转销的应收款项以后又收回时，借记"应收账款""其他应收款"等科目，贷记"坏账准备"科目；同时，借记"银行存款"科目，贷记"应收账款""其他应收款"等科目。也可以按照实际收回的金额，借记"银行存款"科目，贷记"坏账准备"科目。

【例1-20】四川鲲鹏有限公司2017年1月20日收到2016年已转销的坏账20 000元，已存入银行。四川鲲鹏有限公司作会计处理如下：

  借：应收账款             20 000
   贷：坏账准备             20 000
  借：银行存款             20 000
   贷：应收账款             20 000
  或：借：银行存款            20 000
     贷：坏账准备           20 000

## 第四节　存货

### 一、存货的概念

存货是企业在日常活动中持有以备出售的产成品或商品、处在生产过程中的在产品、在生产过程或提供劳务过程中耗用的材料或物料等，包括各类材料、在产品、半成品、产成品、商品以及包装物、低值易耗品、委托代销商品等。

1. 原材料

原材料是企业在生产过程中经加工改变其形态或性质并构成产品主要实体的各种原料及主要材料、辅助材料、燃料、修理用备件、包装材料、外购半成品、外购件等。

2. 在产品

在产品是企业正在制造尚未完工的生产物，包括正在各个生产工序加工的产品和已加工完毕但尚未检验或已检验但尚未办理入库手续的产品。

3. 半成品

半成品是经过一定生产过程并已检验合格交付半成品仓库保管，但尚未制造完工，仍需进一步加工的中间产品。

4. 产成品

产成品是工业企业已经完成全部生产过程并已验收入库，可以按照合同规定的条件送交订货单位，或者可以作为商品对外销售的产品。企业接受来料加工制造的代制品和为外单位加工修理的代修品，制造和修理完成验收入库后，应视同企业的产成品。

5. 商品

商品是商品流通企业外购或委托加工完成验收入库用于销售的各种商品。

6. 包装物

包装物是为了包装商品而储备的各种包装容器，如桶、箱、瓶、坛、袋等。

7. 低值易耗品

低值易耗品是不能作为固定资产核算的各种用具物品，如工具、管理用具、劳动保护用品等。低值易耗品的特点是单位价值较低，或使用期限较短，在使用过程中保持其原有实物形态基本不变。

包装物和低值易耗品构成了周转材料。周转材料是企业能够多次使用，不符合固定资产定义，逐渐转移其价值但仍保持原有形态，不能确认为固定资产的材料。

8. 委托代销商品

委托代销商品是企业委托其他单位代销的商品。

### 二、存货成本的确定

存货成本包括采购成本、加工成本和其他成本。

1. 存货的采购成本

存货采购成本包括购买价款、相关税费、运输费、装卸费、保险费等可归属于存货采购成本的费用。

（1）存货的购买价款

存货的购买价款是企业购入的材料或商品的发票账单上列明的价款，但不包括按规定可以抵扣的增值税额。

（2）存货的相关税费

存货的相关税费是企业购买存货发生的进口税费、消费税、资源税和不能抵扣的增值税进项税额以及相应的教育费附加等应计入存货采购成本的税费。

（3）可归属于存货采购成本的费用

可归属于存货采购成本的费用是采购成本中除上述各项以外的可归属于存货采购的费用，如在存货采购过程中发生的运输费、装卸费、保险费、仓储费、包装费、运输途中的合理损耗，入库前的挑选整理费用等。

商品流通企业在采购商品过程中发生的运输费、装卸费、保险费等可归属于存货采购成本的进货费用，应当计入存货采购成本，也可以先行归集，期末根据所购商品的销售情况进行分摊。对于已售商品的进货费用，计入当期损益；对于未售商品的进货费用，计入期末存货成本。采购商品的进货费用金额较小的，可以在发生时直接计入当期损益。

2．存货的加工成本

存货的加工成本是在存货的加工过程中发生的追加费用，包括直接人工以及按照一定方法分配的制造费用。

（1）直接人工

直接人工是企业在生产产品和提供劳务过程中发生的直接从事产品生产和劳务提供人员的职工薪酬。

（2）制造费用

制造费用是企业为生产产品和提供劳务而发生的各项间接费用。

3．存货的其他成本

存货的其他成本是除采购成本、加工成本以外的，使存货达到目前场所和状态所发生的其他支出。

4．不应计入存货成本的费用

下列费用不应计入存货成本，而应在发生时计入当期损益：

（1）非正常消耗的直接材料、直接人工和制造费用，应在发生时计入当期损益，不应计入存货成本。

由于自然灾害而发生的直接材料、直接人工和制造费用，这些费用的发生无助于使该存货达到目前场所和状态，不应计入存货成本，而应确认为当期损益。

（2）企业在存货采购入库后发生的储存费用，应在发生时计入当期损益。

（3）不能归属于使存货达到目前场所和状态的其他支出，应在发生时计入当期损益，不得计入存货成本。

### 三、发出存货的计价方法

企业应当合理地确定发出存货成本的计算方法与当期发出存货的实际成本。性质和用途相同的存货应当采用相同的成本计算方法确定发出存货的成本。发出存货成本的计价方法包括个别计价法、先进先出法、月末一次加权平均法和移动加权平均法等。

1. 个别计价法

个别计价法是按照各种存货逐一辨认各批发出存货和期末存货所属的购进批别或生产批别，分别按购入或生产时所确定的单位成本计算各批发出存货和期末存货成本的方法。个别计价法把每一种存货的实际成本作为计算发出存货成本和期末存货成本的基础。

个别计价法的成本计算准确，符合实际情况，但在存货收发频繁情况下，发出成本分辨的工作量较大。个别计价法一般适用于为特定项目专门购入或制造的存货以及提供的劳务，如珠宝、名画等贵重物品。

2. 先进先出法

先进先出法是以先购入的存货应先发出的假设为前提，对发出存货进行计价的一种方法。采用先进先出法，先购入的存货成本在后购入存货成本之前转出，据此确定发出存货和期末存货的成本。具体方法是：收入存货时，逐笔登记收入存货的数量、单价和金额；发出存货时，按照先进先出的原则逐笔登记存货的发出成本和结存金额。

先进先出法可以随时结转存货发出成本，如果存货收发业务较多且存货单价不稳定时，工作量较大。在物价持续上升时，期末存货成本接近于市价，而发出成本偏低，会高估企业当期利润和库存存货价值；反之，会低估企业存货价值和当期利润。

3. 月末一次加权平均法

月末一次加权平均法是以本月全部进货数量加上月初存货数量作为权数，去除本月全部进货成本加上月初存货成本，计算出存货的加权平均单位成本，以此为基础计算本月发出存货的成本和期末存货的成本的一种方法。

月末一次加权平均法计算公式如下：

存货单位成本 ＝［月初库存货的实际成本 ＋ $\sum$（本月各批进货的实际单位成本 × 本月各批进货的数量）］/（月初库存存货数量 ＋ 本月各批进化数量之和）

本月发出存货成本 ＝ 本月发出存货的数量 × 存货单位成本

本月月末库存存货成本 ＝ 月末库存存货的数量 × 存货单位成本

加权平均法只在月末一次计算加权平均单价，比较简单，有利于简化成本计算工作，但平时无法从账上提供发出和结存存货的单价及金额，不利于存货成本的日常管理与控制。

4. 移动加权平均法

移动加权平均法是以每次进货的成本加上原有库存存货的成本，除以每次进货数量加上原有库存存货的数量，据以计算加权平均单位成本，作为在下次进货前计算各次发出存货成本依据的一种方法。

移动加权平均法计算公式如下：

存货单位成本＝（原有库存存货的实际成本＋本次进货的实际成本）/（原有库存存货数量＋本次进货数量）

本次发出存货的成本＝本次发出存货数量×本次发货前存货的单位成本

本月月末库存存货成本＝月末库存存货的数量×本月月末存货单位成本

移动平均法能及时了解存货的结存情况，计算的平均单位成本以及发出和结存的存货成本比较客观。但每次收货都要计算一次平均单价，计算工作量较大。

## 四、原材料

原材料是企业在生产过程中经过加工改变其形态或性质并构成产品主要实体的各种原料、主要材料和外购半成品，以及不构成产品实体但有助于产品形成的辅助材料。原材料的日常收发及结存，可以采用实际成本核算，也可以采用计划成本核算。

（一）采用实际成本核算

材料按实际成本计价核算时，材料的收发及结存均按照实际成本计价。会计科目借方、贷方及余额均以实际成本计价，没有成本差异的计算与结转。实际成本核算方法通常适用于材料收发业务较少的企业。

1．实际成本核算的会计科目

（1）"原材料"科目

"原材料"科目用于核算库存各种材料的收发与结存情况，借方登记入库材料的实际成本，贷方登记发出材料的实际成本，期末余额在借方，反映企业库存材料的实际成本。

（2）"在途物资"科目

"在途物资"科目用于核算货款已付尚未验收入库的各种物资的采购成本，应按供应单位和物资品种进行明细核算。"在途物资"科目的借方登记企业购入的在途物资的实际成本，贷方登记验收入库的在途物资的实际成本，期末余额在借方，反映企业在途物资的采购成本。

（3）"应付账款"科目

"应付账款"科目用于核算企业因购买材料、商品和接受劳务等经营活动应支付的款项。"应付账款"科目的贷方登记企业因购入材料、商品和接受劳务等尚未支付的款项，借方登记偿还的应付账款，期末余额一般在贷方，反映企业尚未支付的应付账款。

（4）"预付账款"科目

"预付账款"科目用于核算企业按照合同规定预付的款项。"预付账款"科目的借方登记预付的款项及补付的款项，贷方登记收到所购物资时根据有关发票账单记入"原材料"等科目的金额及收回多付款项的金额，期末余额在借方，反映企业实际预付的款项；期末余额在贷方，则反映企业尚未预付的款项。

2.购入材料时的会计处理

支付方式不同导致原材料入库的时间与付款的时间可能一致，也可能不一致，在会计处理上也有所不同。

（1）货款已经支付或开出、承兑商业汇票，同时材料已验收入库。

【例1-21】四川鲲鹏有限公司购入C材料一批，增值税专用发票上记载的货款为500 000元，增值税额85 000元，对方代垫包装费1 000元，全部款项已用转账支票付讫，材料已验收入库。

发票账单与材料同时到达，材料已验收入库，应通过"原材料"科目核算，增值税专用发票上注明的可抵扣的进项税额，应借记"应交税费——应交增值税（进项税额）"科目。

借：原材料——C材料　　　　　　　　　　　　　　　　501 000
　　应交税费——应交增值税（进项税额）　　　　　　　85 000
　　贷：银行存款　　　　　　　　　　　　　　　　　　　　586 000

【例1-22】四川鲲鹏有限公司用银行汇票1 874 000元购入D材料一批，增值税专用发票上记载的货款为1 600 000元，增值税额272 000元，对方代垫包装费2 000元，材料已验收入库。

借：原材料——D材料　　　　　　　　　　　　　　　1 602 000
　　应交税费——应交增值税（进项税额）　　　　　　272 000
　　贷：其他货币资金——银行汇票　　　　　　　　　　　1 874 000

【例1-23】四川鲲鹏有限公司用托收承付结算方式购入E材料一批，货款40 000元，增值税6 800元，对方代垫包装费5 000元，款项在承付期内以银行存款支付，材料已验收入库。

借：原材料——E材料　　　　　　　　　　　　　　　　45 000
　　应交税费——应交增值税（进项税额）　　　　　　　6 800
　　贷：银行存款　　　　　　　　　　　　　　　　　　　51 800

（2）货款已经支付或已开出、承兑商业汇票，材料尚未到达或尚未验收入库。

【例1-24】四川鲲鹏有限公司用汇兑结算方式购入F材料一批，发票及账单已收到，增值税专用发票上记载的货款为20 000元，增值税额3 400元。支付保险费1 000元，材料尚未到达。

已经付款或已开出、承兑商业汇票，但材料尚未到达或尚未验收入库，应通过"在途物资"科目核算。材料到达、入库后，再根据收料单，由"在途物资"科目转入"原材料"科目核算。

借：在途物资　　　　　　　　　　　　　　　　　　　21 000
　　应交税费——应交增值税（进项税额）　　　　　　　3 400
　　贷：银行存款　　　　　　　　　　　　　　　　　　　24 400

【例1-25】四川鲲鹏有限公司【例1-24】中购入的F材料已收到，并验收入库。

借：原材料　　　　　　　　　　　　　　　　　　　　21 000
　　贷：在途物资　　　　　　　　　　　　　　　　　　　21 000

（3）货款尚未支付，材料已经验收入库。

【例1-26】四川鲲鹏有限公司用托收承付结算方式购入G材料一批，增值税专用发票上记载的货款为50 000元，增值税额8 500元，对方代垫包装费1 000元，银行转来的结算凭证已到，款项尚未支付，材料已验收入库。

借：原材料——G材料 51 000
　　应交税费——应交增值税（进项税额） 8 500
　　贷：应付账款 59 500

【例1-27】四川鲲鹏有限公司用委托收款结算方式购入H材料一批，材料已验收入库，月末发票账单尚未收到，无法确定其实际成本，暂估价值为30 000元。

发票账单未到无法确定实际成本，期末应按照暂估价值先入账，下期初做相反的会计分录予以冲回，收到发票账单后再按照实际金额记账。

借：原材料 30 000
　　贷：应付账款——暂估应付账款 30 000
下月初做相反的会计分录予以冲回：
借：应付账款——暂估应付账款 30 000
　　贷：原材料 30 000

【例1-28】四川鲲鹏有限公司【例1-27】中购入的H材料于次月收到发票账单，增值税专用发票上记载的货款为31 000元，增值税额5 270元，对方代垫保险费2 000元，已用银行存款付讫。

借：原材料——H材料 33 000
　　应交税费——应交增值税（进项税额） 5 270
　　贷：银行存款 38 270

（4）货款已经预付，材料尚未验收入库。

【例1-29】四川鲲鹏有限公司根据与广元钢厂的购销合同规定，为购买J材料向钢厂预付100 000元货款的80%，计80 000元，已通过汇兑方式汇出。

借：预付账款 80 000
　　贷：银行存款 80 000

【例1-30】四川鲲鹏有限公司收到【例1-29】中广元钢厂发运来的J材料，已验收入库。该批货物的货款100 000元，增值税额17 000元，对方代垫包装费3 000元，所欠款项以银行存款付讫。

（1）材料入库时：
借：原材料——J材料 103 000
　　应交税费——应交增值税（进项税额） 17 000
　　贷：预付账款 120 000
（2）补付货款时：
借：预付账款 40 000
　　贷：银行存款 40 000

### 3. 发出材料时的会计处理

【例 1-31】四川鲲鹏有限公司 2016 年 3 月 1 日结存 B 材料 3 000 千克，每千克实际成本为 10 元；3 月 5 日和 3 月 20 日分别购入该材料 9 000 千克和 6 000 千克，每千克实际成本分别为 11 元和 12 元；3 月 10 日和 3 月 25 日分别发出该材料 10 500 千克和 6 000 千克。按先进先出法核算时，发出和结存材料的成本如表 1-2 所示。

表 1-2 　　　　　　　　　　　　　　　　　　　　　　　　　　　　　　金额单位：元

| 2016 年 | | 凭证号 | 摘要 | 收　入 | | | 发　出 | | | 结　存 | | |
| 月 | 日 | | | 数量 | 单价 | 金额 | 数量 | 单价 | 金额 | 数量 | 单价 | 金额 |
| 3 | 1 | 略 | 期初结存 | | | | | | | 3 000 | 10 | 30 000 |
| | 5 | | 购入 | 9 000 | 11 | 99 000 | | | | 3 000 | 10 | 30 000 |
| | | | | | | | | | | 9 000 | 11 | 99 000 |
| | 10 | | 发出 | | | | 3 000 | 10 | 30 000 | | | |
| | | | | | | | 7 500 | 11 | 82 500 | 1 500 | 11 | 16 500 |
| | 20 | | 购入 | 6 000 | 12 | 72 000 | | | | 1 500 | 11 | 16 500 |
| | | | | | | | | | | 6 000 | 12 | 72 000 |
| | 25 | | 发出 | | | | 1 500 | 11 | 16 500 | | | |
| | | | | | | | 4 500 | 12 | 54 000 | 1 500 | 12 | 18 000 |
| | 31 | | 合计 | 15 000 | | 171 000 | 16 500 | | 183 000 | 1 500 | 12 | 18 000 |

【例 1-32】四川鲲鹏有限公司采用月末一次加权平均法计算【例 1-31】中 B 材料的成本如下：

$$B \text{ 材料平均单位成本} = \frac{30\ 000 + 171\ 000}{3\ 000 + 15\ 000} = 11.17 \text{（元）}$$

本月发出存货的成本 = 16 500 × 11.17 = 184 305（元）

月末库存存货的成本 = 30 000 + 171 000 - 184 305 = 16 695（元）

【例 1-33】四川鲲鹏有限公司采用移动加权平均法计算【例 1-31】中 B 材料的成本如下：

第一批收货后的平均单位成本 = (30 000 + 99 000)/(3 000 + 9 000) = 10.75（元）

第一批发货的存货成本 = 10 500 × 10.75 = 112 875（元）

当时结存的存货成本 = 1 500 × 10.75 = 16 125（元）

第二批收货后的平均单位成本 = (16 125 + 72 000)/(1 500 + 6 000) = 11.75（元）

第二批发货的存货成本 = 6 000 × 11.75 = 70 500（元）

当时结存的存货成本 = 1 500 × 11.75 = 17 625（元）

B 材料月末结存 1 500 千克，月末库存存货成本为 17 625 元；本月发出存货成本合计为 183 375（112 875 + 70 500）元。

企业各生产单位及有关部门领用的材料具有种类多、业务频繁等特点。为了简化核算，可以在月末根据领料单或限额领料单中有关领料的单位、部门等加以归类，编制发料凭证汇总表，据以编制记账凭证、登记入账。

【例1-34】四川鲲鹏有限公司根据发料凭证汇总表的记录，2016年1月份基本生产车间领用K材料500 000元，辅助生产车间领用K材料40 000元，车间管理部门领用K材料5 000元，企业行政管理部门领用K材料4 000元，计549 000元。

借：生产成本——基本生产成本      500 000
     ——辅助生产成本      40 000
  制造费用           5 000
  管理费用           4 000
  贷：原材料——K材料        549 000

**（二）采用计划成本核算**

材料采用计划成本核算时，材料的收发及结存均按照计划成本计价。材料实际成本与计划成本的差异，通过"材料成本差异"科目核算。月末，计算本月发出材料应负担的成本差异并进行分摊，根据领用材料的用途计入相关资产的成本或者当期损益，从而将发出材料的计划成本调整为实际成本。

1. 计划成本核算的会计科目

（1）"原材料"科目

"原材料"用于核算库存各种材料的收发与结存情况，借方登记入库材料的计划成本，贷方登记发出材料的计划成本，期末余额在借方，反映企业库存材料的计划成本。

（2）"材料采购"科目

"材料采购"科目借方登记采购材料的实际成本，贷方登记入库材料的计划成本。借方大于贷方表示超支，从本科目贷方转入"材料成本差异"科目的借方；贷方大于借方表示节约，从本科目借方转入"材料成本差异"科目的贷方；期末为借方余额，反映企业在途材料的采购成本。

（3）"材料成本差异"科目

"材料成本差异"科目反映企业已入库各种材料的实际成本与计划成本的差异，借方登记超支差异及发出材料应负担的节约差异，贷方登记节约差异及发出材料应负担的超支差异。期末如为借方余额，反映企业库存材料的实际成本大于计划成本的差异（即超支差异）；如为贷方余额，反映企业库存材料实际成本小于计划成本的差异（即节约差异）。

2. 购入材料时的账务处理

（1）货款已经支付，同时材料验收入库。

【例1-35】四川鲲鹏有限公司购入L材料一批，专用发票上记载的货款为3 000 000元，增值税额510 000元，发票账单已收到，计划成本为3 200 000元，已验收入库，全部款项以银行存款支付。

在计划成本法下，取得的材料先要通过"材料采购"科目进行核算，企业支付材料价款和运杂费等构成存货实际成本的，记入"材料采购"科目。

| | |
|---|---|
| 借：材料采购 | 3 000 000 |
| 　应交税费——应交增值税（进项税额） | 510 000 |
| 　贷：银行存款 | 3 510 000 |

在计划成本法下，取得的材料先要通过"材料采购"科目进行核算，企业支付材料价款和运杂费等构成存货实际成本的，记入"材料采购"科目。

（2）货款已经支付，材料尚未验收入库。

【例1-36】四川鲲鹏有限公司用汇兑结算方式购入 $M_1$ 材料一批，专用发票上记载的货款为 200 000 元，增值税额 34 000 元，发票账单已收到，计划成本 180 000 元，材料尚未入库。

| | |
|---|---|
| 借：材料采购 | 200 000 |
| 　应交税费——应交增值税（进项税额） | 34 000 |
| 　贷：银行存款 | 234 000 |

（3）货款尚未支付，材料已经验收入库。

【例1-37】四川鲲鹏有限公司用商业承兑汇票支付方式购入 $M_2$ 材料一批，专用发票上记载的货款为 500 000 元，增值税额 85 000 元，发票账单已收到，计划成本 520 000 元，材料已验收入库。

| | |
|---|---|
| 借：材料采购 | 500 000 |
| 　应交税费——应交增值税（进项税额） | 85 000 |
| 　贷：应付票据 | 585 000 |

【例1-38】四川鲲鹏有限公司购入 $M_3$ 材料一批，材料已验收入库，发票账单未到，月末按照计划成本 600 000 元估价入账。

尚未收到发票账单的收料凭证，月末应按计划成本暂估入账，借记"原材料"等科目，贷记"应付账款——暂估应付账款"科目，下期初做相反分录予以冲回，借记"应付账款——暂估应付账款"科目，贷记"原材料"科目。

| | |
|---|---|
| 借：原材料 | 600 000 |
| 　贷：应付账款——暂估应付账款 | 600 000 |

下月初做相反的会计分录予以冲回：

| | |
|---|---|
| 借：应付账款——暂估应付账款 | 600 000 |
| 　贷：原材料 | 600 000 |

企业购入验收入库的材料，按计划成本借记"原材料"科目，贷记"材料采购"科目，按实际成本大于计划成本的差异，借记"材料成本差异"科目，贷记"材料采购"科目；实际成本小于计划成本的差异，借记"材料采购"科目，贷记"材料成本差异"科目。

【例1-39】四川鲲鹏有限公司在【例1-35】和【例1-37】中购入 L 材料和 $M_2$ 材料。月末四川鲲鹏有限公司汇总本月已付款或已开出并承兑商业汇票的入库材料的计划成本 3 720 000 元（即 3 200 000 ＋520 000）。

借：原材料——L 材料  3 200 000

  ——M₂ 材料  520 000

 贷：材料采购  3 720 000

上述入库材料的实际成本为 3 500 000 元（即 3 000 000 + 500 000），入库材料的成本差异为节约 220 000 元（即 3 500 000 - 3 720 000）。

借：材料采购  220 000

 贷：材料成本差异——L 材料  200 000

  ——M₂ 材料  20 000

3. 发出材料时的账务处理

月末，企业应根据领料单等编制发料凭证汇总表结转发出材料的计划成本，根据所发出材料的用途，按计划成本分别记入"生产成本""制造费用""销售费用""管理费用"等科目。

【例 1 - 40】四川鲲鹏有限公司根据发料凭证汇总表的记录，2016 年 11 月 L 材料的消耗（计划成本）为：基本生产车间领用 2 000 000 元，辅助生产车间领用 600 000元，车间管理部门领用 250 000 元，企业行政管理部门领用 50 000 元。

借：生产成本——基本生产成本  2 000 000

  ——辅助生产成本  600 000

 制造费用  250 000

 管理费用  50 000

 贷：原材料——L 材料  2 900 000

企业日常采用计划成本核算，发出的材料成本应由计划成本调整为实际成本，通过"材料成本差异"科目进行结转，按照所发出材料的用途，分别记入"生产成本""制造费用""销售费用""管理费用"等科目。发出材料应负担的成本差异应当按期（月）分摊，不得在季末或年末一次计算。

本期材料成本差异率 = （期初结存材料的成本差异 + 本期验收入库材料的成本差异）/（期初结存材料的计划成本 + 本期验收入库材料的计划成本）×100%

期初材料成本差率 = 期初结存材料的成本差异/期初结存材料的计划成本×100%

【例 1 - 41】在【例 1 - 35】和【例 1 - 40】中，四川鲲鹏有限公司某月月初结存 L材料的计划成本为 1 000 000 元，成本差异为超支 30 740 元；当月入库 L 材料的计划成本 3 200 000 元，成本差异为节约 200 000 元。则：

材料成本差异率 = （30 740 - 200 000）/（1 000 000 + 3 200 000）×100% = -4.03%

结转发出材料的成本差异的分录：

借：材料成本差异——L 材料  116 870

 贷：生产成本——基本生产成本  80 600

  ——辅助生产成本  24 180

 制造费用  10 075

 管理费用  2 015

### 五、低值易耗品

企业设置"周转材料——低值易耗品"科目反映和监督低值易耗品的增减变动及其结存情况，借方登记低值易耗品的增加，贷方登记低值易耗品的减少，期末余额在借方，反映企业期末结存低值易耗品的金额。

低值易耗品应当根据使用次数分次进行摊销。

#### (一) 一次转销法

一次转销法摊销低值易耗品，在领用低值易耗品时，将价值一次全部地计入有关资产成本或者当期损益，主要适用于价值较低或极易损坏的低值易耗品的摊销。

【例1-42】四川鲲鹏有限公司基本生产车间领用工具一批，实际成本为3 000元，全部计入当期制造费用。

借：制造费用 3 000

　　贷：周转材料——低值易耗品 3 000

#### (二) 分次摊销法

分次摊销法摊销低值易耗品，低值易耗品在领用时摊销账面价值的单次平均摊销额。分次摊销法适用于可供多次反复使用的低值易耗品。采用分次摊销法需要单独设置"周转材料——低值易耗品——在用""周转材料——低值易耗品——在库"和"周转材料——低值易耗品——摊销"明细科目。

【例1-43】四川鲲鹏有限公司基本生产车间领用专用工具一批，实际成本为100 000元，不符合固定资产定义，采用分次摊销法进行摊销，估计使用次数为2次。

(1) 领用专用工具：

借：周转材料——低值易耗品——在用 100 000

　　贷：周转材料——低值易耗品——在库 100 000

(2) 第一次领用时摊销其价值的一半：

借：制造费用 50 000

　　贷：周转材料——低值易耗品——摊销 50 000

(3) 第二次领用时摊销其价值的一半：

借：制造费用 50 000

　　贷：周转材料——低值易耗品——摊销 50 000

同时：

借：周转材料——低值易耗品——摊销 100 000

　　贷：周转材料——低值易耗品——在用 100 000

### 六、包装物

包装物是为了包装本企业商品而储备的各种包装容器，如桶、箱、瓶、坛、袋等。企业设置"周转材料——包装物"科目反映和监督包装物的增减变动及其价值损耗、结存等情况。

（一）生产领用包装物

生产领用包装物，应按照领用包装物的实际成本，借记"生产成本"科目，按照领用包装物的计划成本，贷记"周转材料——包装物"科目，按照其差额，借记或贷记"材料成本差异"科目。

【例1-44】四川鲲鹏有限公司对包装物采用计划成本核算，2016年9月生产产品领用包装物的计划成本为100 000元，材料成本差异率为-3%。

| | | |
|---|---|---|
| 借：生产成本 | 97 000 | |
| 　材料成本差异 | 3 000 | |
| 　贷：周转材料——包装物 | | 100 000 |

（二）随同商品出售包装物

随同商品出售而不单独计价的包装物，按实际成本计入销售费用，借记"销售费用"科目，按计划成本，贷记"周转材料——包装物"科目，按其差额，借记或贷记"材料成本差异"科目。

【例1-45】四川鲲鹏有限公司2016年10月销售商品领用不单独计价包装物的计划成本为50 000元，材料成本差异率为-3%。

| | | |
|---|---|---|
| 借：销售费用 | 48 500 | |
| 　材料成本差异 | 1 500 | |
| 　贷：周转材料——包装物 | | 50 000 |

随同商品出售且单独计价的包装物，一方面应反映销售收入，计入其他业务收入；另一方面应反映实际销售成本，计入其他业务成本。

【例1-46】四川鲲鹏有限公司2016年11月销售商品领用单独计价包装物的计划成本为80 000元，销售收入为100 000元，增值税额为17 000元，款项已存入银行。该包装物的材料成本差异率为3%。

（1）出售单独计价包装物：

| | | |
|---|---|---|
| 借：银行存款 | 117 000 | |
| 　贷：其他业务收入 | | 100 000 |
| 　　应交税费——应交增值税（销项税额） | | 17 000 |

（2）结转所售单独计价包装物的成本：

| | | |
|---|---|---|
| 借：其他业务成本 | 82 400 | |
| 　贷：周转材料——包装物 | | 80 000 |
| 　　材料成本差异 | | 2 400 |

多次使用的包装物应当根据使用次数分次进行摊销，摊销的方法与低值易耗品相似。

## 七、委托加工物资

委托加工物资是企业委托外单位加工的各种材料、商品等物资。

企业设置"委托加工物资"科目反映和监督委托加工物资增减变动及其结存情况，借方登记委托加工物资的实际成本，贷方登记加工完成验收入库的物资的实际成本和剩余物资的实际成本，期末余额在借方，反映企业尚未完工的委托加工物资的实际成本和发出加工物资的运杂费等。委托加工物资也可以采用计划成本或售价进行核算，方法与库存商品相似。

**（一）发出物资**

【例1-47】四川鲲鹏有限公司委托成都太天量具厂加工一批量具，发出材料一批，计划成本70 000元，材料成本差异率4%，以银行存款支付运杂费2 200元。

（1）发出材料时：

| | |
|---|---|
| 借：委托加工物资 | 72 800 |
| 贷：原材料 | 70 000 |
| 材料成本差异 | 2 800 |

（2）支付运杂费时：

| | |
|---|---|
| 借：委托加工物资 | 2 200 |
| 贷：银行存款 | 2 200 |

企业发给外单位加工物资时，如果采用计划成本或售价核算的，应同时结转材料成本差异或商品进销差价，贷记或借记"材料成本差异"科目，或借记"商品进销差价"科目。

**（二）支付加工费、运杂费等**

【例1-48】四川鲲鹏有限公司以银行存款支付【例1-46】中量具的加工费用20 000元。

| | |
|---|---|
| 借：委托加工物资 | 20 000 |
| 贷：银行存款 | 20 000 |

**（三）加工完成验收入库**

【例1-49】四川鲲鹏有限公司收回【例1-47】和【例1-48】中由成都太天量具厂代加工的量具，以银行存款支付运杂费2 500元。量具已验收入库，计划成本为110 000元。

（1）支付运杂费时：

| | |
|---|---|
| 借：委托加工物资 | 2 500 |
| 贷：银行存款 | 2 500 |

（2）量具入库时：

| | |
|---|---|
| 借：周转材料——低值易耗品 | 110 000 |
| 贷：委托加工物资 | 97 500 |
| 材料成本差异 | 12 500 |

【例1-50】四川鲲鹏有限公司委托成都运盛有限公司加工应税消费品一批100 000件：

（1）2016 年 1 月 20 日发出材料一批，计划成本为 6 000 000 元，材料成本差异率为 -3%。

① 发出委托加工材料时：

借：委托加工物资            6 000 000

 贷：原材料            6 000 000

② 结转发出材料应分摊的材料成本差异时：

借：材料成本差异            180 000

 贷：委托加工物资           180 000

（2）2016 年 2 月 20 日，支付商品加工费 120 000 元，支付应当交纳的消费税 660 000 元，商品收回后用于连续生产，消费税可抵扣，适用增值税税率为 17%。

借：委托加工物资            120 000

  应交税费——应交消费税         660 000

      ——应交增值税（进项税额）    20 400

 贷：银行存款            800 400

（3）2016 年 3 月 4 日，用银行存款支付往返运杂费 10 000 元。

借：委托加工物资            10 000

 贷：银行存款            10 000

（4）2016 年 3 月 5 日，商品 100 000 件（每件计划成本为 65 元）加工完毕，验收入库手续已办理。

借：库存商品             6 500 000

 贷：委托加工物资           5 950 000

  材料成本差异           550 000

需要交纳消费税的委托加工物资，由受托方代收代交的消费税，收回后用于直接销售的，记入"委托加工物资"科目；收回后用于继续加工的，记入"应交税费——应交消费税"科目。

## 八、库存商品

### （一）库存商品的内容

库存商品是企业已完成全部生产过程并已验收入库，可以按照合同规定的条件送交订货单位，或可以作为商品对外销售的产品，以及外购或委托加工完成验收入库用于销售的各种商品。库存商品可以采用实际成本核算，也可以采用计划成本核算，方法与原材料相似。采用计划成本核算时，库存商品实际成本与计划成本的差异，可单独设置"产品成本差异"科目核算。

企业设置"库存商品"科目反映和监督库存商品的增减变动及其结存情况，借方登记验收入库的库存商品成本，贷方登记发出的库存商品成本，期末余额在借方，反映各种库存商品的实际成本或计划成本。

（二）商品生产企业库存商品的核算

1. 验收入库商品

对于库存商品采用实际成本核算的企业，当库存商品生产完成并验收入库时，应按实际成本，借记"库存商品"科目，贷记"生产成本——基本生产成本"科目。

【例1-51】四川鲲鹏有限公司2016年11月已验收入库Y产品1 000台，实际单位成本5 000元，Z产品2 000台，实际单位成本1 000元。

借：库存商品——Y产品 5 000 000

        ——Z产品 2 000 000

  贷：生产成本——基本生产成本（Y产品） 5 000 000

           ——基本生产成本（Z产品） 2 000 000

2. 销售商品

销售商品确认收入时，应结转其销售成本，借记"主营业务成本"等科目，贷记"库存商品"科目。

【例1-52】四川鲲鹏有限公司2016年11月末汇总的发出商品中，当月已实现销售的Y产品有500台，Z产品有1 500台。该月Y产品实际单位成本5 000元，Z产品实际单位成本1 000元。

借：主营业务成本 4 000 000

  贷：库存商品——Y产品 2 500 000

          ——Z产品 1 500 000

（三）商品流通企业库存商品的核算

企业购入的商品可以采用进价或售价核算。采用售价核算的，商品售价和进价的差额，可通过"商品进销差价"科目核算。月末，应分摊已销商品的进销差价，将已销商品的销售成本调整为实际成本，借记"商品进销差价"科目，贷记"主营业务成本"科目。

商品流通企业的库存商品还可以采用毛利率法和售价金额核算法进行日常核算。

1. 毛利率法

毛利率法是根据本期销售净额乘以上期实际（或本期计划）毛利率匡算本期销售毛利，并据以计算发出存货和期末存货成本的一种方法。计算公式如下：

毛利率＝销售毛利/销售净额×100%

销售净额＝商品销售收入－销售退回与折让

销售毛利＝销售净额×毛利率

销售成本＝销售净额－销售毛利

期末存货成本＝期初存货成本＋本期购货成本－本期销售成本

毛利率法是商业批发企业常用的计算本期商品销售成本和期末库存商品成本的方法。一般来讲，商品流通企业同类商品的毛利率大致相同，采用这种存货计价方法既能减轻工作量，也能满足对存货管理的需要。

【例1-53】四川鲲鹏有限公司2016年4月1日针织品存货1 800万元，本月购进3 000万元。本月销售收入3 400万元，上季度该类商品毛利率为25%。

本月已销商品和月末库存商品的成本计算如下：

本月销售收入 = 3 400（万元） 销售毛利 = 3 400 × 25% = 850（万元）

本月销售成本 = 3 400 - 850 = 2 550（万元）

库存商品成本 = 1 800 + 3 000 - 2 550 = 2 250（万元）

2. 售价金额核算法

售价金额核算法是平时商品的购入、加工收回、销售均按售价记账，售价与进价的差额通过"商品进销差价"科目核算，期末计算进销差价率和本期已销商品应分摊的进销差价，并据以调整本期销售成本的一种方法。计算公式如下：

商品进销差价率 =（期初库存商品进销差价 + 本期购入商品进销差价）/（期初库存商品售价 + 本期购入商品售价）× 100%

本期销售商品应分摊的商品进销差价 = 本期商品销售收入 × 商品进销差价率

本期销售商品的成本 = 本期商品销售收入 - 本期销售商品应分摊的商品进销差价

期末结存商品的成本 = 期初库存商品的进价成本 + 本期购进商品的进价成本 - 本期销售商品的成本

从事商业零售业务的企业，由于经营商品种类、品种、规格等繁多，其他成本计算结转方法均较困难，因此广泛采用这一方法。

【例1-54】四川鲲鹏有限公司2016年7月期初库存商品的进价成本为100万元，售价总额为110万元，本月购进该商品的进价成本为75万元，售价总额为90万元，本月销售收入为120万元。有关计算如下：

商品进销差价率 =（10 + 15）/（110 + 90）× 100% = 12.5%

已销商品应分摊的商品进销差价 = 120 × 12.5% = 15（万元）

## 九、存货清查

存货清查是通过对存货的实地盘点，确定存货的实有数量，并与账面结存数核对，从而确定存货实存数与账面结存数是否相符的一种财产清查方法。

存货的盘盈盘亏是由于发生计量错误、计算错误、自然损耗、损坏变质、贪污盗窃等情况发生的。对于存货的盘盈盘亏，应填写存货盘点报告，及时查明原因，按照规定程序报批处理。

企业设置"待处理财产损溢"科目反映企业在财产清查中查明的各种存货的盘盈、盘亏和毁损情况，借方登记存货的盘亏、毁损金额及盘盈的转销金额，贷方登记存货的盘盈金额及盘亏的转销金额。各种存货损益，应在期末结账前处理完毕，期末处理后，"待处理财产损溢"科目应无余额。

（一）存货盘盈的核算

存货发生盘盈时，借记"原材料""库存商品"等科目，贷记"待处理财产损溢"

科目；在按管理权限报经批准后，借记"待处理财产损溢"科目，贷记"管理费用"科目。

【例 1-55】四川鲲鹏有限公司在财产清查中盘盈 J 材料 1 000 千克，实际单位成本 60 元，经查属于材料收发计量方面的错误。应做如下处理：

（1）批准处理前：

借：原材料 　　　　　　　　　　　　　　　　　　　　　　60 000

　　贷：待处理财产损溢 　　　　　　　　　　　　　　　　　　　60 000

（2）批准处理后：

借：待处理财产损溢 　　　　　　　　　　　　　　　　　　60 000

　　贷：管理费用 　　　　　　　　　　　　　　　　　　　　　　60 000

（二）存货盘亏的核算

存货盘亏时，借记"待处理财产损溢"科目，贷记"原材料""库存商品"等科目。对于入库的残料价值，计入"原材料"等科目；对于应由保险公司和过失人的赔款，记入"其他应收款"科目；扣除残料价值和应由保险公司、过失人赔款后的净损失，属于一般经营损失的部分，记入"管理费用"科目，属于非常损失的部分，记入"营业外支出"科目。

【例 1-56】四川鲲鹏有限公司在财产清查中发现盘亏 K 材料 500 千克，实际单位成本 200 元，经查属于一般经营损失。

（1）批准处理前：

借：待处理财产损溢 　　　　　　　　　　　　　　　　　100 000

　　贷：原材料 　　　　　　　　　　　　　　　　　　　　　　100 000

（2）批准处理后：

借：管理费用 　　　　　　　　　　　　　　　　　　　　100 000

　　贷：待处理财产损溢 　　　　　　　　　　　　　　　　　　100 000

【例 1-57】四川鲲鹏有限公司在财产清查中发现毁损 L 材料 300 千克，实际单位成本 100 元，经查属于材料保管员的过失造成的，按规定由其个人赔偿 20 000 元，残料已办理入库手续，价值 2 000 元。

（1）批准处理前：

借：待处理财产损溢 　　　　　　　　　　　　　　　　　30 000

　　贷：原材料 　　　　　　　　　　　　　　　　　　　　　　30 000

（2）批准处理后

借：其他应收款 　　　　　　　　　　　　　　　　　　　20 000

　　原材料 　　　　　　　　　　　　　　　　　　　　　　2 000

　　管理费用 　　　　　　　　　　　　　　　　　　　　　8 000

　　贷：待处理财产损溢 　　　　　　　　　　　　　　　　　　30 000

【例 1-58】四川鲲鹏有限公司因台风造成一批库存材料毁损，实际成本 70 000 元，根据保险责任范围及保险合同规定，应由保险公司赔偿 50 000 元。应作如下会计处理：

（1）批准处理前：

| 借：待处理财产损溢 | 70 000 | |
| 贷：原材料 | | 70 000 |

（2）批准处理后：

| 借：其他应收款 | 50 000 | |
| 营业外支出——非常损失 | 20 000 | |
| 贷：待处理财产损溢 | | 70 000 |

## 十、存货减值

### （一）存货跌价准备的计提和转回

资产负债表日，存货应当按照成本与可变现净值孰低计量。其中，成本是期末存货的实际成本，如企业在存货成本的日常核算中采用计划成本法、售价金额核算法等简化核算方法，则成本为经调整后的实际成本。可变现净值是在日常活动中，存货的估计售价减去至完工时估计将要发生的成本、估计的销售费用以及相关税费后的金额。可变现净值的特征表现为存货的预计未来净现金流量，而不是存货的售价或合同价。

存货成本高于可变现净值的，应当计提存货跌价准备，计入当期损益。以前减记存货价值的影响因素已经消失的，减记的金额应当予以恢复，并在原已计提的存货跌价准备金额内转回，转回的金额计入当期损益。

### （二）存货跌价准备的会计处理

企业设置"存货跌价准备"科目，核算存货的跌价准备，贷方登记计提的存货跌价准备金额，借方登记实际发生的存货跌价损失金额和冲减的存货跌价准备金额，期末余额一般在贷方，反映企业已计提但尚未转销的存货跌价准备。

当存货成本高于可变现净值时，企业应当按照存货可变现净值低于成本的差额，借记"资产减值损失——计提的存货跌价准备"科目，贷记"存货跌价准备"科目。

转回已计提的存货跌价准备金额时，按恢复增加的金额，借记"存货跌价准备"科目，贷记"资产减值损失——计提的存货跌价准备"科目。

企业结转存货销售成本时，对于已计提存货跌价准备的，借记"存货跌价准备"科目，贷记"主营业务成本""其他业务成本"等科目。

【例1-59】2016年12月31日，四川鲲鹏有限公司甲材料的账面金额为100 000元，由于市场价格下跌，预计可变现净值为80 000元，由此应计提的存货跌价准备为20 000元。

| 借：资产减值损失——计提的存货跌价准备 | 20 000 | |
| 贷：存货跌价准备 | | 20 000 |

假设2016年6月30日，甲材料的账面金额为100 000元，由于市场价格有所上升，使得甲材料的预计可变现净值为95 000元，应转回的存货跌价准备为15 000元。

| 借：存货跌价准备 | 15 000 | |
| 贷：资产减值损失——计提的存货跌价准备 | | 15 000 |

# 第五节　长期股权投资

## 一、长期股权投资概述

### （一）长期股权投资的概念

长期股权投资是一种权益性投资，包括对子公司、合营企业及联营企业的权益性投资，以及对被投资单位不具有控制、共同控制或重大影响，且在活跃市场中没有报价、公允价值不能可靠计量的权益性投资。

子公司是企业能够实施控制的被投资单位。控制是有权决定企业财务和经营政策，并能从企业经营活动中获取利益。

合营企业是企业与其他方能够实施共同控制的被投资单位。共同控制是按照合同约定对某项经济活动所共有的控制，仅在与该项经济活动相关的重要财务和经营决策需要分享控制权的投资方一致同意时存在。

联营企业是企业能够施加重大影响的被投资单位。重大影响是对一个企业的财务或经营政策有参与决策的权力，但并不能能够控制或者与其他方一起共同控制这些政策的制定。

### （二）长期股权投资的核算方法

长期股权投资的核算方法有两种：一是成本法；二是权益法。

1. 成本法核算的长期股权投资的范围

（1）企业能够对被投资单位实施控制的长期股权投资。

企业对子公司的长期股权投资应当采用成本法核算，编制合并财务报表时按权益法进行调整。

（2）企业对被投资单位不具有控制、共同控制或重大影响，且在活跃市场中没有报价、公允价值不能可靠计量的长期股权投资。

2. 权益法核算的长期股权投资的范围

（1）企业对被投资单位具有共同控制的长期股权投资，即企业对合营企业的长期股权投资。

（2）企业对被投资单位具有重大影响的长期股权投资，即企业对联营企业的长期股权投资。

3. 企业设置"长期股权投资""投资收益"等科目核算企业的长期股权投资

"长期股权投资"科目核算企业持有的采用成本法和权益法核算的长期股权投资，借方登记长期股权投资取得时的成本，以及采用权益法核算时按被投资企业实现的净利润计算的应分享的份额，贷方登记收回长期股权投资的价值，或采用权益法核算时被投资单位宣告分派现金股利或利润时企业按持股比例计算应享有的份额，以及按被投资单位发生的净亏损计算的应分担的份额，期末借方余额反映企业持有的长期股权投资的价值。

## 二、采用成本法核算的长期股权投资

### （一）长期股权投资初始投资成本的确定

以支付现金取得的长期股权投资，应当按照实际支付的购买价款作为初始投资成本。企业所发生的与取得长期股权投资直接相关的费用、税金及其他必要支出应计入长期股权投资的初始投资成本。

企业取得长期股权投资，实际支付的价款或对价中包含的已宣告但尚未发放的现金股利或利润，作为应收项目处理，不构成长期股权投资的成本。

### （二）取得长期股权投资

取得长期股权投资时，应按照初始投资成本计价。以支付现金、非现金资产等其他方式取得的长期股权投资，应按照长期股权投资初始投资成本，借记"长期股权投资"科目，贷记"银行存款"等科目。如果实际支付的价款中包含有已宣告但尚未发放的现金股利或利润，借记"应收股利"科目，贷记"长期股权投资"科目。

【例1－60】四川鲲鹏有限公司2016年1月2日购买长信股份有限公司发行的股票50 000股准备长期持有，从而拥有长信股份有限公司5%的股份。每股买入价为6元，另外，公司购买该股票时发生有关税费5 000元，款项已由银行存款支付。

初始投资成本＝（50 000×6）＋5 000＝300 000＋5 000＝30 500，四川鲲鹏有限公司编制购入股票的会计分录为：

借：长期股权投资　　　　　　　　　　　　　　　　　305 000
　　贷：银行存款　　　　　　　　　　　　　　　　　　　305 000

### （三）长期股权投资持有期间被投资单位宣告发放现金股利或利润

长期股权投资持有期间被投资单位宣告发放现金股利或利润时，企业按应享有的部分确认为投资收益，借记"应收股利"科目，贷记"投资收益"科目。属于被投资单位在取得本企业投资前实现净利润的分配额，应作为投资成本的收回，借记"应收股利"科目，贷记"长期股权投资"科目。

【例1－61】四川鲲鹏有限公司2016年5月15日以银行存款购买诚远股份有限公司的股票100 000股作为长期投资，每股买入价为10元，每股价格中包含有0.2元的已宣告分派的现金股利，另支付相关税费7 000元。

取得长期股权投资时，如果实际支付的价款中包含有已宣告但尚未发放的现金股利或利润，应借记"应收股利"科目，不记入"长期股权投资"科目。

初始投资成本＝（100 000×10）＋7 000－（100 000×0.2）＝1 000 000＋7 000－20 000＝987 000，四川鲲鹏有限公司编制购入股票的会计分录为：

借：长期股权投资　　　　　　　　　　　　　　　　　987 000
　　应收股利　　　　　　　　　　　　　　　　　　　20 000
　　贷：银行存款　　　　　　　　　　　　　　　　　1 007 000

四川鲲鹏有限公司 2016 年 6 月 20 日收到诚远股份有限公司分来的购买该股票时已宣告分派的股利 20 000 元。应作如下会计处理：

借：银行存款           20 000

  贷：应收股利           20 000

【例 1－62】四川鲲鹏有限公司于 2017 年 1 月 20 日收到【例 1－60】中长信有限股份公司宣告发放 2016 年度现金股利的通知，应分得现金股利 5 000 元。

属于被投资单位在取得本企业投资前实现净利润的分配额，应作为投资成本的收回，借记"应收股利"科目，贷记"长期股权投资"科目，而不是确认为投资收益。四川鲲鹏有限公司作会计处理如下：

借：应收股利           5 000

  贷：长期股权投资         5 000

**（四）长期股权投资的处置**

处置长期股权投资时，按实际取得的价款与长期股权投资账面价值的差额确认为投资损益，并应同时结转已计提的长期股权投资减值准备。会计处理是应按实际收到的金额，借记"银行存款"等科目，按原已计提的减值准备，借记"长期股权投资减值准备"科目，按该项长期股权投资的账面余额，贷记"长期股权投资"科目，按尚未领取的现金股利或利润，贷记"应收股利"科目，按其差额，贷记或借记"投资收益"科目。

【例 1－63】四川鲲鹏有限公司将作为长期投资持有的远海股份有限公司 15 000 股股票，以每股 10 元的价格卖出，支付相关税费 1 000 元，取得价款 149 000 元，款项已由银行收妥。该长期股权投资账面价值为 140 000 元，假定没有计提减值准备。

企业处置长期股权投资，应按实际取得的价款与长期股权投资账面价值的差额确认为投资损益，并应同时结转已计提的长期股权投资减值准备。投资收益 ＝ 149 000 － 140 000 ＝9 000，四川鲲鹏有限公司会计处理如下：

借：银行存款          149 000

  贷：长期股权投资        140 000

    投资收益          9 000

### 三、采用权益法核算的长期股权投资

**（一）取得长期股权投资**

长期股权投资的初始投资成本大于投资时应享有被投资单位可辨认净资产公允价值份额的，不调整已确认的初始投资成本，借记"长期股权投资——成本"科目，贷记"银行存款"等科目。长期股权投资的初始投资成本小于投资时应享有被投资单位可辨认净资产公允价值份额的，借记"长期股权投资——成本"科目，贷记"银行存款"等科目，按其差额，贷记"营业外收入"科目。

【例 1－64】四川鲲鹏有限公司 2016 年 1 月 20 日购买东方股份有限公司发行的股票 5 000 000 股准备长期持有，占东方股份有限公司股份的 30%。每股买入价为 6 元，

另外，购买该股票时发生有关税费 500 000 元，款项已由银行存款支付。2016 年 12 月 31 日，东方股份有限公司的所以者权益的账面价值（与其公允价值不存在差异）100 000 000 元。

长期股权投资的初始投资成本 30 500 000 元大于投资时应享有被投资单位可辨认净资产公允价值份额 30 000 000（100 000 000×30%）元，其差额 500 000 元不调整已确认的初始投资成本。

初始投资成本＝（5 000 000×6）＋ 500 000 ＝ 30 500 000，四川鲲鹏有限公司作会计处理如下：

借：长期股权投资——成本　　　　　　　　　　　　　　　　 30 500 000
　　贷：银行存款　　　　　　　　　　　　　　　　　　　　　　 30 500 000

如果长期股权投资的初始投资成本小于投资时应享有被投资单位可辨认净资产公允价值份额，应借记"长期股权投资——成本"科目，贷记"银行存款"等科目，按其差额，贷记"营业外收入"科目。

**（二）持有长期股权投资期间被投资单位实现净利润或发生净亏损**

被投资单位实现净利润时，根据实现的净利润计算应享有的份额，借记"长期股权投资——损益调整"科目，贷记"投资收益"科目。被投资单位发生净亏损，借记"投资收益"科目，贷记"长期股权投资——损益调整"科目，但以"长期股权投资——对××单位投资"科目账面价值减记至零为限。"长期股权投资——对××单位投资"科目由"成本""损益调整""其他权益变动"三个明细科目组成，账面价值减至零即意味着"对××单位投资"的这三个明细科目合计为零。

被投资单位以后宣告发放现金股利或利润时，企业计算应分得的部分，借记"应收股利"科目，贷记"长期股权投资——损益调整"科目。收到被投资单位宣告发放的股票股利，不进行账务处理，但应在备查簿中登记。

【例 1－65】2015 年成都大成有限公司实现净利润 10 000 000 元。四川鲲鹏有限公司按照持股比例确认投资收益 3 000 000 元。2016 年 5 月 15 日，成都大成有限公司已宣告发放现金股利，每 10 股派 3 元，四川鲲鹏有限公司可分派到 1 500 000 元。2016 年 6 月 15 日，四川鲲鹏有限公司收到成都大成有限公司分派的现金股利。四川鲲鹏有限公司作会计处理如下：

（1）确认成都大成有限公司实现的投资收益时：
借：长期股权投资——损益调整　　　　　　　　　　　　　　　 3 000 000
　　贷：投资收益　　　　　　　　　　　　　　　　　　　　　　 3 000 000
（2）成都大成有限公司宣告发放现金股利时：
借：应收股利　　　　　　　　　　　　　　　　　　　　　　　 1 500 000
　　贷：长期股权投资——损益调整　　　　　　　　　　　　　　 1 500 000
（3）收到成都大成有限公司宣告发放现金股利时：
借：银行存款　　　　　　　　　　　　　　　　　　　　　　　 1 500 000
　　贷：应收股利　　　　　　　　　　　　　　　　　　　　　　　 150 000

（三）持有长期股权投资期间被投资单位所有者权益的其他变动

持股比例不变，被投资单位除净损益外所有者权益的其他变动，按持股比例计算应享有的份额，借记或贷记"长期股权投资——其他权益变动"科目，贷记或借记"资本公积——其他资本公积"科目。

【例1-66】2016年成都大成有限公司可供出售金融资产的公允价值增加了4 000 000元。四川鲲鹏有限公司按照持股比例确认相应的资本公积1 200 000元。四川鲲鹏有限公司会计处理如下：

借：长期股权投资——其他权益变动　　　　　　　　　　　1 200 000
　　贷：资本公积——其他资本公积　　　　　　　　　　　　　1 200 000

（四）长期股权投资的处置

处置长期投资时，按实际取得的价款与长期股权投资账面价值的差额确认投资收益，同时结转已计提的长期股权投资减值准备，按实际收到的金额，借记"银行存款"等科目，按原已计提的减值准备，借记"长期股权投资减值准备"科目，按长期股权投资的账面余额，贷记"长期股权投资"科目，按尚未领取的现金股利或利润，贷记"应收股利"科目，按实际取得的价款与长期股权投资账面价值的差额，贷记或借记"投资收益"科目。同时，结转原记入资本公积的相关金额，借记或贷记"资本公积——其他资本公积"科目，贷记或借记"投资收益"科目。

【例1-67】2017年1月20日，四川鲲鹏有限公司出售【例1-64】、【例1-65】和【例1-66】中所持成都大成有限公司的股票5 000 000股，每股出售价为10元，款项已收回。四川鲲鹏有限公司会计处理如下：

借：银行存款　　　　　　　　　　　　　　　　　　　　50 000 000
　　贷：长期股权投资——成本　　　　　　　　　　　　　　30 500 000
　　　　　　　　　　　——损益调整　　　　　　　　　　　　1 500 000
　　　　　　　　　　　——其他权益变动　　　　　　　　　　1 200 000
　　　　投资收益　　　　　　　　　　　　　　　　　　　16 800 000
借：资本公积——其他资本公积　　　　　　　　　　　　　1 200 000
　　贷：投资收益　　　　　　　　　　　　　　　　　　　　1 200 000

## 四、长期股权投资减值

### （一）长期股权投资减值金额的确定

#### 1. 企业对子公司、合营企业及联营企业的长期股权投资

企业对子公司、合营企业及联营企业的长期股权投资在资产负债表日存在可能发生减值的迹象时，可收回金额低于账面价值的，应当将该长期股权投资的账面价值减记至可收回金额，减记的金额确认为减值损失，计入当期损益，同时计提相应的资产减值准备。

2. 企业对被投资单位不具有控制、共同控制或重大影响，且在活跃市场中没有报价、公允价值不能可靠计量的长期股权投资

企业对被投资单位不具有控制、共同控制或重大影响，且在活跃市场中没有报价、公允价值不能可靠计量的长期股权投资，应当将该长期股权投资在资产负债表日的账面价值，与按照类似金融资产当时市场收益率对未来现金流量折现确定的现值之间的差额，确认为减值损失，计入当期损益。

（二）长期股权投资减值的会计处理

企业设置"长期股权投资减值准备"科目，核算计提的长期股权投资减值准备，按应减记的金额，借记"资产减值损失——计提的长期股权投资减值准备"科目，贷记"长期股权投资减值准备"科目。

长期股权投资减值损失一经确认，在以后会计期间不得转回。

# 第六节 固定资产

## 一、固定资产概述

### （一）固定资产的概念和特征

固定资产是同时具有以下特征的有形资产：

（1）为生产商品、提供劳务、出租或经营管理而持有的；

（2）使用寿命超过一个会计年度。

### （二）固定资产的确认

在实务中，确认固定资产时，需要注意以下两个问题：

1. 固定资产的各组成部分具有不同使用寿命或者以不同方式为企业提供经济利益，适用不同折旧率或折旧方法的，应当分别将各组成部分确认为单项固定资产。

2. 与固定资产有关的后续支出，满足固定资产确认条件的，应当计入固定资产成本；不满足固定资产确认条件的，应当在发生时计入当期损益。

### （三）固定资产的分类

根据不同的管理需要和核算要求可以确定不同的分类标准，对固定资产进行不同的分类：

1. 按经济用途分类

按经济用途分类，固定资产可以分为生产经营用固定资产和非生产经营用固定资产。

（1）生产经营用固定资产

生产经营用固定资产是直接服务于企业生产、经营过程的各种固定资产，如生产经营用的房屋、建筑物、机器、设备、器具、工具等。

（2）非生产经营用固定资产

非生产经营用固定资产是不直接服务于生产、经营过程的各种固定资产，如职工宿舍等使用的房屋、设备和其他固定资产等。

这种分类方法可以考核和分析企业固定资产的利用情况，促使企业合理地配备固定资产，充分发挥其效用。

2．综合分类

按经济用途和使用情况等综合分类，固定资产可以划分为七大类：

（1）生产经营用固定资产；

（2）非生产经营用固定资产；

（3）租出固定资产；

（4）不需用固定资产；

（5）未使用固定资产；

（6）土地；

（7）融资租入固定资产。

实际工作中，企业大多采用综合分类的方法作为编制固定资产目录，进行固定资产核算的依据。

（四）固定资产的核算

企业设置"固定资产""累计折旧""在建工程""工程物资""固定资产清理"等科目，核算固定资产取得、计提折旧、处置等情况。

"固定资产"科目核算企业固定资产的原价，借方登记企业增加的固定资产原价，贷方登记企业减少的固定资产原价，期末借方余额，反映企业期末固定资产的账面原价。

"累计折旧"科目属于"固定资产"的调整科目，核算企业固定资产的累计折旧，贷方登记企业计提的固定资产折旧，借方登记处置固定资产转出的累计折旧，期末贷方余额，反映企业固定资产的累计折旧额。

"在建工程"科目核算企业基建、更新改造等在建工程发生的支出，借方登记企业各项在建工程的实际支出，贷方登记完工工程转出的成本，期末借方余额反映企业尚未达到预定可使用状态的在建工程的成本。

"工程物资"科目核算企业为在建工程而准备的各种物资的实际成本，借方登记企业购入工程物资的成本，贷方登记领用工程物资的成本，期末借方余额，反映企业为在建工程准备的各种物资的成本。

"固定资产清理"科目核算企业因出售、报废、毁损、对外投资、非货币性资产交换、债务重组等原因转出的固定资产价值以及在清理过程中发生的费用等，借方登记转出的固定资产价值、清理过程中应支付的相关税费及其他费用，贷方登记固定资产清理完成的处理，期末借方余额，反映企业尚未清理完毕固定资产清理净损失。

企业固定资产、在建工程、工程物资发生减值的，还应当设置"固定资产减值准备""在建工程减值准备""工程物资减值准备"等科目进行核算。

## 二、取得固定资产

（一）外购固定资产

企业外购的固定资产，应按实际支付的购买价款、相关税费、使固定资产达到预定可使用状态前所发生的运输费、装卸费、安装费和专业人员服务费等，作为固定资产的取得成本。

1. 购入不需要安装的固定资产，应按实际支付的购买价款、相关税费以及使固定资产达到预定可使用状态前所发生的运输费、装卸费和专业人员服务费等，作为固定资产成本，借记"固定资产"科目，贷记"银行存款"等科目。

2. 购入需要安装的固定资产，应在购入的固定资产取得成本的基础上加上安装调试成本等，作为购入固定资产的成本，先通过"在建工程"科目核算，待安装完毕达到预定可使用状态时，再由"在建工程"科目转入"固定资产"科目。

以一笔款项购入多项没有单独标价的固定资产，应将各项资产单独确认为固定资产，并按各项固定资产公允价值的比例对总成本进行分配，分别确定各项固定资产的成本。

【例1-68】四川鲲鹏有限公司购入一台不需要安装即可投入使用的设备，取得的增值税专用发票上注明的设备价款为30 000元，增值税额为5 100元，另支付运输费300元，包装费400元，款项以银行存款支付。四川鲲鹏有限公司不属于实行增值税转型的企业。

固定资产的成本 = 固定资产买价 + 增值税 + 运输费 + 包装费

$$= 30\ 000 + 5\ 100 + 300 + 400 = 35\ 800$$

四川鲲鹏有限公司会计处理如下：

借：固定资产        35 800

    贷：银行存款        35 800

【例1-69】四川鲲鹏有限公司用银行存款购入一台需要安装的设备，增值税专用发票上注明的设备买价为200 000元，增值税额为34 000元，支付运输费10 000元，支付安装费30 000元。

（1）购入进行安装时：

借：在建工程        244 000

    贷：银行存款        244 000

（2）支付安装费时：

借：在建工程        30 000

    贷：银行存款        30 000

（3）设备安装完毕交付使用时，确定的固定资产成本 = 244 000 + 30 000 = 274 000（元）

借：固定资产        274 000

    贷：在建工程        274 000

【例 1 – 70】四川鲲鹏有限公司向成都固成有限公司一次购进了三台不同型号的设备 A、B、C，共支付款项 100 000 000 元，增值税额 17 000 000 元，包装费 750 000 元，全部以银行存款转账支付；假定设备 A、B、C 均满足固定资产的定义及确认条件，公允价值分别为 45 000 000 元、38 500 000 元、16 500 000 元；不考虑其他相关税费。

（1）确定应计入固定资产成本的金额，包括购买价款、包装费及增值税额，即：

100 000 000 + 17 000 000 + 750 000 = 117 750 000 （元）

（2）确定设备 A、B、C 的价值分配比例。

A 设备应分配的固定资产价值比例为：

45 000 000/（45 000 000 + 38 500 000 + 16 500 000）×100% = 45%

B 设备应分配的固定资产价值比例为：

38 500 000/（45 000 000 + 38 500 000 + 16 500 000）×100% = 38.5%

C 设备应分配的固定资产价值比例为：

16 500 000/（45 000 000 + 38 500 000 + 16 500 000）×100% = 16.5%

（3）确定 A、B、C 设备各自的成本：

A 设备的成本为：117 750 000 × 45% = 52 987 500 （元）

B 设备的成本为：117 750 000 × 38.5% = 45 333 750 （元）

C 设备的成本为：117 750 000 × 16.5% = 19 428 750 （元）

（4）四川鲲鹏有限公司会计处理如下：

| | | |
|---|---|---|
| 借：固定资产——A 设备 | | 52 987 500 |
| ——B 设备 | | 45 333 750 |
| ——C 设备 | | 19 428 750 |
| 贷：银行存款 | | 117 750 000 |

（二）建造固定资产

自行建造固定资产应按所发生的必要支出，作为固定资产的成本。自建固定资产先通过"在建工程"科目核算，工程达到预定可使用状态时，再从"在建工程"科目转入"固定资产"科目。企业自建固定资产有自营和出包两种方式，建设方式不同，会计处理也不同。

1. 自营工程

自营工程是企业自行组织工程物资采购、自行组织施工人员施工的建筑工程和安装工程。购入工程物资时，借记"工程物资"科目，贷记"银行存款"等科目。领用工程物资时，借记"在建工程"科目，贷记"工程物资"科目。在建工程领用本企业原材料时，借记"在建工程"科目，贷记"原材料""应交税费——应交增值税（进项税额转出）"等科目。在建工程领用本企业生产的商品时，借记"在建工程"科目，贷记"库存商品""应交税费——应交增值税（销项税额）"等科目。

自营工程发生的其他费用（如分配工程人员工资等），借记"在建工程"科目，贷记"银行存款""应付职工薪酬"等科目。自营工程达到预定可使用状态时，按成本借记"固定资产"科目，贷记"在建工程"科目。

【例1－71】四川鲲鹏有限公司自建厂房一幢，购入为工程准备的各种物资500 000元，支付的增值税额为85 000元，全部用于工程建设。领用本企业生产的水泥一批，实际成本为80 000元，税务部门确定的计税价格为100 000元，增值税税率17%；工程人员应计工资100 000元，支付的其他费用30 000元。

（1）购入工程物资时：

借：工程物资　　　　　　　　　　　　　　　585 000

　　贷：银行存款　　　　　　　　　　　　　　　585 000

（2）工程领用工程物资时：

借：在建工程　　　　　　　　　　　　　　　585 000

　　贷：工程物资　　　　　　　　　　　　　　　585 000

（3）工程领用本企业生产的水泥，确定应计入在建工程成本的金额为80 000 + 100 000×17% ＝97 000（元）

借：在建工程　　　　　　　　　　　　　　　97 000

　　贷：库存商品　　　　　　　　　　　　　　　80 000

　　　　应交税费——应交增值税（销项税额）　　17 000

（4）分配工程人员工资时：

借：在建工程　　　　　　　　　　　　　　　100 000

　　贷：应付职工薪酬　　　　　　　　　　　　　100 000

（5）支付工程发生的其他费用时：

借：在建工程　　　　　　　　　　　　　　　30 000

　　贷：银行存款　　　　　　　　　　　　　　　30 000

（6）固定资产成本＝585 000 +97 000 +100 000 +30 000 =812 000（元），工程完工时结转。

借：固定资产　　　　　　　　　　　　　　　812 000

　　贷：在建工程　　　　　　　　　　　　　　　812 000

2. 出包工程

出包工程是企业通过招标等方式将工程项目发包给建造承包商，由建造承包商组织施工的建筑工程和安装工程。这种方式下，"在建工程"科目是企业与建造承包商办理工程价款的结算科目，企业支付给建造承包商的工程价款作为工程成本，通过"在建工程"科目核算。企业按合理估计的发包工程进度和合同规定向建造承包商结算的进度款，借记"在建工程"科目，贷记"银行存款"等科目；工程完成时按合同规定补付的工程款，借记"在建工程"科目，贷记"银行存款"等科目；工程达到预定可使用状态时，按成本借记"固定资产"科目，贷记"在建工程"科目。

【例1－72】四川鲲鹏有限公司将一幢厂房的建造工程出包给成都旺达建筑有限公司承建，按合理估计的发包工程进度和合同规定向成都旺达建筑有限公司结算进度款600 000元，工程完工后，收到该公司有关工程结算单据，补付工程款400 000元。

（1）按合理估计的发包工程进度和合同规定向成都旺达建筑有限公司结算进度

款时：

　　借：在建工程　　　　　　　　　　　　　　　　　　　600 000
　　　　贷：银行存款　　　　　　　　　　　　　　　　　　　600 000

（2）补付工程款时：

　　借：在建工程　　　　　　　　　　　　　　　　　　　400 000
　　　　贷：银行存款　　　　　　　　　　　　　　　　　　　400 000

（3）工程完工并达到预定可使用状态时：

　　借：固定资产　　　　　　　　　　　　　　　　　　1 000 000
　　　　贷：在建工程　　　　　　　　　　　　　　　　　　1 000 000

## 三、固定资产的折旧

### （一）固定资产折旧概述

　　企业应当在固定资产的使用寿命内，按照确定的方法对应计折旧额进行系统分摊，根据固定资产的性质和使用情况，合理确定固定资产的使用寿命和预计净残值。影响折旧的因素主要有以下几个方面：

　　（1）固定资产原价

　　固定资产原价即固定资产的成本。

　　（2）预计净残值

　　预计净残值是假定固定资产预计使用寿命已满并处于使用寿命终了时的预期状态，企业目前从该项资产处置中获得的扣除预计处置费用后的金额。

　　（3）固定资产减值准备

　　固定资产减值准备是固定资产已计提的固定资产减值准备累计金额。

　　（4）固定资产的使用寿命

　　固定资产的使用寿命是企业使用固定资产的预计期间，或者该固定资产所能生产产品或提供劳务的数量。

　　确定固定资产使用寿命时，应当考虑下列因素：

　　（1）资产预计生产能力或实物产量；

　　（2）资产预计有形损耗，如设备使用中发生磨损、房屋建筑物受到自然侵蚀等；

　　（3）资产预计无形损耗，如因新技术的出现而使现有的资产技术水平相对陈旧、市场需求变化使产品时等；

　　（4）法律或者类似规定对资产使用的限制。

　　确定计提折旧的范围时，应注意以下几点：

　　（1）固定资产应当按月计提折旧，当月增加的固定资产，当月不计提折旧，从下月起计提折旧；当月减少的固定资产，当月仍计提折旧，从下月起不计提折旧。

　　（2）固定资产提足折旧后，不论能否继续使用，均不再计提折旧；提前报废的固定资产，也不再补提折旧。

　　（3）已达到预定可使用状态但尚未办理竣工决算的固定资产，应当按照估计价值确定其成本，并计提折旧；待办理竣工决算后，再按实际成本调整原来的暂估价值，但不需要调整原已计提的折旧额。

**（二）固定资产的折旧方法**

固定资产折旧方法有年限平均法、工作量法、双倍余额递减法和年数总和法等。

1. 年限平均法

年限平均法的计算公式如下：

年折旧率＝(1－预计净残值率)/预计使用寿命（年）

月折旧率＝年折旧率/12

月折旧额＝固定资产原价×月折旧率

年限平均法计提固定资产折旧，特点是将固定资产的应计折旧额均衡地分摊到固定资产预计使用寿命内，采用这种方法计算的每期折旧额是相等的。

【例1－73】四川鲲鹏有限公司有一幢厂房，原价为5 000 000元，预计可使用20年，预计报废时的净残值率为2%。该厂房的折旧率和折旧额的计算如下：

年折旧率＝(1－2%)/20＝4.9%

月折旧率＝4.9%/12＝0.41%

月折旧额＝5 000 000×0.41%＝20 500（元）

2. 工作量法

工作量法是根据实际工作量计算每期应提折旧额的一种方法，基本计算公式如下：

单位工作量折旧额＝固定资产原价×(1－预计净残值率)/预计总工作量

某项固定资产月折旧额＝该项固定资产当月工作量×单位工作量折旧额

【例1－74】四川鲲鹏有限公司的一辆运货卡车的原价为600 000元，预计总行驶里程为500 000公里，预计报废时的净残值率为5%，本月行驶4 000公里。

汽车的月折旧额计算如下：

单位里程折旧额＝600 000×(1－5%)/500 000＝1.14（元/公里）

本月折旧额＝4 000×1.14＝4 560（元）

3. 双倍余额递减法

双倍余额递减法是在不考虑固定资产预计净残值的情况下，根据每期期初固定资产原价减去累计折旧后的金额和双倍的直线法折旧率计算固定资产折旧的一种方法。采用双倍余额递减法计提固定资产折旧，一般应在固定资产使用寿命到期前两年内，将固定资产账面净值扣除预计净残值后的净值平均摊销。

双倍余额递减法的计算公式如下：

年折旧率＝2/预计使用寿命（年）

月折旧率＝年折旧率/12

月折旧额＝每月月初固定资产账面净值×月折旧率

【例1－75】四川鲲鹏有限公司一项固定资产的原价为1 000 000元，预计使用年限为5年，按双倍余额递减法计提折旧，每年的折旧额计算如下：

年折旧率 = 2/5 = 40%

第1年应提的折旧额 = 1 000 000 × 40% = 400 000（元）

第2年应提的折旧额 =（1 000 000 - 400 000）× 40% = 240 000（元）

第3年应提的折旧额 =（600 000 - 240 000）× 40% = 144 000（元）

从第4年起改用年限平均法（直线法）计提折旧。

第4年、第5年的年折旧额 = [（360 000 - 144 000）- 4 000]/2 = 10 600（元）

每年各月折旧额根据年折旧额除以12来计算。

**4. 年数总和法**

年数总和法是固定资产的原价减去预计净残值后的余额，乘以一个逐年递减的分数计算每年的折旧额，这个分数的分子代表固定资产尚可使用寿命，分母代表预计使用寿命逐年数字

年数总和法计算公式如下：

年折旧率 =（预计使用寿命 - 已使用年限）/预计使用寿命 ×（预计使用寿命 + 1）/2

或者：

年折旧率 = 尚可使用年限/预计使用寿命的年数总和

月折旧率 = 年折旧率/12

月折旧额 =（固定资产原值 - 预计净残值）× 月折旧率

【例1 - 76】在【例1 - 75】中，如采用年数总和法，计算各年折旧额如表1 - 3所示。

表1 - 3　　　　　　　　　　　　　　　　　　　　　　　　　　　金额单位：元

| 年份 | 尚可使用年限 | 原价一净残值 | 变动折旧率 | 年折旧额 | 累计折旧 |
|---|---|---|---|---|---|
| 1 | 5 | 996 000 | 5/15 | 332 000 | 332 000 |
| 2 | 4 | 996 000 | 4/15 | 265 600 | 597 600 |
| 3 | 3 | 996 000 | 3/15 | 199 200 | 796 800 |
| 4 | 2 | 996 000 | 2/15 | 132 800 | 929 600 |
| 5 | 1 | 996 000 | 1/15 | 66 400 | 996 000 |

**（三）固定资产折旧的核算**

固定资产按月计提的折旧记入"累计折旧"科目，并根据用途计入相关资产的成本或者当期损益。企业自行建造固定资产过程中使用的固定资产，计提的折旧应计入在建工程成本；基本生产车间所使用的固定资产，计提的折旧应计入制造费用；管理部门所使用的固定资产，计提的折旧应计入管理费用；销售部门所使用的固定资产，计提的折旧应计入销售费用；经营租出的固定资产，计提的折旧额应计入其他业务成本。企业计提固定资产折旧时，借记"制造费用""销售费用""管理费用"等科目，贷记"累计折旧"科目。

【例1 - 77】四川鲲鹏有限公司采用年限平均法对固定资产计提折旧。2017年1月

份根据"固定资产折旧计算表"，确定的各车间及厂部管理部门应分配的折旧额为：一车间 1 500 000 元，二车间 2 400 000 元，三车间 3 000 000 元，厂管理部门 600 000 元。

借：制造费用——一车间        1 500 000

     ——二车间        2 400 000

     ——三车间        3 000 000

  管理费用          600 000

  贷：累计折旧         7 500 000

【例 1-78】四川鲲鹏有限公司 2016 年 6 月份固定资产计提折旧情况如下：一车间厂房计提折旧 3 800 000 元，机器设备计提折旧 4 500 000 元；管理部门房屋建筑物计提折旧 6 500 000 元，运输工具计提折旧 2 400 000 元；销售部门房屋建筑物计提折旧 3 200 000 元，运输工具计提折旧 2 630 000 元。当月新购置机器设备一台，价值为 5 400 000 元，预计使用寿命为 10 年，该企业同类设备计提折旧采用年限平均法。

新购置的机器设备本月不计提折旧。本月计提的折旧费用中，车间使用的固定资产计提的折旧费用计入制造费用，管理部门使用的固定资产计提的折旧费用计入管理费用，销售部门使用的固定资产计提的折旧费用计入销售费用。四川鲲鹏有限公司作会计处理如下：

借：制造费用——车间         8 300 000

  管理费用          8 900 000

  销售费用          5 830 000

  贷：累计折旧         23 030 000

## 四、固定资产的后续支出

固定资产的后续支出是固定资产在使用过程中发生的更新改造支出、修理费用等。

固定资产的更新改造等后续支出，满足固定资产确认条件的，应当计入固定资产成本，如有被替换的部分，应同时将被替换部分的账面价值从该固定资产原账面价值中扣除；不满足固定资产确认条件的固定资产修理费用等，应当在发生时计入当期损益。

固定资产发生可资本化的后续支出后，应将固定资产的原价、已计提的累计折旧和减值准备转销，将固定资产的账面价值转入在建工程。固定资产发生的可资本化的后续支出，通过"在建工程"科目核算。在固定资产发生的后续支出完工时，从"在建工程"科目转入"固定资产"科目。

企业生产车间（部门）和行政管理部门等发生的固定资产修理费用等后续支出，借记"管理费用"等科目，贷记"银行存款"等科目；企业发生的与专设销售机构相关的固定资产修理费用等后续支出，借记"销售费用"科目，贷记"银行存款"等科目。

【例 1-79】2016 年 6 月 1 日，四川鲲鹏有限公司对一台管理用设备进行日常修理，修理过程中发生材料费 100 000 元，应支付维修人员工资为 20 000 元。

机器设备的日常修理不满足固定资产的确认条件，应将后续支出计入当期损益，四川鲲鹏有限公司作会计处理如下：

借：管理费用　　　　　　　　　　　　　　　　　　120 000

　　贷：原材料　　　　　　　　　　　　　　　　　　100 000

　　　　应付职工薪酬　　　　　　　　　　　　　　　 20 000

## 五、固定资产的处置

固定资产的处置是将不适用或不需用的固定资产对外出售转让，或因磨损、技术进步等原因对固定资产进行报废，或因遭受自然灾害而对毁损的固定资产进行处理。在进行会计核算时，应按规定程序办理有关手续，结转固定资产的账面价值，计算有关的清理收入、清理费用及残料价值等。

固定资产处置包括固定资产的出售、报废、毁损、对外投资、非货币性资产交换、债务重组等。处置固定资产通过"固定资产清理"科目核算。

（一）固定资产转出清理

企业因出售、报废、毁损、对外投资、非货币性资产交换、债务重组等转出的固定资产，按固定资产的账面价值，借记"固定资产清理"科目，按已计提的累计折旧，借记"累计折旧"科目，按已计提的减值准备，借记"固定资产减值准备"科目，按账面原价，贷记"固定资产"科目。

（二）发生固定资产清理费用

固定资产清理过程中应支付的相关税费及其他费用，借记"固定资产清理"科目，贷记"银行存款""应交税费——应交营业税"等科目。

（三）出售固定资产的收入

收回出售固定资产的价款、残料价值和变价收入等，借记"银行存款""原材料"等科目，贷记"固定资产清理"科目。

（四）固定资产赔偿的损失

保险公司或过失人赔偿的损失，借记"其他应收款"等科目，贷记"固定资产清理"科目。

（五）清理净损益的处理

固定资产清理完成后，属于生产经营期间正常的处理损失，借记"营业外支出——处置非流动资产损失"科目，贷记"固定资产清理"科目；属于自然灾害等非正常原因造成的损失，借记"营业外支出——非常损失"科目，贷记"固定资产清理"科目。如为贷方余额，借记"固定资产清理"科目，贷记"营业外收入"科目。

【例1-80】四川鲲鹏有限公司出售一座建筑物，原价为2 000 000元，已计提折旧1 000 000元，未计提减值准备，实际出售价格为1 200 000元，已通过银行收回价款。

（1）将出售固定资产转入清理时：

借：固定资产清理　　　　　　　　　　　　　　　　1 000 000

| | |
|---|---|
| 　　累计折旧 | 1 000 000 |
| 　　贷：固定资产 | 2 000 000 |

（2）收回出售固定资产的价款时：

| | |
|---|---|
| 借：银行存款 | 1 200 000 |
| 　　贷：固定资产清理 | 1 200 000 |

（3）计算销售固定资产应交纳的营业税，按规定适用的营业税税率为5%，应纳税为 1 200 000×5% = 60 000 元：

| | |
|---|---|
| 　　借：固定资产清理 | 60 000 |
| 　　　贷：应交税费——应交营业税 | 60 000 |

（4）结转出售固定资产实现的利得时：

| | |
|---|---|
| 　　借：固定资产清理 | 140 000 |
| 　　　贷：营业外收入——非流动资产处置利得 | 140 000 |

【例1-81】四川鲲鹏有限公司现有一台设备由于性能等原因决定提前报废，原价为 500 000 元，已计提折旧 450 000 元，未计提减值准备。报废时的残值变价收入为 20 000 元。报废清理过程中发生清理费用 3 500 元。有关收入、支出均通过银行办理结算。

（1）将报废固定资产转入清理时：

| | |
|---|---|
| 借：固定资产清理 | 50 000 |
| 　　累计折旧 | 450 000 |
| 　　贷：固定资产 | 500 000 |

（2）收回残料变价收入时：

| | |
|---|---|
| 借：银行存款 | 20 000 |
| 　　贷：固定资产清理 | 20 000 |

（3）支付清理费用时：

| | |
|---|---|
| 借：固定资产清理 | 3 500 |
| 　　贷：银行存款 | 3 500 |

（4）结转报废固定资产发生的净损失时：

| | |
|---|---|
| 借：营业外支出——非流动资产处置损失 | 33 500 |
| 　　贷：固定资产清理 | 33 500 |

【例1-82】四川鲲鹏有限公司因遭受水灾而毁损一座仓库，该仓库原价 4 000 000 元，已计提折旧 1 000 000 元，未计提减值准备。其残料估计价值 50 000 元，残料已办理入库。发生的清理费用 20 000 元，以现金支付。经保险公司核定应赔偿损失 1 500 000 元，尚未收到赔款。

（1）将毁损的仓库转入清理时：

| | |
|---|---|
| 借：固定资产清理 | 3 000 000 |
| 　　累计折旧 | 1 000 000 |
| 　　贷：固定资产 | 4 000 000 |

（2）残料入库时：

借：原材料                                   50 000

贷：固定资产清理                         50 000

（3）支付清理费用时：

借：固定资产清理                         20 000

贷：库存现金                              20 000

（4）确定应由保险公司理赔的损失时：

借：其他应收款                          1 500 000

贷：固定资产清理                     1 500 000

（5）结转毁损固定资产发生的损失时：

借：营业外支出——非常损失            1 470 000

贷：固定资产清理                     1 470 000

## 六、固定资产清查

在固定资产清查过程中，如果发现盘盈、盘亏的固定资产，应填制固定资产盘盈盘亏报告表。清查固定资产的损溢，应及时查明原因，并按照规定程序报批处理。

（一）固定资产盘盈

财产清查中盘盈的固定资产，通过"以前年度损益调整"科目核算。盘盈的固定资产，应按重置成本确定入账价值，借记"固定资产"科目，贷记"以前年度损益调整"科目。

【例 1 - 83】四川鲲鹏有限公司在财产清查过程中，发现一台未入账的设备，重置成本为 30 000 元。四川鲲鹏有限公司适用的所得税税率为 33%，按净利润的 10% 计提法定盈余公积。四川鲲鹏有限公司应作如下会计处理：

（1）盘盈固定资产时：

借：固定资产                               30 000

贷：以前年度损益调整                 30 000

（2）确定应交纳的所得税时：

借：以前年度损益调整                 9 900

贷：应交税费——应交所得税         9 900

（3）结转为留存收益时：

借：以前年度损益调整                20 100

贷：盈余公积——法定盈余公积     2 010

利润分配——未分配利润       18 090

（二）固定资产盘亏

盘亏的固定资产，按盘亏固定资产的账面价值，借记"待处理财产损溢"科目，按已计提的累计折旧，借记"累计折旧"科目，按已计提的减值准备，借记"固定资产减值准备"科目，按固定资产的原价，贷记"固定资产"科目。按管理权限报经批准后处理时，按可收回的保险赔偿或过失人赔偿，借记"其他应收款"科目，按应计入营业外支出的金额，借记"营业外支出——盘亏损失"科目，贷记"待处理财产损溢"科目。

【例1-84】四川鲲鹏有限公司进行财产清查时发现短缺一台笔记本电脑，原价为10 000 元，已计提折旧7 000 元。应作如下会计处理：

（1）盘亏固定资产时：

借：待处理财产损溢　　　　　　　　　　　　　　　　　　　3 000
　　累计折旧　　　　　　　　　　　　　　　　　　　　　　7 000
　　贷：固定资产　　　　　　　　　　　　　　　　　　　　　　10 000

（2）报经批准转销时：

借：营业外支出——盘亏损失　　　　　　　　　　　　　　　3 000
　　贷：待处理财产损溢　　　　　　　　　　　　　　　　　　　3 000

## 七、固定资产减值

固定资产在资产负债表日存在可能发生减值的迹象时，可收回金额低于账面价值的，应当将该固定资产的账面价值减记至可收回金额，减记的金额确认为减值损失，计入当期损益；同时计提相应的资产减值准备，借记"资产减值损失——计提的固定资产减值准备"科目，贷记"固定资产减值准备"科目。固定资产减值损失一经确认，在以后会计期间不得转回。

【例1-85】2016 年12 月31 日，四川鲲鹏有限公司的某生产线存在可能发生减值的迹象。经计算，该机器的可收回金额合计为1 230 000 元，账面价值为1 400 000 元，以前年度未对该生产线计提过减值准备。

可收回金额低于账面价值，按两者之间的差额170 000 计提固定资产减值准备。

借：资产减值损失——计提的固定资产减值准备　　　　　　170 000
　　贷：固定资产减值准备　　　　　　　　　　　　　　　　　　170 000

# 第七节　投资性房地产

## 一、投资性房地产概述

投资性房地产是为赚取租金或资本增值或者两者兼有而持有的房地产，包括已出租的土地使用权、持有并准备增值后转让的土地使用权和已出租的建筑物。

（一）投资性房地产的范围

1. 已出租的土地使用权

已出租的土地使用权是企业通过出让或转让方式取得，并以经营租赁方式出租的土地使用权。以经营租赁方式租入土地使用权再转租给其他单位的，不能确认为投资性房地产。

【例1-86】四川鲲鹏有限公司与成都跃华有限公司签署了土地使用权经营租赁协议，成都跃华有限公司以年租金100万元租赁使用四川鲲鹏有限公司拥有的10万平方米土地使用权，租期5年。自租赁协议约定的租赁期开始日起，这项土地使用权属于四川鲲鹏有限公司的投资性房地产。

2. 持有并准备增值后转让的土地使用权

持有并准备增值后转让的土地使用权是企业取得的、准备增值后转让的土地使用权。这类土地使用权很可能给企业带来资本增值收益，符合资本性房地产的定义。

【例1-87】四川鲲鹏有限公司决定将其电镀车间迁至郊区，原在市区的电镀车间厂房占用的土地使用权停止自用。公司管理层决定继续持有这部分土地使用权，待其增值后转让以赚取增值收益。市区的这部分土地使用权属于四川鲲鹏有限公司的投资性房地产。

3. 已出租的建筑物

已出租的建筑物是企业拥有产权的、以经营租赁方式出租的建筑物，包括自行建造或开发活动完成后用于出租的建筑物。

【例1-88】甲企业与乙企业签订了一项经营租赁合同，乙企业将其持有产权的一栋办公楼出租给甲企业，租期10年。1年后，甲企业又将该办公楼转租给丙公司，以赚取租金差价，租期5年。对于甲企业而言，因其不拥有该栋楼的产权，因此该办公楼也不属于其投资性房地产。对于乙企业而言，该办公楼则属于其投资性房地产。

（二）不属于投资性房地产的范围

下列项目不属于投资性房地产：

1. 自用房地产

自用房地产是为生产商品、提供劳务或者经营管理而持有的房地产。企业生产经营用的厂房和办公楼属于固定资产，企业生产经营用的土地使用权属于无形资产。

2. 作为存货的房地产

作为存货的房地产是房地产开发企业在正常经营过程中销售的或为销售而正在开发的商品房和土地。这部分房地产属于房地产开发企业的存货，生产销售构成企业的主营业务活动，产生的现金流量也与企业的其他资产密切相关。因此，具有存货性质的房地产不属于投资性房地产。

## 二、投资性房地产的取得

同时满足下列两项条件才能确认为投资性房地产：①与该投资性房地产有关的经济利益可能流入企业；②该投资性房地产的成本能够可靠地计量。

投资性房地产应当按照取得的成本进行计量。外购投资性房地产的成本，包括购买价款、相关税费和可直接归属于该资产的其他支出。外购取得投资性房地产时，按照取得时的实际成本进行初始计量，借记"投资性房地产"科目，贷记"银行存款"等科目。

企业自行建造投资性房地产的成本，包括土地开发费、建筑成本、安装成本、应予以资本化的借款费用、支付的其他费用和分摊的间接费用等。建造完工后，应按照确定的成本，借记"投资性房地产"科目，贷记"在建工程"等科目。

### 三、投资性房地产的后续计量

投资性房地产的后续计量有成本和公允价值两种模式。同一企业只能采用一种模式对所有投资性房地产进行后续计量。

（一）投资性房地产成本模式后续计量

成本模式后续计量的投资性房地产，应当按照固定资产或无形资产的有关规定，按期（月）计提折旧或摊销，借记"其他业务成本"等科目，贷记"投资性房地产累计折旧（摊销）"科目。取得的租金收入，借记"银行存款"等科目，贷记"其他业务收入"等科目。投资性房地产存在减值迹象的，应当计提减值准备，借记"资产减值损失"科目，贷记"投资性房地产减值准备"科目。

【例1-89】四川鲲鹏有限公司的一栋办公楼出租给成都宜发有限公司使用，已确认为投资性房地产，采用成本模式进行后续计量。这栋办公楼的成本为1 200万元，使用寿命为20年，预计净残值为零。按照经营租赁合同，成都宜发有限公司每月支付四川鲲鹏有限公司租金6万元。当年12月，这栋办公楼发生减值迹象，可收回金额为900万元，此时办公楼的账面价值为1 000万元，以前未计提减值准备。

（1）计提折旧：

每月计提的折旧 = 1 200 ÷20 ÷12 =5 （万元）

| | | |
|---|---|---|
| 借：其他业务成本 | 50 000 | |
| 贷：投资性房地产累计折旧 | | 50 000 |

（2）确认租金：

| | | |
|---|---|---|
| 借：银行存款（或其他应收款） | 60 000 | |
| 贷：其他业务收入 | | 60 000 |

（3）计提减值准备：

| | | |
|---|---|---|
| 借：资产减值损失 | 1 000 000 | |
| 贷：投资性房地产减值准备 | | 1 000 000 |

（二）投资性房地产公允价值模式后续计量

投资性房地产采用公允价值模式进行后续计量的，不计提折旧或摊销，以资产负债表日的公允价值为基础，调整其账面价值。资产负债表日，投资性房地产采用公允价值高于其账面余额的差额，借记"投资性房地产——公允价值变动"科目，贷记"公允价值变动损益"科目；公允价值低于其账面余额的差额作相反的账务处理。取得的租金收入，借记"银行存款"等科目，贷记"其他业务收入"等科目。

【例1-90】四川鲲鹏有限公司为从事房地产经营开发的企业。2016年8月，四川鲲鹏有限公司与成都发飞有限公司签订租赁协议，约定将开发的一栋精装修的写字楼于开发完成的同时开始租赁给成都发飞有限公司使用，租赁期限为10年。当年10月1

日，该写字楼开发完成并开始起租，写字楼的造价为 1 000 万元。2016 年 12 月 31 日，该写字楼的公允价值为 1 200 万元。四川鲲鹏有限公司采用公允价值计量模式。

（1）2016 年 10 月 1 日，四川鲲鹏有限公司开发完成写字楼并出租：

借：投资性房地产——成本            10 000 000

   贷：开发成本                10 000 000

（2）2016 年 12 月 31 日，按照公允价值为基础调整账面价值，公允价值与原账面价值之间的差额计入当期损益：

借：投资性房地产——公允价值变动        2 000 000

   贷：公允价值变动损益             2 000 000

## 四、投资性房地产的处置

### （一）采用成本模式计量投资性房地产的处置

出售、转让按成本模式进行后续计量的投资性房地产时，应当按实际收到的处置收入金额，借记"银行存款"等科目，贷记"其他业务收入"科目；按该项投资性房地产的账面价值，借记"其他业务成本"科目，按其账面余额，贷记"投资性房地产"科目；按照已计提的折旧或摊销，借记"投资性房地产累计折旧（摊销）"科目；原已计提减值准备的，借记"投资性房地产减值准备"科目。

【例 1 - 91】四川鲲鹏有限公司将出租的一栋写字楼确认为投资性房地产，采用成本模式计量。租赁期届满后，四川鲲鹏有限公司将该栋写字楼出售给成都发飞有限公司，合同价款为 15 000 万元，成都发飞有限公司用银行存款付清。出售时，该栋写字楼的成本为 14 000 万元，已计提折旧 1 000 万元。假定不考虑税费等因素。四川鲲鹏有限公司作如下会计分录：

（1）收取处置收入：

借：银行存款               150 000 000

   贷：其他业务收入             150 000 000

（2）结转处置成本：

借：其他业务成本             130 000 000

   投资性房地产累计折旧          10 000 000

   贷：投资性房地产——写字楼        140 000 000

### （二）采用公允价值模式计量投资性房地产的处置

出售、转让按公允价值模式投资性房地产，按实际收到的金额，借记"银行存款"等科目，贷记"其他业务收入"科目；按投资性房地产的账面余额，借记"其他业务成本"科目；按成本，贷记"投资性房地产——成本"科目；按累计公允价值变动，贷记或借记"投资性房地产——公允价值变动"科目。同时，结转投资性房地产累计公允价值变动。若存在原转换日计入资本公积的金额，也一并结转。

【例 1 - 92】四川鲲鹏有限公司将出租的一栋写字楼确认为投资性房地产，采用公允价值模式计量。租赁期届满后，四川鲲鹏有限公司将该栋写字楼出售给成都飞腾有限公司，合同价款为 15 000 万元，成都飞腾有限公司用银行存款付清。出售时，写字楼的成本为 12 000 万元，公允价值变动为借方余额 1 000 万元 。假定不考虑营业税等税费。四川鲲鹏有限公司编制如下会计分录：

（1）收取处置收入：

借：银行存款　　　　　　　　　　　　　　　　　　　150 000 000

　　贷：其他业务收入　　　　　　　　　　　　　　　　　　150 000 000

（2）结转处置成本：

借：其他业务成本　　　　　　　　　　　　　　　　　130 000 000

　　贷：投资性房地产——写字楼　　　　　　　　　　　120 000 000

　　　　　　　　——公允价值变动　　　　　　　　　　 10 000 000

（3）结转投资性房地产累计公允价值变动：

借：公允价值变动损益　　　　　　　　　　　　　　　10 000 000

　　贷：其他业务成本　　　　　　　　　　　　　　　　　 10 000 000

# 第八节　无形资产及其他资产

## 一、无形资产

### （一）无形资产的概念

无形资产是企业拥有或者控制的没有实物形态的可辨认非货币资产。无形资产具有三个主要特征：

1. 不具有实物形态

无形资产是不具有实物形态的非货币性资产，不像固定资产、存货等有形资产具有实物形体。

2. 具有可辨认性

无形资产具有可辨认性，可辨认性标准为：

（1）能够从企业中分离或者划分出来，并能单独或者与相关合同、资产或负债一起，用于出售、转让、授予许可、租赁或者交换。

（2）源自合同性权利或其他法定权利，无论这些权利是否可以从企业或其他权利或义务中转移或者分离。

3. 属于非货币性长期资产

无形资产属于非货币性资产且能够在多个会计期间为企业带来经济利益。无形资产的使用年限在一年以上，价值将在各个受益期间逐渐摊销。

### （二）无形资产的构成

无形资产包括专利权、非专利技术、商标权、著作权、土地使用权、特许权等。

1. 专利权

专利权是国家专利主管机关依法授予发明创造专利申请人对其发明创造在法定期

限内所享有的专有权利，包括发明专利权、实用新型专利权和外观设计专利权。专利人拥有的专利权受到国家法律保护。

专利权是允许持有者独家使用或控制的特权，但它并不保证一定能给持有者带来经济效益，如有的专利可能会被另外更有经济价值的专利所淘汰等。因此，企业不应将所拥有的一切专利权作为无形资产管理和核算。只有从外单位购入的专利或者自行开发并按法律程序申请取得的专利，才能作为无形资产管理和核算。这种专利可以降低成本，或者提高产品质量，或者将其转让出去获得转让收入。

企业从外单位购入的专利权，应按实际支付的价款作为专利权的成本。企业自行开发并按法律程序申请取得的专利，应按照无形资产准则确定的金额作为成本。

2. 商标权

商标是用来辨认特定的商品或劳务的标记。商标权是专门在某类指定的商品或产品上使用特定的名称或图案的权利。商标经过注册登记，就获得了法律上的保护，经商标局核准注册的商标为注册商标，商标注册人享有商标专用权，受法律的保护。

商标可以转让，但受让人应保证使用注册商标的产品质量。如果企业购买他人的商标，一次性支出费用较大的，可以将其资本化，作为无形资产管理。这时，应根据购入商标的价款、支付的手续费及有关费用作为商标的成本。

3. 土地使用权

土地使用权是国家准许在一定期间内对国有土地享有开发、利用、经营的权利。企业取得土地使用权，应将取得时发生的支出资本化，作为土地使用权的成本，记入"无形资产"科目。

4. 非专利技术

非专利技术是先进的、未公开的、未申请专利的、可以带来经济效益的技术及诀窍。内容包括：

（1）工业专有技术

工业专有技术是在生产上已经采用，仅限于少数人知道，不享有专利权或发明权的生产、装配、修理、工艺或加工方法的技术知识。

（2）商贸专有技术

商贸专有技术是具有保密性质的市场情报、原材料价格情报以及用户、竞争对象的情况和有关知识。

（3）管理专有技术

管理专有技术是生产组织的经营方式、管理方式、培训职工方法等保密知识。

非专利技术不是专利法的保护对象，专有技术所有人依靠自我保密的方式来维持其独占权，可以用于转让和投资。自己开发研究的非专利技术，应将符合无形资产规定的开发支出，确认为无形资产。对于从外部购入的非专利技术，应将实际发生的支出，作为无形资产入账。

5. 著作权

著作权是制作者对创作的文学、科学和艺术作品依法享有的某种特殊权利。著作权包括两方面的权利，即精神权利和经济权利。精神权利是作品署名权、发表作品、确认作者身份、保护作品完整性、修改已经发表的作品等各项权利，包括发表权、署名权、修改权和保护作品完整权；经济权利是以出版、表演、广播、展览、录制唱片、摄制影片等方式使用作品以及因授权他人使用作品而获得经济利益的权利。

6. 特许权

特许权是企业在某一地区经营或销售某种特定商品的权利或是一家企业接受另一家企业使用其商标、商号、技术秘密等的权利。前者一般是政府机关授权、准许企业使用或在一定地区享有经营某种业务的特权，如水、电、邮电通信等专营权、烟草专卖权等；后者指企业间依照签订的合同，有期限或无期限使用另一家企业的某些权利，如连锁店分店使用总店的名称等。

（四）无形资产的核算

企业设置"无形资产""累计摊销"等科目核算无形资产的取得、摊销和处置等情况。

"无形资产"科目核算企业持有的无形资产成本，借方登记取得无形资产的成本，贷方登记出售无形资产转出的无形资产账面余额，期末借方余额反映企业无形资产的成本。

"累计摊销"科目属于"无形资产"的调整科目，核算企业对使用寿命有限的无形资产计提的累计摊销，贷方登记企业计提的无形资产摊销，借方登记处置无形资产转出的累计摊销，期末贷方余额，反映企业无形资产的累计摊销额。

无形资产发生减值的，应当设置"无形资产减值准备"科目进行核算。

1. 无形资产的取得

无形资产应当按照成本进行初始计量。企业取得无形资产的主要方式有外购、自行研究开发等。

（1）外购无形资产

外购无形资产的成本包括购买价款、相关税费以及直接归属于使该项资产达到预定用途所发生的其他支出。

【例1-93】四川鲲鹏有限公司购入一项非专利技术，支付的买价和有关费用合计900 000元，以银行存款支付。

借：无形资产——非专利技术品　　　　　　　　　　　　　900 000
　　贷：银行存款　　　　　　　　　　　　　　　　　　　　　　900 000

（2）自行研究开发无形资产

企业内部研究开发项目所发生的支出应区分研究阶段支出和开发阶段支出。企业自行开发无形资产发生的研发支出，不满足资本化条件的，借记"研发支出——费用化支出"科目，期（月）末，应将"研发支出——费用化支出"科目归集的金额转入"管理费用"科目，借记"管理费用"科目，贷记"研发支出——费用化支出"科目。满足资本化条件的，借记"研发支出——资本化支出"科目，贷记"原材料""银行存款""应付职工薪酬"等科目。研究开发项目达到预定用途形成无形资产的，应按"研发支出——资本化支出"科目的余额，借记"无形资产"科目，贷记"研发支出——资本化支出"科目。

【例 1－94】四川鲲鹏有限公司自行研究、开发一项技术，截止 2015 年 12 月 31 日，发生研发支出合计 2 000 000 元，经测试该项研发活动完成了研究阶段，从 2016 年 1 月 1 日开始进入开发阶段。2016 年发生开发支出 300 000 元，符合开发支出资本化的条件。2016 年 6 月 30 日，该项研发活动结束，最终开发出一项非专利技术。

（1）2015 年发生的研发支出：

借：研发支出——费用化支出　　　　　　　　　　　　　　　　2 000 000
　　贷：银行存款等　　　　　　　　　　　　　　　　　　　　　　　　2 000 000

（2）2015 年 12 月 31 日，发生的研发支出全部属于研究阶段的支出：

借：管理费用　　　　　　　　　　　　　　　　　　　　　　　2 000 000
　　贷：研发支出——费用化支出　　　　　　　　　　　　　　　　　　2 000 000

（3）2016 年，发生开发支出并满足资本化确认条件：

借：研发支出——资本化支出　　　　　　　　　　　　　　　　　300 000
　　贷：银行存款等　　　　　　　　　　　　　　　　　　　　　　　　300 000

（4）2016 年 6 月 30 日，该技术研发完成并形成无形资产：

借：无形资产　　　　　　　　　　　　　　　　　　　　　　　　300 000
　　贷：研发支出——资本化支出　　　　　　　　　　　　　　　　　　300 000

2. 无形资产的摊销

企业应在取得无形资产时分析判断使用寿命。使用寿命有限的无形资产应进行摊销。使用寿命不确定的无形资产不应摊销。使用寿命有限的无形资产，残值应当视为零。对于使用寿命有限的无形资产应当自可供使用当月起开始摊销，处置当月不再摊销。无形资产摊销方法包括直线法、生产总量法等。

企业应当按月对无形资产进行摊销。无形资产的摊销额一般应当计入当期损益。企业自用的无形资产，摊销金额计入管理费用；出租的无形资产，摊销金额计入其他业务成本；某项无形资产包含的经济利益通过所生产的产品或其他资产实现的，摊销金额应当计入相关资产成本。

【例 1－95】四川鲲鹏有限公司购买了一项特许权，成本为 4 800 000 元，合同规定受益年限为 10 年，每月应摊销 40 000 元。

借：管理费用　　　　　　　　　　　　　　　　　　　　　　　　40 000
　　贷：累计摊销　　　　　　　　　　　　　　　　　　　　　　　　　40 000

【例 1－96】四川鲲鹏有限公司 2016 年 1 月 1 日将自行开发完成的非专利技术出租给成都大发有限公司，该非专利技术成本为 3 600 000 元，双方约定的租赁期限为 10 年，四川鲲鹏有限公司每月应摊销 30 000 元。

借：其他业务成本　　　　　　　　　　　　　　　　　　　　　　30 000
　　贷：累计摊销　　　　　　　　　　　　　　　　　　　　　　　　　30 000

3. 无形资产的处置

企业处置无形资产，应当将取得的价款扣除该无形资产账面价值以及出售相关税费后的差额计入营业外收入或营业外支出。

【例1－97】四川鲲鹏有限公司将其购买的一专利权转让给成都游大有限公司，该专利权的成本为600 000元，已摊销220 000元，应交税费25 000元，实际取得的转让价款为500 000元，款项已存入银行。

借：银行存款　　　　　　　　　　　　　　　　　　500 000
　　累计摊销　　　　　　　　　　　　　　　　　　220 000
　　贷：无形资产　　　　　　　　　　　　　　　　　　　600 000
　　　　应交税费　　　　　　　　　　　　　　　　　　　25 000
　　　　营业外收入——非流动资产处置利得　　　　　　　95 000

4. 无形资产的减值

无形资产在资产负债表日存在可能发生减值的迹象时，其可收回金额低于账面价值的，企业应当将该无形资产的账面价值减记至可收回金额，减记的金额确认为减值损失，计入当期损益；同时计提相应的资产减值准备，按应减记的金额，借记"资产减值损失——计提的无形资产减值准备"科目，贷记"无形资产减值准备"科目。无形资产减值损失一经确认，在以后会计期间不得转回。

【例1－98】2016年12月31日，市场上某项技术生产的产品销售势头较好，已对四川鲲鹏有限公司产品的销售产生重大不利影响。四川鲲鹏有限公司外购的类似专利技术的账面价值为800 000元，剩余摊销年限为4年，经减值测试，该专利技术的可收回金额为750 000元。

由于该专利权在资产负债表日的账面价值为800 000元，可收回金额为750 000元。可收回金额低于其账面价值，应按其差额50 000元计提减值准备。

借：资产减值损失——计提的无形资产减值准备　　　　50 000
　　贷：无形资产减值准备　　　　　　　　　　　　　　　50 000

## 二、其他资产

其他资产是除货币资金、交易性金融资产、应收及预付款项、存货、长期股权投资、固定资产、无形资产等以外的资产，如长期待摊费用等。

长期待摊费用是企业已经发生但应由本期和以后各期负担的分摊期限在一年以上的各项费用，如以经营租赁方式租入的固定资产发生的改良支出等。

【例1－99】2016年4月1日，四川鲲鹏有限公司公司对其以经营租赁方式新租入的办公楼进行装修，发生以下有关支出：领用生产材料500 000元，购进该批原材料时支付的增值税进项税额为85 000元；辅助生产车间为该装修工程提供的劳务支出为180 000元；有关人员工资等职工薪酬435 000元。2016年12月1日，该办公楼装修完工，达到预定可使用状态并交付使用，并按租赁期10年开始进行摊销。

（1）装修领用原材料：

借：长期待摊费用　　　　　　　　　　　　　　　　585 000
　　贷：原材料　　　　　　　　　　　　　　　　　　　　500 000

应交税费——应交增值税　　　　　　　　　　　　　　　85 000

（2）辅助生产车间为装修工程提供劳务时：

借：长期待摊费用　　　　　　　　　　　　　　　　　180 000

　　贷：生产成本——辅助生产成本　　　　　　　　　　　　　180 000

（3）确认工程人员职工薪酬时：

借：长期待摊费用　　　　　　　　　　　　　　　　　435 000

　　贷：应付职工薪酬　　　　　　　　　　　　　　　　　　435 000

（4）2016 年摊销装修支出时：

借：管理费用　　　　　　　　　　　　　　　　　　　10 000

　　贷：长期待摊费用　　　　　　　　　　　　　　　　　　10 000

# 练 习 题

## 一、单项选择题

1. 按照准则规定，下列选项中，不可以作为应收账款入账金额的项目是（　　　）。

　　A. 产品销售收入价款　　　　　　B. 代垫运杂费

　　C. 商业折扣　　　　　　　　　　D. 增值税销项税额

2. 关于共同控制和重大影响，下列说法中不正确的是（　　　）。

　　A. 重大影响，是指对一个企业的财务和经营政策有参与决策的权利，但并不能够控制或者与其他方一起共同控制这些政策的制定

　　B. 重大影响，是指有权决定一个企业的财务和经营政策，并能据以从该企业的经营活动中获取利益

　　C. 在确定能否对被投资单位施加重大影响时，应当考虑投资企业和其他方持有的被投资单位当期可转换公司债券、当期可执行认股权证等潜在表决权因素

　　D. 投资企业与其他方对被投资单位实施共同控制的，被投资单位为其合营企业

3. 对于银行已经收款而企业尚未入账的未达账项，企业应做的处理为（　　　）。

　　A. 以银行对账单为原始记录将该业务入账

　　B. 根据银行存款余额调节表和银行对账单自制原始凭证入账

　　C. 在编制银行存款余额调节表的同时入账

　　D. 待有关结算凭证到达后入账

4. 关于交易性金融资产的计量，下列说法中正确的是（　　　）。

　　A. 应当按取得该金融资产的公允价值和相关交易费用之和作为初始确认金额

　　B. 应当按取得该金融资产的公允价值作为初始确认金额，相关交易费用在发生时计入当期损益

　　C. 资产负债表日，企业应将金融资产的公允价值变动计入当期所有者权益

　　D．处置该金融资产时，其公允价值与初始入账金额之间的差额应确认为投资收益，不调整公允价值变动损益

　　5．A公司于2016年5月20日从证券市场上购入B公司发行在外股份的30%，实际支付价款650万元（含已宣告但尚未领取的现金股利20万元），另支付相关税费20万元。同日，B公司可辨认净资产的公允价值为2 300万元。A公司取得该长期股权投资的初始投资成本为（　　）万元。

　　A．630　　　　　　B．650　　　　　　C．690　　　　　　D．670

　　6．某企业2016年年初购入A公司30%的有表决权股份，对A公司能够施加重大影响，实际支付价款600万元（与享有A公司的可辨认净资产的公允价值的份额相等）。当年B公司经营获利200万元，发放现金股利40万元。2016年年末该企业的股票投资账面余额为（　　）万元。

　　A．660　　　　　　B．612　　　　　　C．648　　　　　　D．672

　　7．下列投资中，不应作为长期股权投资核算的是（　　）。

　　A．对子公司的投资

　　B．对联营企业和合营企业的投资

　　C．在活跃市场中没有报价、公允价值无法可靠计量的没有控制、共同控制或重大影响的权益性投资

　　D．在活跃市场中有报价、公允价值能可靠计量的没有控制、共同控制或重大影响的权益性投资

　　8．甲企业发出实际成本为200万元的原材料，委托乙企业加工成半成品，收回后用于连续生产应税消费品。甲企业和乙企业均为增值税一般纳税人，甲企业根据乙企业开具的增值税专用发票向其支付加工费10万元和增值税1.7万元，另支付消费税5万元。假定不考虑其他相关税费，甲企业收回该批半成品的入账价值为（　　）万元。

　　A．210　　　　　　B．215　　　　　　C．216.7　　　　　D．205

　　9．某工业企业为增值税一般纳税人，适用的增值税税率为17%。其销售的A产品每件150元，若客户购买100件（含100件）以上每件可得到10元的商业折扣。某客户2016年5月3日购买该企业的A产品100件，按规定现金折扣条件为3/10，1/20，n/30。该企业于5月11日收到该笔款项时，应给予客户的现金折扣为（　　）元。假定计算现金折扣时考虑增值税。

　　A．0　　　　　　　B．420　　　　　　C．491.4　　　　　D．691.4

　　10．A企业月初甲材料的计划成本为10 000元，"材料成本差异"账户借方余额为500元，本月购进甲材料一批，其实际成本为16 180元，计划成本为19 000元。本月生产车间领用甲材料的计划成本为8 000元，管理部门领用甲材料的计划成本为4 000元。该企业期末甲材料的实际成本是（　　）元。

　　A．14 680　　　　B．15 640　　　　C．15 680　　　　D．16 640

　　11．某企业采用成本与可变现净值孰低法对存货进行期末计价，成本与可变现净值按单项存货进行比较。2016年12月31日，甲、乙、丙三种存货的成本与可变现净值分别为：甲存货成本10万元，可变现净值8万元；乙存货成本12万元，可变现净值

15 万元；丙存货成本 18 万元，可变现净值 15 万元。甲、乙、丙三种存货已计提的跌价准备分别为 1 万元、2 万元、1.5 万元。假定该企业只有这三种存货，2008 年 12 月 31 日应补提的存货跌价准备总额为（    ）万元。

    A.－0.5        B. 0.5        C. 2        D. 5

12. 某企业 2016 年 9 月 20 日自行建造的一条生产线投入使用，该生产线建造成本为 740 万元，预计使用年限为 5 年，预计净残值为 20 万元。在采用年数总和法计提折旧的情况下，2017 年该设备应计提的折旧额为（    ）万元。

    A. 228        B. 240        C. 204        D. 192

13. 某企业出售一项 5 年前取得的专利权，该专利取得时的成本为 100 万元，按 10 年摊销，出售时取得收入 70 万元，营业税税率为 5%。不考虑城市维护建设税和教育费附加，则出售该项专利时影响当期的损益为（    ）万元。

    A. 16.5        B. 70        C. 20        D. 23.5

14. 某企业对基本生产车间所需备用金采用定额备用金制度，当基本生产车间报销日常管理支出而补足其备用金定额时，应借记的会计科目是（    ）。

    A. 其他应收款                B. 其他应付款

    C. 制造费用                   D. 生产成本

15. 2016 年 1 月 8 日 A 企业以赚取差价为目的从二级市场购入的一批债券作为交易性金融资产，面值总额为 2 000 万元，利率为 4%，3 年期，每年付息一次，该债券为 2015 年 1 月 1 日发行。取得时公允价值为 2 100 万元，含已到付息期但尚未领取的 2015 年的利息，另支付交易费用 20 万元，全部价款以银行存款支付。则交易性金融资产的入账价值为（    ）万元。

    A. 2 100        B. 2 000        C. 2 020        D. 2 140

16. 长江公司 2016 年 10 月 10 日销售商品应收大海公司的一笔应收账款 1 500 万元。2016 年 12 月 31 日，该笔应收账款的未来现金流量现值为 1 400 万元。在此之前未计提坏账准备。2016 年 12 月 31 日，该笔应收账款应计提的坏账准备为（    ）万元。

    A. 1 400        B. 100        C. 1 500        D. 0

17. 预付货款不多的企业，可以将预付的货款直接记入（    ）的借方，而不单独设置"预付账款"账户。

    A."应收账款"账户          B."其他应收款"账户

    C."应付账款"账户          D."应收票据"账户

## 二、多项选择题

1. 下列项目中，属于货币资金的有（    ）。

    A. 库存现金                B. 银行存款

    C. 其他货币资金            D. 应收票据

2. 长期股权投资采用权益法核算时，不应当确认投资收益的有（    ）。

    A. 被投资企业实现净利润

    B. 被投资企业资本公积转增资本

    C. 收到被投资企业分配的现金股利

D. 收到被投资企业分配的股票股利

3. 关于"预付账款"账户，下列说法正确的有（　　）。

 A. "预付账款"属于资产性质的账户

 B. 预付货款不多的企业，可以不单独设置"预付账款"账户，将预付的货款记入"应付账款"账户的借方

 C. "预付账款"账户贷方余额反映的是应付供应单位的款项

 D. "预付账款"账户核算企业因销售业务产生的往来款项

4. 下列票据中，不通过"应收票据"及"应付票据"核算的票据包括（　　）。

 A. 银行汇票　　　　　　　　　　B. 银行承兑汇票

 C. 银行本票　　　　　　　　　　D. 商业承兑汇票

5. "材料成本差异"账户借方可以用来登记（　　）。

 A. 购进材料实际成本小于计划成本的差额

 B. 发出材料应负担的超支差异

 C. 发出材料应负担的节约差异

 D. 购进材料实际成本大于计划成本的差额

6. 关于共同控制和重大影响，下列说法中正确的有（　　）。

 A. 重大影响，是指对一个企业的财务和经营政策有参与决策的权利，但并不能够控制或者与其他方一起共同控制这些政策的制定

 B. 重大影响，是指有权决定一个企业的财务和经营政策，并能据以从该企业的经营活动中获取利益

 C. 在确定能否对被投资单位施加重大影响时，应当考虑投资企业和其他方持有的被投资单位当期可转换公司债券、当期可执行认股权证等潜在表决权因素

 D. 投资企业与其他方对被投资单位实施共同控制的，被投资单位为其合营企业

7. 下列哪些项目需记入"在建工程"科目（　　）。

 A. 不需安装的固定资产　　　　　B. 需要安装的固定资产

 C. 固定资产的改扩建　　　　　　D. 固定资产日常修理发生的支出

8. "固定资产清理"账户的贷方登记的项目有（　　）。

 A. 转入清理的固定资产的净值　　B. 变价收入

 C. 结转的清理净收益　　　　　　D. 结转的清理净损失

9. 关于无形资产的确认，应同时满足的条件有（　　）。

 A. 符合无形资产的定义

 B. 与该资产有关的经济利益很可能流入企业

 C. 该无形资产的成本能够可靠地计量

 D. 必须是企业外购的

10. 关于交易性金融资产的计量，下列说法中错误的有（　　）。

 A. 应当按取得该金融资产的公允价值和相关交易费用之和作为初始确认金额

B. 应当按取得该金融资产的公允价值作为初始确认金额，相关交易费用在发生时计入当期损益

C. 资产负债表日，企业应将金融资产的公允价值变动计入当期所有者权益

D. 处置该金融资产时，其公允价值与初始入账金额之间的差额应确认为投资收益，不调整公允价值变动损益

11. 企业因销售商品发生的应收账款，其入账价值应当包括（　　）。

A. 销售商品的价款
B. 增值税销项税额
C. 代购货方垫付的包装费
D. 代购货方垫付的运杂费

12. 存货的确认是以法定产权的取得为标志的。具体来说下列哪些项目属于企业存货的范围（　　）。

A. 已经购入但未存放在本企业的货物
B. 已售出但货物尚未运离本企业的存货
C. 已经运离企业但尚未售出的存货
D. 已购入并存放在企业的存货

13. 期末存货计价过低，可能会引起（　　）。

A. 当期收益增加
B. 当期收益减少
C. 所有者权益减少
D. 销售成本增加

14. 企业进行库存商品清查时，对于盘亏的库存商品，应先记入"待处理财产损溢"账户，待期末或报经批准后，根据不同的原因可分别转入（　　）。

A. 管理费用
B. 其他应付款
C. 营业外支出
D. 其他应收款

15. 采用权益法核算时，可能记入"长期股权投资"科目贷方发生额的有（　　）。

A. 被投资企业宣告分派现金股利
B. 投资企业收回长期股权投资
C. 被投资企业发生亏损
D. 被投资企业实现净利润

### 三、判断题

1. 对于银行已经付款而企业尚未付款的未达账项，企业应当根据"银行对账单"编制自制凭证予以入账。　　　　　　　　　　　　　　　　　（　　）

2. "坏账准备"账户期末余额在贷方，应在资产负债表中的流动资产中以"坏账准备"列示。　　　　　　　　　　　　　　　　　　　　　　　　（　　）

3. 为了简化现金收支手续，企业可以随时坐支现金。　　　　　　（　　）

4. 企业购货时所取得的现金折扣应冲减财务费用。　　　　　　　（　　）

5. 购入材料在运输途中发生的合理损耗应计入营业外支出。　　　（　　）

6. 企业发出各种材料应负担的成本差异可按当月成本差异率计算，若发出的材料在发出时就要确定其实际成本，则也可按上月成本差异率计算。　　　（　　）

7. 长期股权投资在成本法核算下，只要被投资单位宣告发放现金股利，就应确认

投资收益。（　　）

8. 股票投资中已宣告但尚未领取的现金股利应计入所购股票的购买成本。（　　）

9. 投资企业采用权益法核算，因被投资单位盈亏影响其所有者权益变动，投资企业应通过"长期股权投资——XX 公司（损益调整）"科目核算。（　　）

10. 已达到预定可使用状态的固定资产，无论是否交付使用，尚未办理竣工决算的，应当按照估计价值确认为固定资产，并计提折旧；待办理了竣工决算手续后，再按实际成本调整原来的暂估价值，但不需要调整原已计提的折旧额。（　　）

11. 企业应当根据税法规定计提折旧的方法，合理选择固定资产折旧方法。
（　　）

12. 固定资产计提折旧一定会影响当期损益。（　　）

13. 使用寿命不确定的无形资产，不需要进行摊销，也不需要进行减值测试计提减值准备。（　　）

14. 使用寿命有限的无形资产一定无残值。（　　）

15. 固定资产使用寿命预计净残值和折旧方法的改变，应当作为会计估计变更。
（　　）

## 四、计算分析题

1. 甲企业为工业生产企业，2015 年 1 月 1 日，从二级市场支付价款 2 040 000 元（含已到付息期但尚未领取的利息 40 000 元）购入某公司发行的债券，另发生交易费用 40 000 元。该债券面值 2 000 000 元，剩余期限为 2 年，票面年利率为 4%，每半年付息一次，甲企业将其划分为交易性金融资产。其他资料如下：

（1）2015 年 1 月 5 日，收到该债券 2014 年下半年利息 40 000 元。

（2）2015 年 6 月 30 日，该债券的公允价值为 2 300 000 元（不含利息）。

（3）2015 年 7 月 5 日，收到该债券半年利息。

（4）2015 年 12 月 31 日，该债券的公允价值为 2 200 000 元（不含利息）。

（5）2016 年 1 月 5 日，收到该债券 2015 年下半年利息。

（6）2016 年 3 月 31 日，甲企业将该债券出售，取得价款 2 360 000 元（含 1 季度利息 20 000 元）。

假定不考虑其他因素。要求：编制甲企业上述有关业务的会计分录。

2. A 公司 2016 年有关资料如下：

（1）2016 年 12 月 1 日应收 B 公司账款期初余额为 125 万元，其坏账准备贷方余额 5 万元。

（2）12 月 5 日，向 B 公司销售产品 110 件，单价 1 万元，增值税率 17%，单位销售成本 0.8 万元，未收款。

（3）12 月 25 日，因产品质量原因，B 公司要求退回本月 5 日购买的 10 件商品，A 公司同意 B 公司退货，并办理退货手续和开具红字增值税专用发票，A 公司收到 B 公司退回的商品。

（4）12 月 26 日应收 B 公司账款发生坏账损失 2 万元。

（5）12 月 28 日收回前期已确认应收 B 公司账款的坏账 1 万元，存入银行。

（6）2016 年 12 月 31 日，A 公司对应收 B 公司账款进行减值测试，确定的计提坏账准备的比例为 5%。

要求：根据上述资料，编制有关业务的会计分录。

**五、综合题**

1. 甲公司是一家从事印刷业的企业，有关业务资料如下：

（1）2013 年 12 月，该公司自行建成了一条印刷生产线，建造成本为 568 000 元，采用年限平均法计提折旧，预计净残值率为固定资产原价的 3%。预计使用年限为 6 年。

（2）2015 年 12 月 31 日，由于生产的产品适销对路，现有生产线的生产能力已难以满足公司生产发展的需要；但若新建生产线成本过高，周期过长，于是公司决定对现有生产线进行改扩建，以提高其生产能力。

（3）2015 年 12 月 31 日至 2016 年 3 月 31 日，经过三个月的改扩建，完成了对这条印刷生产线的改扩建工程，共发生支出 268 900 元，全部以银行存款支付。

（4）该生产线改扩建工程达到预定可使用状态后，大大提高了生产能力，预计将其使用年限延长了 4 年，即为 10 年。假定改扩建后的生产线的预计净残值率为改扩建后固定资产账面价值的 3%，折旧方法仍为年限平均法。

（5）为简化，整个过程不考虑其他相关税费，公司按年度计提固定资产折旧。

假定改扩建后的固定资产的入账价值不能超过其可收回金额。

要求：（1）若改扩建工程达到预定可使用状态后，该生产线预计能给企业带来的可收回金额为 700 000 元，编制固定资产改扩建过程的全部会计分录并计算 2016 年和 2017 年计提的折旧额。

（2）若改扩建工程达到预定可使用状态后，该生产线预计能给企业带来的可收回金额为 600 000 元，计算 2016 年和 2017 年计提的折旧额。

2. 2013 年 1 月 1 日，甲企业外购 A 无形资产，实际支付的价款为 100 万元。该无形资产可供使用时起至不再作为无形资产确认时止的年限为 5 年。2014 年 12 月 31 日，由于与 A 无形资产相关的经济因素发生不利变化，致使 A 无形资产发生价值减值。甲企业估计其可收回金额为 18 万元。

2016 年 12 月 31 日，甲企业发现，导致 A 无形资产在 2014 年发生减值损失的不利经济因素已全部消失，且此时估计 A 无形资产的可收回金额为 22 万元。假定不考虑所得税及其他相关税费的影响。

要求：编制从无形资产购入到无形资产使用期满相关业务的会计分录。

# 第二章　负债

负债是指企业过去的交易或者事项形成的，预期会导致经济利益流出企业的现时义务。负债通常具有以下几个特征：

（1）负债是基于企业过去交易或事项而产生的，导致负债的交易或事项必须已经发生。正在筹划的未来交易或事项不会产生负债。

（2）负债是企业承担的现时义务，由具有约束力的合同或法定要求等而产生。现时义务是指企业在现行条件下已承担的义务。

（3）负债的发生伴随着资产或劳务的取得，或者费用或损失的发生。负债的清偿预期会导致经济利益流出企业，需要在未来某一特定时间用资产或劳务来偿付。

负债按流动性分类可分为流动负债和非流动负债。

## 第一节　短期借款

短期借款是指企业向银行或其他金融机构等借入的期限在一年以下（含一年）的各种借款。

短期借款发生后，企业需要向债权人按期偿还借款的本金及利息。在会计核算上，企业要及时如实地反映短期借款的借入、利息的发生和本金及利息的偿还情况。

企业应通过"短期借款"科目，核算短期借款的取得及偿还情况。"短期借款"科目贷方登记取得借款的本金数额，借方登记偿还借款的本金数额，余额在贷方，表示尚未偿还的短期借款。

企业从银行或其他金融机构取得短期借款时，借记"银行存款"科目，贷记"短期借款"科目。

银行是在每季度最后一月 20 日收取短期借款利息的，企业的短期借款利息采用月末预提的方式进行核算。短期借款利息属于筹资费用，记入"财务费用"科目。企业计算确定的短期借款利息费用，借记"财务费用"科目，贷记"应付利息"科目；实际支付利息时，根据已预提的利息，借记"应付利息"科目，根据应计利息，借记"财务费用"科目，根据应付利息总额，贷记"银行存款"科目。

企业短期借款到期偿还本金时，借记"短期借款"科目，贷记"银行存款"科目。

【例 2－1】四川鲲鹏有限公司于 2016 年 4 月 1 日向成都银行借入一笔生产经营用短期借款，共计 200 000 元，期限为 9 个月，年利率为 6%。与银行签署的借款协议确定借款本金到期后一次归还，利息按季支付。

四川鲲鹏有限公司的会计处理如下：

（1）2016 年 4 月 1 日借入短期借款时：

借：银行存款             200 000

  贷：短期借款          200 000

（2）2016 年 4 月 30 日，计提 4 月份应计利息时：

本月应计提的利息金额 = 200 000 × 6% ÷ 12 = 1 000（元），短期借款利息 800 元属于企业的筹资费用，应记入"财务费用"科目。

借：财务费用             1 000

  贷：应付利息           1 000

2016 年 5 月 31 日计提 5 月份利息费用的处理与 4 月份相同。

（3）2016 年 6 月 20 日支付第一季度银行借款利息后：

4 月至 5 月已经计提的利息为 2 000 元，应借记"应付利息"科目，6 月份应当计提的利息为 1 000 元，应借记"财务费用"科目；实际支付利息 3 000 元，贷记"银行存款"科目。

借：财务费用             1 000

  应付利息            2 000

  贷：银行存款          3 000

2016 年第三、四季度的会计处理与以上相同。

（4）2017 年 1 月 1 日偿还银行借款本金时：

借：短期借款             200 000

  贷：银行存款          200 000

如果借款期限是 8 个月，则到期日为 2017 年 1 月 1 日，2016 年 12 月末之前的会计处理与上述相同。2017 年 1 月 1 日偿还银行借款本金，同时支付 7 月和 8 月以提未付利息：

借：短期借款             200 000

  应付利息            2 000

  贷：银行存款          202 000

# 第二节  应付及预收款项

应付及预收款项包括应付账款、应付票据、应付利息、预收账款等。

## 一、应付账款

应付账款是指企业因购买材料、商品或接受劳务供应等经营活动应支付的款项。

确认应付账款，一般应在与所购买物资所有权相关的主要风险和报酬已经转移，或者所购买的劳务已经接受时。在实际工作中，为了使所购入物资的金额、品种、数量和质量等与合同规定的条款相符，避免因验收时发现所购物资存在数量或质量问题而对入账的物资或应付账款金额进行改动，在物资和发票账单同时到达的情况下，一般在所购物资验收入库后，再根据发票账单登记入账，确认应付账款。在所购物资已经验收入库，但是发票账单未能同时到达的情况下，企业应付物资供应单位的债务已经成立，在会计期末，为了反映企业的负债情况，需要将所购物资和相关的应付账款暂估入账，待下月初作相反分录予以冲回。

企业通过"应付账款"科目，核算应付账款的发生、偿还、转销。"应付账款"科目贷方登记企业购买材料、商品和接受劳务等而发生的应付账款，借方登记偿还的应付账款，或开出商业汇票抵付应付账款的款项，或已冲销的无法支付的应付账款，余额一般在贷方，表示企业尚未支付的应付账款余额。"应付账款"科目一般应按照债权人设置明细科目进行明细核算。

（一）发生应付账款

企业购入材料、商品等或接受劳务所产生的应付账款，应按应付金额入账。购入材料、商品等验收入库，但货款尚未支付，根据有关凭证（发票账单、随货同行发票上记载的实际价款或暂估价值），借记"材料采购""在途物资"等科目，按可抵扣的增值税额，借记"应交税费——应交增值税（进项税额）"科目，按应付的价款，贷记"应付账款"科目。企业接受供应单位提供劳务而发生的应付未付款项，根据供应单位的发票账单，借记"生产成本""管理费用"等科目，贷记"应付账款"科目。

应付账款附有现金折扣的，应按照扣除现金折扣前的应付款总额入账。因在折扣期限内付款而获得的现金折扣，应在偿付应付账款时冲减财务费用。

【例2－2】四川鲲鹏有限公司为增值税一般纳税人。2016年8月1日，四川鲲鹏有限公司从成都鹏程有限公司购入一批材料，货款200 000元，增值税34 000元，对方代垫运杂费2 000元。材料已运到并验收入库，款项尚未支付。四川鲲鹏有限公司的有关会计分录如下：

借：原材料 202 000

　应交税费——应交增值税（进项税额） 34 000

　　贷：应付账款——鹏程公司 236 000

【例2－3】四川鲲鹏有限公司于2016年7月5日，从成都飞跃有限公司购入一批家电产品并已验收入库。增值税专用发票上列明，家电的价款为200万元，增值税为34万元。按照购货协议的规定，四川鲲鹏有限公司如在15天内付清货款，将获得1%的现金折扣（假定计算现金折扣时需考虑增值税）。

四川鲲鹏有限公司对成都飞跃有限公司的应付账款附有现金折扣，应按照扣除现金折扣前的应付款总额2 340 000元记入"应付账款"科目。四川鲲鹏有限公司的有关会计分录如下：

借：库存商品 2 000 000

　应交税费——应交增值税（进项税额） 240 000

　　贷：应付账款——飞跃公司 2 340 000

【例2-4】供电部门通知四川鲲鹏有限公司2016年11月应支付电费88 000元。其中生产车间电费52 000元，企业行政管理部门电费36 000元，款项尚未支付。四川鲲鹏有限公司的有关会计分录如下：

　　借：制造费用　　　　　　　　　　　　　　　　　　　52 000
　　　　管理费用　　　　　　　　　　　　　　　　　　　36 000
　　　　贷：应付账款——电力公司　　　　　　　　　　　　　　88 000

（二）偿还应付账款

企业偿还应付账款或开出商业汇票抵付应付账款时，借记"应付账款"科目，贷记"银行存款""应付票据"等科目。

【例2-5】2016年10月31日，四川鲲鹏有限公司用银行存款支付【例2-2】中的应付账款。四川鲲鹏有限公司有关会计分录如下：

　　借：应付账款——鹏程公司　　　　　　　　　　　　　236 000
　　　　贷：银行存款　　　　　　　　　　　　　　　　　　　236 000

【例2-6】四川鲲鹏有限公司于2016年9月10日，按照扣除现金折扣后的金额，用银行存款付清了【例2-3】中所欠飞跃公司货款。

四川鲲鹏有限公司在2016年7月18日（即购货后的第13天）付清所欠飞跃公司的货款，按照购货协议可以获得现金折扣。四川鲲鹏有限公司获得的现金折扣 = 2 340 000×1% = 23 400（元），实际支付的货款 = 2 340 000 - 1 170 000×1% = 2 316 600（元）。因此，四川鲲鹏有限公司应付账款总额2 340 000元，应借记"应付账款"科目；获得的现金折扣23 400元，应冲减财务费用，贷记"财务费用"科目，实际支付的货款2 316 600元，应贷记"银行存款"科目。四川鲲鹏有限公司的有关会计分录如下：

　　借：应付账款——飞跃公司　　　　　　　　　　　　2 340 000
　　　　贷：银行存款　　　　　　　　　　　　　　　　　2 316 600
　　　　　　财务费用　　　　　　　　　　　　　　　　　　23 400

（三）转销应付账款

企业转销确实无法支付的应付账款，应按其账面余额计入营业外收入，借记"应付账款"科目，贷记"营业外收入"科目。

【例2-7】2016年12月31日，四川鲲鹏有限公司确定一笔应付账款14 000元为无法支付的款项，应予转销。

四川鲲鹏有限公司转销确实无法支付的应付账款14 000元，应按其账面余额记入"营业外收入——其他"科目。

四川鲲鹏有限公司的有关会计分录如下：

　　借：应付账款　　　　　　　　　　　　　　　　　　　14 000
　　　　贷：营业外收入——其他　　　　　　　　　　　　　　14 000

## 二、应付票据

应付票据是企业购买材料、商品和接受劳务供应等而开出、承兑的商业汇票，包括商业承兑汇票和银行承兑汇票。企业应当设置应付票据备查簿，详细登记商业汇票的种类、号数和出票日期、到期日、票面余额、交易合同号和收款人姓名或单位名称，以及付款日期和金额等资料。应付票据到期结清时，应当在备查簿内予以注销。

企业应通过"应付票据"科目，核算应付票据的发生、偿付等情况。"应付票据"科目贷方登记开出、承兑汇票的面值及带息票据的预提利息，借方登记支付票据的金额，余额在贷方，表示企业尚未到期的商业汇票的票面金额。

商业汇票分为带息票据与不带息票据。

（一）不带息票据

1. 发生应付票据

商业汇票的付款期限通常不超过六个月，会计上应作为流动负债管理和核算。由于应付票据的偿付时间较短，一般均按照开出、承兑的应付票据的面值入账。

企业因购买材料、商品和接受劳务供应等而开出、承兑的商业汇票，应当按其票面金额作为应付票据的入账金额，借记"材料采购""库存商品""应付账款""应交税费——应交增值税（进项税额）"等科目，贷记"应付票据"科目。

企业支付的银行承兑汇票手续费应当计入当期财务费用，借记"财务费用"科目，贷记"银行存款"科目。

【例2-8】四川鲲鹏有限公司为增值税一般纳税人，于2016年8月8日开出一张面值为58 500元、期限3个月的不带息商业汇票，用以采购一批材料。增值税专用发票上注明的材料价款为50 000元，增值税额为8 500元。

企业因购买材料、商品和接受劳务供应等而开出、承兑商业汇票时，所支付的银行承兑汇票手续费应当计入财务费用。四川鲲鹏有限公司的有关会计分录如下：

借：材料采购（或在途物资）　　　　　　　　　　　　　　　50 000
　　应交税费——应交增值税（进项税额）　　　　　　　　　 8 500
　　贷：应付票据　　　　　　　　　　　　　　　　　　　　　　　58 500

【例2-9】如上例中的商业汇票为银行承兑汇票，四川鲲鹏有限公司已交纳承兑手续费29.25元。四川鲲鹏有限公司的有关会计分录如下：

借：财务费用　　　　　　　　　　　　　　　　　　　　　　29.25
　　贷：银行存款　　　　　　　　　　　　　　　　　　　　　　　29.25

2. 偿还应付票据

应付票据到期支付票款时，应按账面余额予以结转，借记"应付票据"科目，贷记"银行存款"科目。

【例2-10】2016年11月7日，四川鲲鹏有限公司【例2-8】中于8月8日开出的商业汇票到期。四川鲲鹏有限公司通知开户银行以银行存款支付票款。四川鲲鹏有限公司的有关会计分录如下：

借：应付票据            58 500

  贷：银行存款            58 500

3. 转销应付票据

应付银行承兑汇票到期，如企业无力支付票款，应将应付票据的账面余额转作短期借款，借记"应付票据"科目，贷记"短期借款"科目。

【例 2 - 11】如【例 2 - 8】商业汇票为银行承兑汇票，而汇票到期时四川鲲鹏有限公司无力支付票款。四川鲲鹏有限公司有关会计分录如下：

借：应付票据            58 500

  贷：短期借款            58 500

（二）带息票据

带息票据在账务处理时，应于期末计算应付利息，计入当期财务费用，借记"财务费用"科目，贷记"银行存款""应付票据"等科目。

【例 2 - 12】四川鲲鹏有限公司 2016 年 6 月 1 日开出带息商业承兑汇票一张，面值 50 000 元，票面年利率 6%，期限 3 个月，用于购买 A 材料，材料已入库。四川鲲鹏有限公司的有关会计分录如下：

借：原材料——A 材料         50 000

  贷：应付票据            50 000

【例 2 - 13】2016 年 6 月 30 日四川鲲鹏有限公司在【例 2 - 12】中开出的带息商业承兑汇票应计利息。四川鲲鹏有限公司作有关会计分录如下：

借：财务费用             250

  贷：应付票据             250

6 月份应计提的应付票据利息 = 50 000 × 6% ÷ 12 = 250 元。

7 月份 8 月份应计提的应付票据利息及账务处理与 6 月份相同。

【例 2 - 14】2016 年 9 月 1 日四川鲲鹏有限公司在【例 2 - 12】中开出的带息商业承兑汇票到期，四川鲲鹏有限公司以银行存款全额支付。

应支付的金额 = 本金 + 利息 = 50 000 + 3 × 250 = 50 750 元。四川鲲鹏有限公司有关会计分录如下：

借：应付票据            50 750

  贷：银行存款            50 750

【例 2 - 15】2016 年 9 月 1 日在【例 2 - 12】中开出的带息商业承兑汇票到期，因无力支付，转入"应付账款"账户。有关会计分录如下：

借：应付票据            50 750

  贷：应付账款            50 750

## 三、应付利息

应付利息核算按合约应支付的利息。在"应付利息"账户中，应按债权人设置明细科目进行明细核算。"应付利息"账户期末贷方余额表示按合约应支付而未支付给债权人的利息。计算确定出应付的利息金额，借记"财务费用"科目，贷记"应付利息"科目，实际支付利息时，借记"应付利息"科目，贷记"银行存款"科目。

【例2-16】2016年1月1日四川鲲鹏有限公司借到三年期长期借款1 000 000元，年利率6%。四川鲲鹏有限公司有关会计分录如下：

（1）每年计算确定利息金额时：

每年应支付的利息=1 000 000×6%=60 000元。

借：财务费用　　　　　　　　　　　　　　　　　　　60 000
　　贷：应付利息　　　　　　　　　　　　　　　　　　　　60 000

（2）每年实际支付利息时：

借：应付利息　　　　　　　　　　　　　　　　　　　60 000
　　贷：银行存款　　　　　　　　　　　　　　　　　　　　60 000

## 四、预收账款

预收账款是按照合同规定向购货单位预收的款项。预收账款所形成的负债不是以货币偿付，而是以货物偿付。有些购销合同规定，销货企业可向购货企业预先收取一部分货款，待向对方发货后再收取其余货款。企业在发货前收取的货款，表明了企业承担了会在未来导致经济利益流出企业的应履行的义务，就成为企业的一项负债。

预收账款的取得、偿付等情况用"预收账款"科目核算。"预收账款"科目贷方登记发生的预收账款的数额和购货单位补付账款的数额，借方登记向购货方发货后冲销的预收账款数额和退回购货方多付账款的数额，余额一般在贷方，反映企业向购货单位预收款项但尚未向购货方发货的数额，如为借方余额，反映企业尚未转销的款项。"预收账款"科目应当按照购货单位设置明细科目进行明细核算。

企业向购货单位预收款项时，借记"银行存款"科目，贷记"预收账款"科目；销售实现时，按实现的收入和应交的增值税销项税额，借记"预收账款"科目，按照实现的营业收入，贷记"主营业务收入"科目，按照增值税专用发票上注明的增值税额，贷记"应交税费——应交增值税（销项税额）"等科目；企业收到购货单位补付的款项，借记"银行存款"科目，贷记"预收账款"科目；向购货单位退回其多付的款项时，借记"预收账款"科目，贷记"银行存款"科目。

【例2-17】四川鲲鹏有限公司2016年10月8日与成都鹏程有限公司签订供货合同，向其出售一批设备，货款金额共计500 000元，应交纳增值税85 000元。根据购货合同规定，成都鹏程有限公司在购货合同签订一周内，应当向四川鲲鹏有限公司预付货款100 000元，剩余货款在交货后付清。2016年10月12日，四川鲲鹏有限公司收到成都鹏程有限公司交来的预付款100 000元存入银行，2016年10月15日，四川鲲鹏有限公司将货物发到成都鹏程有限公司并开出增值税发票，成都鹏程有限公司验收合格后付清了剩余货款。四川鲲鹏有限公司的有关会计处理如下：

（1）2016年10月12日收到成都鹏程有限公司交来的预付款100 000元：

借：银行存款　　　　　　　　　　　　　　　　　　　100 000

        贷：预收账款——鹏程公司                                    100 000

    （2）2016 年 10 月 15 日，四川鲲鹏有限公司发货后收到成都鹏程有限公司剩余
货款：

        借：预收账款——鹏程公司                                    585 000
        贷：主营业务收入                                            500 000
            应交税费——应交增值税（销项税额）                       85 000

    成都鹏程有限公司补付的货款 = 585 000 - 100 000 = 485 000（元）。

        借：银行存款                                                485 000
        贷：预收账款——鹏程公司                                    485 000

    如四川鲲鹏有限公司只能向鹏程公司供货 50 000 元，则四川鲲鹏有限公司应退回
预收账款 41 500 元，会计分录如下：

        借：预收账款——鹏程公司                                    100 000
        贷：主营业务收入                                             50 000
            应交税费——应交增值税（销项税额）                        8 500
            银行存款                                                 41 500

    企业预收账款情况不多的，也可不设"预收账款"科目，将预收的款项直接记入
"应收账款"科目的贷方。

    【例 2 - 18】在【例 2 - 17】中，假设四川鲲鹏有限公司不设置"预收账款"科
目，通过"应收账款"科目核算有关业务。四川鲲鹏有限公司的有关会计处理如下：

    （1）2016 年 10 月 12 日收到成都鹏程有限公司交来的预付款 100 000 元：

        借：银行存款                                                100 000
        贷：应收账款——鹏程公司                                    100 000

    （2）2016 年 10 月 15 日，四川鲲鹏有限公司发货后收到成都鹏程有限公司剩余
货款：

        借：应收账款——鹏程公司                                    585 000
        贷：主营业务收入                                            500 000
            应交税费——应交增值税（销项税额）                       85 000
        借：银行存款                                                485 000
        贷：应收账款——鹏程公司                                    485 000

# 第三节　应付职工薪酬

    职工薪酬是企业必须付出的人力成本，是吸引和激励职工的重要手段，既是职工
对企业投入劳动获得的报酬，也是企业的成本费用。应付职工薪酬是指企业根据有关
规定应付给职工的各种薪酬，是因职工提供服务而产生的义务。

## 一、应付职工薪酬的内容

应付职工薪酬包括职工工资、奖金、津贴和补贴，职工福利费，医疗、养老、失业、工伤、生育等社会保险费，住房公积金，工会经费，职工教育经费，非货币性福利等。

1. 工资、奖金、津贴和补贴

职工工资、奖金、津贴和补贴，是按照国家统计局《关于职工工资总额组成的规定》，构成工资总额的计时工资、计件工资、支付给职工的超额劳动报酬和增收节支的劳动报酬、为了补偿职工特殊或额外的劳动消耗和因其他特殊原则支付给职工的津贴，以及为了保证职工工资水平不受物价影响支付给职工的物价补贴等。企业按规定支付给职工的加班加点工资，以及根据国家法律、法规和政策规定，企业在职工因病、工伤、产假、计划生育假、婚丧假、事假、探亲假、定期休假、停工学习、执行国家或社会义务等特殊情况下，按照计时工资或计件工资标准的一定比例支付的工资，也属于职工工资范畴，在职工休假或缺勤时，不应当从工资总额中扣除。

2. 福利费

职工福利费，是企业为职工集体提供的福利，如补助生活困难职工等。

3. 社会保险费

医疗保险费、养老保险费、失业保险费、工伤保险费和生育保险费等社会保险费，是企业按照国家规定的基准和比例计算，向社会保险经办机构缴纳的医疗保险金、基本养老保险金、失业保险金、工伤保险费和生育保险费，以及根据《企业年金试行办法》《企业年金基金管理试行办法》等相关规定，向有关单位（企业年金基金账户管理人）缴纳的补充养老保险费。此外，以商业保险形式提供给职工的各种保险待遇也属于企业提供的职工薪酬。

4. 住房公积金

住房公积金，是企业按照国家《住房公积金管理条例》规定的基准和比例计算，向住房公积金管理机构缴存的住房公积金。

5. 工会经费和职工教育经费

工会经费和职工教育经费，是企业为了改善职工文化生活、提高职工业务素质，用于开展工会活动和职工教育及职业技能培训，根据国家规定的基准和比例，从成本费用中提取的金额。

6. 非货币性福利

非货币性福利，包括企业以自己的产品或其他有形资产发放给职工作为福利、企业向职工提供无偿使用自己拥有的资产、企业为职工无偿提供商品或类似医疗保健的服务等。

7. 其他职工薪酬

其他职工薪酬包括因解除与职工的劳动关系给予的补偿等。

## 二、应付职工薪酬的核算

应付职工薪酬的提取、结算、使用等情况是用"应付职工薪酬"科目来核算的。"应付职工薪酬"科目贷方登记已分配计入有关成本费用项目的职工薪酬的数额，借方登记实际发放职工薪酬的数额；期末贷方余额反映企业应付未付的职工薪酬。

"应付职工薪酬"科目应当按照"工资""职工福利""社会保险费""住房公积金""工会经费""职工教育经费""非货币性福利"等应付职工薪酬项目设置明细科目，进行明细核算。

（一）确认应付职工薪酬

1. 货币性职工薪酬

在职工为提供服务的会计期间，企业应当根据职工提供服务的受益对象，将应确认的职工薪酬（包括货币性薪酬和非货币性福利）计入相关资产成本或当期损益，同时确认为应付职工薪酬。

生产部门人员的职工薪酬，借记"生产成本""制造费用""劳务成本"等科目，贷记"应付职工薪酬"科目；管理部门人员的职工薪酬，借记"管理费用"科目，贷记"应付职工薪酬"科目；销售人员的职工薪酬，借记"销售费用"科目，贷记"应付职工薪酬"科目；在建工程、研发支出负担的职工薪酬，借记"在建工程""研发支出"科目，贷记"应付职工薪酬"科目。

【例2-19】四川鲲鹏有限公司本月应付工资总额500 000元，工资费用分配汇总表中列示工资为380 000元，车间管理人员工资为50 000元，企业行政管理人员工资为50 000元，销售人员工资为20 000元。

根据不同职工提供服务的受益对象不同，产品生产人员工资380 000元应记入"基本生产成本"科目，车间管理人员工资50 000元应记入"制造费用"科目，行政管理人员工资500元应记入"管理费用"科目，销售人员工资20 000元应记入"销售费用"科目。四川鲲鹏有限公司的有关会计分录如下：

借：生产成本——基本生产成本 380 000

制造费用 50 000

管理费用 50 000

销售费用 20 000

贷：应付职工薪酬——工资 462 000

在计量应付职工薪酬时，要以国家是否有明确计提标准加以区别处理：企业应向社会保险经办机构（或企业年金基金账户管理人）缴纳的医疗保险费、养老保险费、失业保险费、工伤保险费、生育保险费等社会保险费，国家（或企业年金计划）统一规定了计提基础和计提比例，应当按照国家规定的标准计提。职工福利费等职工薪酬，没有明确规定计提基础和计提比例，企业可以根据实际情况，合理预计当期应付职工薪酬。当期实际发生金额大于预计金额的，应当补提应付职工薪酬；当期实际发生金额小于预计金额的，应当冲回多提的应付职工薪酬。

【例2-20】四川鲲鹏有限公司设有一所职工食堂，每月需要补贴食堂。2016年11月，企业在岗职工共计200人，其中管理部门40人，生产车间160人，每个职工企业每月需补贴食堂120元。

四川鲲鹏有限公司应当提取的职工福利 = 120×200 = 24 000（元）。其中，生产车间职工相应的福利费19 200元应记入"生产成本"科目，管理部门职工相应的福利费4 800元应记入"管理费用"科目。四川鲲鹏有限公司的有关会计分录如下：

借：生产成本   19 200
  管理费用   4 800
  贷：应付职工薪酬——职工福利   24 000

【例2-21】根据国家规定的计提标准计算，四川鲲鹏有限公司本月应向社会保险经办机构缴纳职工基本养老保险费共计80 000元，其中，应计入基本生产车间生产成本的金额为50 000元，应计入制造费用的金额为10 000元，应计入管理费用的金额为20 000元。

四川鲲鹏有限公司的有关会计处理如下：

借：生产成本——基本生产成本   50 000
  制造费用   10 000
  管理费用   20 000
  贷：应付职工薪酬——社会保险费   80 000

2. 非货币性职工薪酬

企业以自产产品作为非货币性福利发放给职工的，应当根据受益对象，按照产品的公允价值，计入相关资产成本或当期损益，同时确认应付职工薪酬，借记"管理费用""生产成本""制造费用"等科目，贷记"应付职工薪酬——非货币性福利"科目。

企业将拥有的房屋等资产无偿提供给职工使用的，应当根据受益对象，将该住房每期应计提的折旧计入相关资产成本或当期损益，同时确认应付职工薪酬，借记"管理费用""生产成本""制造费用"等科目，贷记"应付职工薪酬——非货币性福利"科目，并且同时借记"应付职工薪酬——非货币性福利"科目，贷记"累计折旧"科目。

企业租赁住房等资产供职工无偿使用的，应当根据受益对象，将每期应付的租金计入相关资产成本或当期损益，并确认应付职工薪酬，借记"管理费用""生产成本""制造费用"等科目，贷记"应付职工薪酬——非货币性福利"科目。

难以认定受益对象的非货币性福利，直接计入当期损益和应付职工薪酬。

【例2-22】四川鲲鹏有限公司为小家电生产企业，共有职工400名，其中340名为直接参加生产的职工，60名为总部管理人员。2016年8月，公司以生产的每台成本为900元的电暖器作为春节福利发放给公司每名职工。该型号的电暖器市场售价为每台1 000元，公司适用的增值税税率为17%。

应确认的应付职工薪酬 = 400×1 000×17% + 400×1 000 = 468 000（元）其中，应

记入"生产成本"科目的金额 = 340 × 1 000 × 17% + 340 × 1 000 = 397 800（元）应记入"管理费用"科目的金额 = 60 × 1 000 × 17% + 60 × 1 000 = 70 200（元）。四川鲲鹏有限公司的有关会计处理如下：

借：生产成本 397 800

  管理费用 70 200

  贷：应付职工薪酬——非货币性福利 468 000

【例 2 - 23】四川鲲鹏有限公司为总部各部门经理级别以上职工提供汽车免费使用，同时为副总裁以上高级管理人员每人租赁一套住房。四川鲲鹏有限公司总部共有部门经理以上职工 10 名，每人提供一辆汽车免费使用。假定每辆汽车每月计提折旧 1 000 元；该公司共有副总裁以上高级管理人员 5 名，公司为其每人租赁一套面积为 200 平方米带有家具和电器的公寓，月租金为每套 4 000 元。

四川鲲鹏有限公司为总部各部门经理级别以上职工提供汽车免费使用，同时为副总裁以上高级管理人员租赁住房使用。根据受益对象，确认的应付职工薪酬应当计入管理费用。应确认的应付职工薪酬 = 10 × 1 000 + 5 × 4 000 = 30 000（元）其中，提供企业拥有的汽车供职工使用的非货币性福利 = 10 × 1 000 = 10 000（元），租赁住房供职工使用的非货币性福利 = 5 × 4 000 = 20 000（元）。四川鲲鹏有限公司将其拥有的汽车无偿提供给职工使用的，还应当按照该部分非货币性福利 10 000 元，借记"应付职工薪酬——非货币性福利"科目，贷记"累计折旧"科目。四川鲲鹏有限公司的有关会计处理如下：

借：管理费用 30 000

  贷：应付职工薪酬——非货币性福利 30 000

借：应付职工薪酬——非货币性福利 10 000

  贷：累计折旧 10 000

（二）发放职工薪酬

1. 支付职工工资、奖金、津贴和补贴

向职工支付工资、奖金、津贴等，借记"应付职工薪酬——工资"科目，贷记"银行存款""库存现金"等科目；企业从应付职工薪酬中扣还的各种款项（代垫的家属药费、个人所得税等），借记"应付职工薪酬"科目，贷记"银行存款""库存现金""其他应收款""应交税费——应交个人所得税"等科目。

实际中，企业一般在每月发放工资前，根据工资结算汇总表中的"实发金额"栏的合计数向开户银行提取现金，借记"库存现金"科目，贷记"银行存款"科目；然后再向职工发放。

【例 2 - 24】四川鲲鹏有限公司根据工资结算汇总表结算 2016 年 9 月应付职工工资总额 562 000 元，代扣职工房租 40 000 元，企业代垫职工家属医药费 2 000 元，实发工资 520 000 元。

从应付职工薪酬中代扣职工房租 40 000 元、扣还代垫职工家属医药费 2 000 元，应当借记"应付职工薪酬"科目，贷记"其他应收款"科目。四川鲲鹏有限公司的有关会计处理如下：

（1）向银行提取现金：

借：库存现金 520 000

　　贷：银行存款 520 000

（2）发放工资，支付现金：

借：应付职工薪酬——工资 520 000

　　贷：库存现金 520 000

（3）代扣款项：

借：应付职工薪酬——工资 420 000

　　贷：其他应收款——职工房租 420 000

　　　　　　　　　　——代垫医药费 2 000

2. 支付职工福利费

企业向职工食堂、职工医院、生活困难职工等支付职工福利费时，借记"应付职工薪酬——职工福利"科目，贷记"银行存款""库存现金"等科目。

【例2-25】2016年9月，四川鲲鹏有限公司以现金支付职工王某生活困难补助2 000元。

四川鲲鹏有限公司的有关会计分录如下：

借：应付职工薪酬——职工福利 2 000

　　贷：库存现金 2 000

【例2-26】在【例2-20】中，四川鲲鹏有限公司所设一所职工食堂，需要补贴食堂的金额为24 000元。2016年11月，四川鲲鹏有限公司共支付现金24 000元补贴给食堂。

四川鲲鹏有限公司的有关会计分录如下：

借：应付职工薪酬——职工福利 24 000

　　贷：库存现金 24 000

3. 支付工会经费、职工教育经费和缴纳社会保险费、住房公积金

支付工会经费和职工教育经费用于工会运作和职工培训，或按照国家有关规定缴纳社会保险费或住房公积金时，借记"应付职工薪酬——工会经费（或职工教育经费、社会保险费、住房公积金）"科目，贷记"银行存款""库存现金"等科目。

【例2-27】四川鲲鹏有限公司以银行存款缴纳参加职工医疗保险的医疗保险费80 000元。

四川鲲鹏有限公司的有关会计分录如下：

借：应付职工薪酬——社会保险费 80 000

　　贷：银行存款 80 000

4. 发放非货币性福利

以自产产品作为职工薪酬发放给职工时，应确认主营业务收入，借记"应付职工薪酬——非货币性福利"科目，贷记"主营业务收入"科目，同时结转相关成本；涉

及增值税销项税额的，还应进行相应的处理。

企业支付租赁住房等供职工无偿使用所发生的租金，借记"应付职工薪酬——非货币性福利"科目，贷记"银行存款"等科目。

【例2－28】在【例2－22】中四川鲲鹏有限公司向职工发放电暖器作为福利，要根据税收规定，视同销售计算增值税销项税额。

四川鲲鹏有限公司应确认的主营业务收入＝400×1 000＝400 000（元），应确认的增值税销项税额＝400×1 000×17%＝68 000（元），应结转的销售成本＝400×900＝360 000（元）。四川鲲鹏有限公司的有关会计处理如下：

借：应付职工薪酬——非货币性福利　　　　　　　　　　　　468 000
　　贷：主营业务收入　　　　　　　　　　　　　　　　　　400 000
　　　　应交税费——应交增值税（销项税额）　　　　　　　　68 000
借：主营业务成本　　　　　　　　　　　　　　　　　　　　360 000
　　贷：库存商品——电暖器　　　　　　　　　　　　　　　360 000

【例2－29】对【例2－23】中，四川鲲鹏有限公司每月支付副总裁以上高级管理人员住房租金。

企业支付租赁住房供职工无偿使用所发生的租金20 000元，应借记"应付职工薪酬——非货币性福利"科目，贷记"银行存款"等科目。四川鲲鹏有限公司的有关会计处理如下：

借：应付职工薪酬——非货币性福利　　　　　　　　　　　　20 000
　　贷：银行存款　　　　　　　　　　　　　　　　　　　　20 000

# 第四节　应交税费

应交税费包括增值税、消费税、营业税、城市维护建设税、资源税、所得税、土地增值税、房产税、车船使用税、土地使用税、教育费附加、矿产资源补偿费、印花税、耕地占用税等。

"应交税费"科目反映各种税费的交纳情况，应按照税费项目进行明细核算。"应交税费"科目贷方登记应交纳的各种税费，借方登记实际交纳的税费，期末余额一般在贷方，反映企业尚未交纳的税费。期末余额如在借方，反映企业多交或尚未抵扣的税费。印花税、耕地占用税等不需要预计应交数的税金，不通过"应交税费"科目核算。

## 一、应交增值税

### （一）增值税

增值税是对我国境内销售货物、进口货物，或提供加工、修理修配劳务的增值额征收的一种流转税。在我国境内销售货物、进口货物，或提供加工、修理修配劳务的单位和个人是增值税的纳税人。增值税纳税人分为一般纳税人和小规模纳税人，是按照纳税人的经营规模及会计核算的健全程度确定的。一般纳税人应纳增值税额，根据当期销项额减去当期进项额计算确定；小规模纳税人应纳增值税额，按照销售额和规定的征收率计算确定。

按照《中华人民共和国增值税暂行条例》规定，企业购入货物或接受应税劳务支付的增值税（即进项税额），可从销售货物或提供劳务按规定收取的增值税（即销项税额）中抵扣。准予从销项税额抵扣的进项税额通常包括：

（1）从销售方取得的增值税专用发票上注明的增值税额。

（2）从海关取得的完税凭证上注明的增值税额。

（二）一般纳税人企业的核算

为了核算企业应交增值税的发生、抵扣、缴纳、退税及转出等情况，一般纳税人企业应在"应交税费"科目下设置"应交增值税"明细科目，并在"应交增值税"明细账内设置"进项税额""已交税金""销项税额""出口退税""进项税额转出"等专栏。

1. 采购物资和接受应税劳务

企业从国内采购物资或接受应税劳务等，根据增值税专用发票上记载的应计入采购成本或应计入加工、修理修配等物资成本的金额，借记"材料采购""在途物资""原材料""库存商品"或"生产成本""制造费用""委托加工物资""管理费用"等科目，根据增值税专用发票上注明的可抵扣的增值税税额，借记"应交税费——应交增值税（进项税额）"科目，按照应付或实际支付的总额，贷记"应付账款""应付票据""银行存款"等科目。购入货物发生的退货，作相反的会计分录。

【例2-30】四川鲲鹏有限公司购入原材料一批，增值税专用发票上注明货款50 000元，增值税额8 500元，货物尚未到达，货款和进项税款已用银行存款支付。四川鲲鹏有限公司采用计划成本对原材料进行核算。

四川鲲鹏有限公司的有关会计分录如下：

借：材料采购　　　　　　　　　　　　　　　　　　　　50 000
　　应交税费——应交增值税（进项税额）　　　　　　　8 500
　　贷：银行存款　　　　　　　　　　　　　　　　　　　58 500

企业购入免征增值税货物，一般不能够抵扣增值税销项税额。但是对于购入的免税农产品，可以按照买价和规定的扣除率计算进项税额，并准予从企业的销项税额中抵扣。企业购入免税农产品，按照买价和规定的扣除率计算进项税额，借记"应交税费——应交增值税（进项税额）"科目，按买价扣除按规定计算的进项税额后的差额，借记"材料采购""原材料""库存商品"等科目，按照应付或实际支付的价款，贷记"应付账款""银行存款"等科目。

【例2-31】四川鲲鹏有限公司购入免税农产品一批，价款100 000元，规定的扣除率为13%，货物尚未到达，货款已用银行存款支付。

进项税额=购买价款×扣除率=100 000×13%=13 000（元）。四川鲲鹏有限公司的有关会计分录如下：

借：材料采购 87 000

应交税费——应交增值税（进项税额） 13 000

贷：银行存款 100 000

依据修订后的增值税暂行条例，企业购进固定资产所支付的增值税额，允许在购置当期全部一次性扣除。

【例2-32】四川鲲鹏有限公司购入不需要安装的设备一台，价款及运输保险等费用合计400 000元，增值税专用发票上注明的增值税额为68 000元，款项尚未支付。

企业购进固定资产所支付的增值税额68 000元，应在购置当期全部一次性扣除。四川鲲鹏有限公司的有关会计分录如下：

借：固定资产 400 000

应交税费——应交增值税（进项税额） 68 000

贷：应付账款 468 000

【例2-33】四川鲲鹏有限公司生产车间委托外单位修理机器设备，对方开来的专用发票上注明修理费用20 000元，增值税额3 400元，款项已用银行存款支付。

四川鲲鹏有限公司的有关会计分录如下：

借：制造费用 20 000

应交税费——应交增值税（进项税额） 3 400

贷：银行存款 23 400

生产经营过程中支付运输费用，按运输费用总额的7%计算进项税额。

【例2-34】四川鲲鹏有限公司购回材料一批，价款100 000元，运输费用4 000元。材料已入库，款项以银行存款支付。

进项税额=100 000×17%+4 000×7%=19 280元。材料成本=100 000+4 000×（1-7%）=103 720元。四川鲲鹏有限公司的有关会计分录如下：

借：原材料 103 720

应交税费——应交增值税（进项税额） 19 280

贷：银行存款 123 000

2. 进项税额转出

购进的货物发生非常损失，或者购进货物改变用途，进项税额应通过"应交税费——应交增值税（进项税额转出）"科目转入有关科目，借记"待处理财产损溢""在建工程""应付职工薪酬"等科目，贷记"应交税费——应交增值税（进项税额转出）"科目。转作待处理财产损失的进项税额，应与遭受非常损失的购进货物、在产品或库存商品的成本一并处理。

【例2-35】四川鲲鹏有限公司库存材料因意外火灾毁损一批，有关增值税专用发票确认的成本为20 000元，增值税额3 400元。

四川鲲鹏有限公司的有关会计分录如下：

借：待处理财产损溢——待处理流动资产损溢 23 400

  贷：原材料 20 000

   应交税费——应交增值税（进项税额转出） 3 400

  【例2－36】四川鲲鹏有限公司因火灾毁损库存商品一批，实际成本50 000元，经确认损失外购材料的增值税8 500元。

  四川鲲鹏有限公司的有关会计分录如下：

  借：待处理财产损溢——待处理流动资产损溢 58 500

   贷：库存商品 50 000

    应交税费——应交增值税（进项税额转出） 8 500

  【例2－37】四川鲲鹏有限公司建造厂房领用生产用原材料30 000元，原材料购入时支付的增值税为5 100元。

  四川鲲鹏有限公司的有关会计分录如下：

  借：在建工程 35 100

   贷：原材料 30 000

    应交税费——应交增值税（进项税额转出） 5 100

  【例2－38】四川鲲鹏有限公司所属的职工医院维修领用原材料4 000元，购入时支付的增值税为680元。

  四川鲲鹏有限公司的有关会计分录如下：

  借：应付职工薪酬——职工福利 4 680

   贷：原材料 4 000

    应交税费——应交增值税（进项税额转出） 680

  3. 销售物资或者提供应税劳务

  销售货物或者提供应税劳务，按照营业收入和应收取的增值税税额，借记"应收账款""应收票据""银行存款"等科目，按专用发票上注明的增值税税额，贷记"应交税费——应交增值税（销项税额）"科目，按照实现的营业收入，贷记"主营业务收入""其他业务收入"等科目。发生的销售退回，作相反的会计分录。

  【例2－39】四川鲲鹏有限公司销售产品一批，价款300 000元，按规定应收取增值税额51 000元，提货单和增值税专用发票已交给买方，款项尚未收到。

  四川鲲鹏有限公司的有关会计分录如下：

  借：应收账款 351 000

   贷：主营业务收入 300 000

    应交税费——应交增值税（销项税额） 51 000

  【例2－40】四川鲲鹏有限公司为外单位代加工衣架500个，每个收取加工费100元，适用的增值税税率为17%。加工完成，款项已收到并存入银行。

  四川鲲鹏有限公司的有关会计分录如下：

  借：银行存款 58 500

   贷：主营业务收入 50 000

    应交税费——应交增值税（销项税额） 8 500

4. 视同销售行为

有些交易和事项从会计角度看不属于销售行为，不能确认销售收入，但按照税法规定，应视同对外销售处理，计算应交增值税。例如企业将自产或委托加工的货物用于非应税项目、集体福利或个人消费，或将自产、委托加工或购买的货物作为投资、分配给股东或投资者、无偿赠送他人等。视同对外销售处理时，应当借记"在建工程""长期股权投资""营业外支出"等科目，贷记"应交税费——应交增值税（销项税额）"科目。

【例2-41】四川鲲鹏有限公司将自己生产的产品用于建造库房。产品的成本为200 000元，计税价格为300 000元。增值税税率为17%。

企业在建工程领用自己生产的产品的销项税额=300 000×17%=51 000（元）。四川鲲鹏有限公司的有关会计分录如下：

借：在建工程 251 000
　贷：库存商品 200 000
　　　应交税费——应交增值税（销项税额） 51 000

5. 出口退税

企业出口产品按规定退税的，按应收的出口退税额，借记"其他应收款"科目，贷记"应交税费——应交增值税（出口退税）"科目。

6. 交纳增值税

交纳的增值税，借记"应交税费——应交增值税（已交税金）"科目，贷记"银行存款"科目。"应交税费——应交增值税"科目的贷方余额，表示企业应交纳的增值税。

【例2-42】四川鲲鹏有限公司以银行存款交纳本月增值税200 000元。

四川鲲鹏有限公司的有关会计分录如下：

借：应交税费——应交增值税（已交税金） 200 000
　贷：银行存款 200 000

【例2-43】四川鲲鹏有限公司本月发生销项税额合计90 000元，进项税额转出20 000元，进项税额30 000元，已交增值税70 000元。

四川鲲鹏有限公司本月"应交税费——应交增值税"科目的余额=90 000+20 000-30 000-70 000=10 000（元）。余额在贷方，表示四川鲲鹏有限公司尚未交纳增值税10 000元。

（三）小规模纳税人企业的核算

小规模纳税人企业应当按照不含税销售额和规定的增值税征收率计算交纳增值税，销售货物或提供应税劳务时只能开具普通发票，不能开具增值税专用发票。小规模纳税人企业不享有进项税额的抵扣权，购进货物或接受应税劳务支付的增值税直接计入有关货物或劳务的成本。

小规模纳税人企业只需在"应交税费"科目下设置"应交增值税"明细科目，不需要在"应交增值税"明细科目中设置专栏。"应交税费——应交增值税"科目贷方登记应交纳的增值税，借方登记已交纳的增值税，期末贷方余额为尚未交纳的增值税，借方余额为多交纳的增值税。

小规模纳税人企业购进货物和接受应税劳务时支付的增值税，直接计入有关货物和劳务的成本，借记"材料采购""在途物资"等科目，贷记"银行存款"等科目。

【例2-44】小规模纳税人企业购入材料一批，取得的专用发票中注明货款 30 000 元，增值税 5 100 元，款项以银行存款支付，材料已验收入库。

小规模纳税人企业购进货物时支付的增值税 3 400 元，直接计入货物的成本。会计分录如下：

```
借：原材料                                    35 100
    贷：银行存款                              35 100
```

【例2-45】小规模纳税人企业销售产品一批，所开出的普通发票中注明的货款（含税）为 41 200 元，增值税征收率为 3%，款项已存入银行。

不含税销售额 = 含税销售额 ÷（1 + 征收率）= 41 200 ÷（1 + 3%）= 40 000（元），应纳增值税 = 不含税销售额 × 征收率 = 40 000 × 3% = 1 200（元）。会计分录如下：

```
借：银行存款                                  41 200
    贷：主营业务收入                          40 000
        应交税费——应交增值税                  1 200
```

【例2-46】在【例2-45】中，该小规模纳税人企业月末以银行存款上交增值税 1 200 元。会计分录如下：

```
借：应交税费——应交增值税                      1 200
    贷：银行存款                              1 200
```

企业购入材料不能取得增值税专用发票的，比照小规模纳税人企业进行处理，发生的增值税计入材料采购成本，借记"材料采购""在途物资"等科目，贷记"银行存款"等科目。

## 二、应交消费税

### （一）消费税

消费税是在我国境内生产、委托加工和进口应税消费品的单位和个人按流转额交纳的一种税。

消费税有从价定率和从量定额两种征收方法。采取从价定率方法征收的消费税，以不含增值税的销售额为税基，按照税法规定的税率计算。企业的销售收入包含增值税的，应将其换算为不含增值税的销售额。采取从量定额计征的消费税，根据按税法确定的企业应税消费品的数量和单位应税消费品应缴纳的消费税计算确定。

应交消费税的发生、缴纳情况在"应交税费"科目下设置"应交消费税"明细科目核算。"应交消费税"科目的贷方登记应交纳的消费税，借方登记已交纳的消费税，期末贷方余额为尚未交纳的消费税，借方余额为多交纳的消费税。

（二）应交消费税的核算

1. 销售应税消费品

销售应税消费品应交的消费说，借记"税金及附加"科目，贷记"应交税费——应交消费税"科目。

【例2-47】四川鲲鹏有限公司销售所生产的化妆品，价款3 000 000元（不含增值税），适用的消费税税率为30%。

应交消费税额＝3 000 000×30%＝900 000（元）。四川鲲鹏有限公司有关的会计分录如下：

借：税金及附加                                                          900 000
　　贷：应交税费——应交营业税                                           90 000

2. 自产自销应税消费品

企业将生产的应税消费品用于在建工程等非生产机构时，按规定应交纳的消费税，借记"在建工程"等科目，贷记"应交税费——应交消费税"科目。

【例2-48】四川鲲鹏有限公司在建工程领用自产柴油60 000元，应交纳增值税10 200元，应交纳消费税6 000元。

生产的应税消费品用于在建工程等非生产机构时，按规定应交纳的消费税6 000元应记入"在建工程"科目。四川鲲鹏有限公司的有关会计分录如下：

借：在建工程                                                            76 200
　　贷：库存商品                                                        60 000
　　　　应交税费——应交增值税（销项税额）                              10 200
　　　　　　　　——应交消费税                                            6 000

【例2-49】四川鲲鹏有限公司所设的职工食堂享受企业提供的补贴，本月领用自产产品一批，该产品的账面价值40 000元，市场价格60 000元（不含增值税），适用的消费税税率为10%，增值税税率为17%。

应记入"应付职工薪酬——非货币性福利"科目的金额＝60 000＋60 000×17%＋60 000×10%＝76 200（元）。四川鲲鹏有限公司的有关会计分录如下：

借：管理费用                                                            76 200
　　贷：应付职工薪酬——非货币性福利                                     76 200
借：应付职工薪酬——非货币性福利                                         76 200
　　贷：主营业务收入                                                    60 000
　　　　应交税费——应交增值税（销项税额）                              10 200
　　　　　　　　——应交消费税                                            6 000
借：主营业务成本                                                        40 000
　　贷：库存商品                                                        40 000

3. 委托加工应税消费品

有应交消费税的委托加工物资，一般应由受托方代收代交消费税款。受托方按照应交税款金额，借记"应收账款""银行存款"等科目，贷记"应交税费——应交消费税"科目。受托加工或翻新改制金银首饰按照规定由受托方交纳消费税。

委托加工物资收回后，直接用于销售的，应将受托方代收代交的消费税计入委托加工物资的成本，借记"委托加工物资"等科目，贷记"应付账款""银行存款"等科目；委托加工物资收回后用于连续生产应税消费品的，按规定准予抵扣的，应按已由受托方代收代交的消费税，借记"应交税费——应交消费税"科目，贷记"应付账款""银行存款"等科目。

【例 2－50】成都达诚有限公司委托四川鲲鹏有限公司代为加工一批应交消费税的材料（非金银首饰）。成都达诚有限公司的材料成本为 1 000 000 元，加工费为 200 000 元，由四川鲲鹏有限公司代收代交的消费税为 80 000 元（不考虑增值税）。材料已经加工完成，并由成都达诚有限公司收回验收入库，加工费尚未支付。成都达诚有限公司采用实际成本法进行原材料的核算。

（1）如果成都达诚有限公司收回的委托加工物资用于继续生产应税消费品，会计分录如下：

| | |
|---|---|
| 借：委托加工物资 | 1 000 000 |
| 　贷：原材料 | 1 000 000 |
| 借：委托加工物资 | 200 000 |
| 　应交税费——应交消费税 | 80 000 |
| 　　贷：应付账款 | 280 000 |
| 借：原材料 | 1 200 000 |
| 　贷：委托加工物资 | 1 200 000 |

（2）如果成都达诚有限公司收回的委托加工物资直接用于对外销售，会计分录如下：

| | |
|---|---|
| 借：委托加工物资 | 1 000 000 |
| 　贷：原材料 | 1 000 000 |
| 借：委托加工物资 | 280 000 |
| 　贷：应付账款 | 280 000 |
| 借：原材料 | 1 280 000 |
| 　贷：委托加工物资 | 1 280 000 |

（3）四川鲲鹏有限公司对应收取的受托加工代收代交消费税的会计分录如下：

| | |
|---|---|
| 借：应收账款 | 80 000 |
| 　贷：应交税费——应交消费税 | 80 000 |

4. 进口应税消费品

进口应税物资在进口环节应交的消费税，计入该项物资的成本，借记"材料采购""固定资产"等科目，贷记"银行存款"科目。

【例 2－51】四川鲲鹏有限公司从国外进口一批需要交纳消费税的商品，商品价值 2 000 000 元，进口环节需要交纳的消费税为 400 000 元（不考虑增值税），采购的商品已经验收入库，货款尚未支付，税款已经用银行存款支付。

进口应税物资在进口环节应交的消费税 400 000 元，应计入该项物资的成本。四川鲲鹏有限公司的有关会计分录如下：

借：库存商品           2 400 000

  贷：应付账款          2 000 000

    银行存款          400 000

## 三、应交营业税

### （一）营业税

营业税是对在我国境内提供应税劳务单位和个人征收的流转税。

营业税以营业额作为计税依据。营业额是纳税人提供应税劳务而向对方收取的全部价款和价外费用。

### （二）应交营业税的核算

应交营业税的发生、交纳情况在"应交税费"科目下设置"应交营业税"明细科目核算。"应交营业税"科目贷方登记应交纳的营业税，借方登记已交纳的营业税，期末贷方余额为尚未交纳的营业税。

企业按照营业额及其适用的税率，计算应交的营业税，借记"税金及附加"科目，贷记"应交税费—应交营业税"科目。企业出售不动产时，计算应交的营业税，借记"固定资产清理"等科目，贷记"应交税费——应交营业税"科目。实际交纳营业税时，借记"应交税费——应交营业税"科目，贷记"银行存款"科目。

## 四、其他应交税费

其他应交税费包括应交资源税、应交城市维护建设税、应交土地增值税、应交所得税、应交房产税、应交土地使用税、应交车船使用税、应交教育费附加、应交个人所得税等。其他应交税费在"应交税费"科目下设置相应的明细科目进行核算，贷方登记应交纳的有关税费，借方登记已交纳的有关税费，期末贷方余额表示尚未交纳的有关税费。

 1. 应交资源税

资源税是对在我国境内开采矿产品或者生产盐的单位和个人征收的税。资源税按照应税产品的课税数量和规定的单位税额计算。开采或生产应税产品对外销售的，以销售数量为课税数量；开采或生产应税产品自用的，以自用数量为课税数量。

对外销售应税产品应交纳的资源税借记"税金及附加"科目，贷记"应交税费——应交资源税"科目；自产自用应税产品应交纳的资源税借记"生产成本""制造费用"等科目，贷记"应交税费——应交资源税"科目。

【例2－52】四川鲲鹏有限公司2016年8月对外销售某种资源税应税矿产品2 000吨，每吨应交资源税5元。

应交的资源税 ＝2 000×5＝10 000（元），会计分录如下：

借：税金及附加          10 000

  贷：应交税费——应交资源税     10 000

【例 2 - 53】四川鲲鹏有限公司 2016 年 8 月将自产的资源税应税矿产品 500 吨用于企业的产品生产，每吨应交资源税 5 元。

应交纳的资源税 = 500 × 5 = 2 500（元），会计分录如下：

借：生产成本　　　　　　　　　　　　　　　　　　　　　2 500

　　贷：应交税费——应交资源税　　　　　　　　　　　　　　　　2 500

2. 应交城市维护建设税

城市维护建设税是以增值税、消费税、营业税为计税依据征收的一种税，税率因纳税人所在地不同从 1% 到 7% 不等。应交的城市维护建设税借记"税金及附加"等科目，贷记"应交税费——应交城市维护建设税"科目。

【例 2 - 54】四川鲲鹏有限公司 2016 年 11 月实际应上交增值税 500 000 元，消费税 200 000 元，营业税 100 000 元。适用的城市维护建设税税率为 7%。四川鲲鹏有限公司的有关会计处理如下：

应交的城市维护建设税 =（500 000 + 200 000 + 100 000）× 7% = 56 000（元），会计分录如下：

借：税金及附加　　　　　　　　　　　　　　　　　　　56 000

　　贷：应交税费——应交城市维护建设税　　　　　　　　　　　　56 000

3. 应交教育费附加

教育费附加是为了发展教育事业而向企业征收的附加费用，按应交增值税、消费税、营业税的一定比例计算交纳。应交的教育费附加借记"税金及附加"等科目，贷记"应交税费——应交教育费附加"科目。

【例 2 - 55】四川鲲鹏有限公司 2016 年 11 月应交纳教育费附加为 800 000 × 1% = 8 000 元。款项已经用银行存款支付。四川鲲鹏有限公司的有关会计处理如下：

借：税金及附加　　　　　　　　　　　　　　　　　　　8 000

　　贷：应交税费——应交教育费附加　　　　　　　　　　　　　8 000

借：应交税费——应交教育费附加　　　　　　　　　　　8 000

　　贷：银行存款　　　　　　　　　　　　　　　　　　　　　8 000

4. 应交土地增值税

土地增值税是在我国境内有偿转让土地使用权及地上建筑物和其他附着物产权的单位和个人，就其土地增值额征收的一种税。土地增值额是指转让收入减去规定扣除项目金额后的余额。转让收入包括货币收入、实物收入和其他收入。扣除项目主要包括取得土地使用权所支付的金额、开发土地的费用、新建及配套设施的成本、旧房及建筑物的评估价格等。

企业应交的土地增值税视情况记入不同科目：

（1）企业转让的土地使用权连同地上建筑物及其附着物一并在"固定资产"等科目核算的，转让时应交的土地增值税，借记"固定资产清理"科目，贷记"应交税费——应交土地增值税"科目；

（2）土地使用权在"无形资产"科目核算的，按实际收到的金额，借记"银行存款"科目，按应交的土地增值税，贷记"应交税费——应交土地增值税"科目，同时冲销土地使用权的账面价值，贷记"无形资产"科目，按其差额，借记"营业外支出"科目或贷记"营业外收入"科目。

【例2-56】四川鲲鹏有限公司2016年9月对外转让一栋厂房，计算的应交土地增值税为30 000元。会计处理如下：

（1）计算应交纳的土地增值税：

借：固定资产清理 30 000
　　贷：应交税费——应交土地增值税 30 000

（2）用银行存款交纳应交土地增值税税款：

借：应交税费——应交土地增值税 30 000
　　贷：银行存款 30 000

5. 应交房产税、土地使用税和车船使用税

房产税是国家对在城市、县城、建制县和工矿区征收的由产权所有人缴纳的一种税。房产自用的，房产税依照房产原值一次减除10%至30%后的余额计算交纳。房产出租的，以房产租金收入为房产税的计税依据。

土地使用税是国家为了合理利用城镇土地，调节土地级差收入，提高土地使用效益，加强土地管理而开征的一种税，以纳税人实际占用的土地面积为计税依据，依照规定税额计算征收。

车船使用税由拥有并且使用车船的单位和个人交纳。车船使用税按照适用税额计算交纳。

企业应交的房产税、土地使用税、车船使用税，借记"管理费用"科目，贷记"应交税费——应交房产税（或应交土地使用税、应交车船使用税）"科目。

6. 应交个人所得税

企业按规定计算的代扣代交的职工个人所得税，借记"应付职工薪酬"科目，贷记"应交税费——应交个人所得税"科目；企业交纳个人所得税时，借记"应交税费——应交个人所得税"科目，贷记"银行存款"等科目。

【例2-57】四川鲲鹏有限公司结算2016年7月应付职工工资总额300 000元，代扣职工个人所得税共计3 000元，实发工资297 000元。

按规定计算的代扣代交的职工个人所得税2 000元，应记入"应付职工薪酬"科目。四川鲲鹏有限公司的会计分录如下：

借：应付职工薪酬——工资 3 000
　　贷：应交税费——应交个人所得税 3 000

# 第五节 应付股利及其他应付款

## 一、应付股利

应付股利是企业根据股东大会或类似机构审议批准的利润分配方案，确定分配给投资者的现金股利或利润。企业通过"应付股利"科目，核算企业确定或宣告支付但尚未实际支付的现金股利或利润。"应付股利"科目贷方登记应支付的现金股利或利润，借方登记实际支付的现金股利或利润，期末贷方余额反映企业应付未付的现金股利或利润。"应付股利"科目应按照投资者设置明细科目进行明细核算。

企业根据股东大会或类似机构审议批准的利润分配方案，确认应付给投资者的现金股利或利润时，借记"利润分配——应付现金股利或利润"科目，贷记"应付股利"科目；向投资者实际支付现金股利或利润时，借记"应付股利"科目，贷记"银行存款"等科目。企业分配的股票股利不通过"应付股利"科目核算。

【例2-58】四川鲲鹏有限公司2016年度实现净利润900 000元，董事会批准决定2016年度分配现金股利700 000元。股利已经用银行存款支付。会计处理如下：

借：利润分配——应付现金股利或利润　　　　　　　　　　　700 000
　　贷：应付股利　　　　　　　　　　　　　　　　　　　　　　700 000
借：应付股利　　　　　　　　　　　　　　　　　　　　　　700 000
　　贷：银行存款　　　　　　　　　　　　　　　　　　　　　　700 000

## 二、其他应付款

其他应付款是指企业除应付票据、应付账款、预收账款、应付职工薪酬、应交税费、应付利息、应付股利等经营活动以外的其他各项应付、暂收的款项。企业通过"其他应付款"科目，核算其他应付款的增减变动及其结存情况。"其他应付款"科目贷方登记发生的各种应付、暂收款项，借方登记偿还或转销的各种应付、暂收款项，期末贷方余额，反映企业应付未付的其他应付款项。

发生其他各种应付、暂收款项时，借记"管理费用"等科目，贷记"其他应付款"科目；支付或退回其他各种应付、暂收款项时，借记"其他应付款"科目，贷记"银行存款"等科目。

【例2-59】四川鲲鹏有限公司以2016年1月1日起，以经营租赁方式租入管理用办公设备一批，每月租金3 000元，按季支付。2016年3月31日，四川鲲鹏有限公司以银行存款支付应付租金，会计处理如下：

（1）1月31日计提应付经营租入固定资产租金：

借：管理费用　　　　　　　　　　　　　　　　　　　　　3 000
　　贷：其他应付款　　　　　　　　　　　　　　　　　　　　　3 000

2月底计提应付经营租入固定资产租金的会计处理同上。

（2）3月31日支付租金：

借：其他应付款 6 000

　　管理费用 3 000

　　贷：银行存款 9 000

# 第六节　长期借款

## 一、长期借款概述

长期借款是企业向银行或其他金融机构借入的期限在一年以上（不含一年）的各种借款，是企业长期负债的重要组成部分，一般用于固定资产的购建、改扩建工程、大修理工程、对外投资以及为了保持长期经营能力等方面。

长期借款会计处理的基本要求是反映和监督企业长期借款的借入、借款利息的结算和借款本息的归还情况，促使企业遵守信贷纪律、提高信用等级，确保长期借款发挥效益。

## 二、长期借款的核算

企业通过"长期借款"科目，核算长期借款的借入、归还等情况。"长期借款"科目按照贷款单位和贷款种类设置明细账，分别"本金""利息调整"等进行明细核算。"长期借款"科目的贷方登记长期借款本息的增加额，借方登记本息的减少额，贷方余额表示企业尚未偿还的长期借款。

（一）取得长期借款

借入长期借款应按实际收到的金额，借记"银行存款"科目，贷记"长期借款——本金"科目；如存在差额，还应借记"长期借款——利息调整"科目。

【例2-60】四川鲲鹏有限公司于2013年11月30日从银行借入资金3 000 000元，借款期限为3年，年利率为8.4%，到期一次还本付息，不计复利。所借款项已存入银行。

四川鲲鹏有限公司用该借款于当日购买不需安装的设备一台，价款2 900 000元，支付运杂费及保险等费用100 000元，设备已于当日投入使用。有关会计处理如下：

（1）取得借款时：

借：银行存款 3 000 000

　　贷：长期借款——本金 3 000 000

（2）支付设备款和运杂费、保险费时：

借：固定资产 3 000 000

　　贷：银行存款 3 000 000

（二）长期借款的利息

长期借款利息费用应当在资产负债表日按照实际利率法计算确定，实际利率与合同利率差异较小的，也可以采用合同利率计算确定利息费用。

长期借款计算确定的利息费用，计入有关成本、费用：

（1）属于筹建期间的，计入管理费用；属于生产经营期间的，计入财务费用。

（2）如果长期借款用于购建固定资产的，在固定资产尚未达到预定可使用状态前，所发生的应当资本化的利息支出数，计入在建工程成本；固定资产达到预定可使用状态后发生的利息支出，以及按规定不予资本化的利息支出，计入财务费用。

长期借款按合同利率计算确定的应付未付利息，贷记"应付利息"科目，借记"在建工程""制造费用""财务费用""研发支出"等科目。

【例2-61】承【例2-60】，四川鲲鹏有限公司于2013年12月31日计提长期借款利息。

2013年12月31日计提的长期借款利息 $= 3\ 000\ 000 \times 8.4\% \div 12 = 21\ 000$（元）。会计分录如下：

借：财务费用 21 000
　　贷：应付利息 21 000

2014年1月31日至2016年10月31日每月计提利息的会计处理与上相同。

（三）归还长期借款

企业归还长期借款的本金时，应按归还的金额，借记"长期借款——本金"科目，贷记"银行存款"科目；按归还的利息，借记"应付利息"科目，贷记"银行存款"科目。

【例2-62】承【例2-61】，2016年11月30日，四川鲲鹏有限公司偿还该笔银行借款本息。

2013年11月30日至2016年11月30日已经计提的利息为735 000元，应借记"长期借款——应付利息"科目，2016年11月应当计提的利息21 000元，应借记"财务费用"科目，长期借款本金3 000 000元，应借记"长期借款——本金"科目；实际支付的长期借款本金和利息3 756 000元，贷记"银行存款"科目。会计分录如下：

借：财务费用 21 000
　　长期借款——本金 3 000 000
　　　　　　——应计利息 735 000
　　贷：银行存款 3 756 000

# 第七节　应付债券及长期应付款

## 一、应付债券

### （一）应付债券概述

应付债券是企业为筹集（长期）资金而发行的债券。债券是企业为筹集长期使用资金而发行的一种书面凭证，企业通过发行债券取得资金是以将来履行归还购买债券者的本金和利息的义务作为保证的。

企业设置企业债券备查簿登记每一企业债券的票面金额、债券票面利率、还本付息期限与方式、发行总额、发行日期和编号、委托代销单位、转换股份等资料。企业债券到期清算时，应当在备查簿内逐笔注销。

企业债券发行价格的高低取决于债券票面金额、债券票面利率、发行当时的市场利率以及债券期限的长短因素。债券发行有面值发行、溢价发行和折价发行三种情况。企业债券按面值出售的，称为面值发行。折价发行是债券以低于面值的价格发行，溢价发行则是债券按高于面值实务价格发行。

### （二）应付债券的核算

企业设置"应付债券"科目，核算应付债券发行、计提利息、还本付息等情况。"应付债券"科目贷方登记应付债券的本金和利息，借方登记归还的债券本金和利息，期末贷方余额表示企业尚未偿还的长期债券。"应付债券"科目下应设置"面值""利息调整""应计利息"等明细科目。

1. 发行债券

企业按面值发行债券时，应按实际收到的金额，借记"银行存款"等科目，按债券票面金额，贷记"应付债券——面值"科目。

【例2-63】四川鲲鹏有限公司于2013年7月1日按面值发行三年期、到期时一次还本付息、年利率为8%（不计复利）、发行面值总额为30 000 000元的债券。会计分录如下：

借：银行存款　　　　　　　　　　　　　　　　　　30 000 000
　　贷：应付债券——面值　　　　　　　　　　　　　　　30 000 000

2. 债券的利息

发行长期债券应按期计提利息。按面值发行的债券，在每期采用票面利率计提利息时，应当按照与长期借款相一致的原则计入有关成本费用，借记"在建工程""制造费用""财务费用""研发支出"等科目。对于分期付息、到期一次还本的债券，其按票面利率计算确定的应付未付利息记入"应付利息"科目；对于一次还本付息的债券，其按票面利率计算确定的应付未付利息记入"应付债券——应计利息"科目。

【例 2 - 64】承【例 2 - 63】，四川鲲鹏有限公司发行债券所筹资金用于建造固定资产，至 2013 年 12 月 31 日时工程尚未完工，计提本年长期债券利息。该期债券产生的实际利息费用应全部资本化，作为在建工程成本。

至 2013 年 12 月 31 日，债券发行在外的时间为 6 个月，应计的债券利息为：30 000 000 × 8% ÷ 12 × 6 = 1 200 000（元）。长期债券为到期时一次还本付息，利息 1 200 000 元应记入"应付债券——应计利息"科目。会计分录如下：

借：在建工程             1 200 000
  贷：应付债券——应计利息       1 200 000

3. 债券还本付息

长期债券到期支付债券本息时，借记"应付债券——面值"和"应付债券——应计利息""应付利息"等科目，贷记"银行存款"等科目。

【例 2 - 65】承【例 2 - 63】和【例 2 - 64】，2016 年 7 月 1 日，四川鲲鹏有限公司偿还债券本金和利息。

2013 年 7 月 1 日至 2016 年 6 月 30 日，四川鲲鹏有限公司长期债券的应计利息 = 30 000 000 × 8% × 3 = 7 200 000（元）。会计分录如下：

借：应付债券——面值         30 000 000
      ——应计利息       9 600 000
  贷：银行存款          39 600 000

## 二、长期应付款

长期应付款是除了长期借款和应付债券以外的其他多种长期应付款。主要有应付补偿贸易引进设备款和应付融资租入固定资产租赁费，以及以分期付款方式购入固定资产发生的应付款项等。

企业设置"长期应付款"科目核算长期应付款的发生及以后归还的情况。"长期应付款"科目是负债类科目，贷方登记发生的长期应付款，主要有应付补偿贸易补偿登记引进设备款及其应付利息、应付融资租入固定资产的租赁费、分期付款方式购入固定资产发生的应付款项等，借方登记长期应付款的归还数，期末余额在贷方，表示尚未支付的各种长期应付款。

【例 2 - 66】四川鲲鹏有限公司采用补偿贸易方式引进一套设备，设备价款为 1 000 000 美元，随同设备一起进口的零配件价款为 50 000 美元，支付的国外运杂费为 2 000 美元，另以人民币支付进口关税 111 500 元，国内运杂费为 2 000 元，安装费为 22 000 元。设备在一周内即安装完毕，引进设备当日美元汇率为 ¥6.4/USD1。

（1）引入设备时：

设备总款 = 6.4 × 102 000 = -6 412 800（元）

借：在建工程           6 412 800
  原材料——修理用备件       320 000
  贷：长期应付款——应付引进设备款   6 732 800

（2）支付进口关税、国内运杂费和设备安装费时：

借：在建工程          135 500

 贷：银行存款         135 500

（3）将安装完毕的设备及进口工具和零配件交付使用时：

借：固定资产         6 548 300

 贷：在建工程         6 548 300

（4）以引进设备所生产的产品的销售收入美元100 000归还设备款时：（假设当日汇率为¥8.9/USD1）

借：长期应付款——应付引进设备款   6 500 000

 贷：银行存款         6 500 000

（5）第一年末（假设当日汇率为¥8.7/USD1），根据补偿贸易合同的规定，按6%计提应付利息时，应记录：

借：财务费用——利息支出     390 000

 贷：长期应付款——应付引进设备款   390 000

## 练 习 题

**一、单项选择题**

1. 企业的应付账款确实无法支付的，经确认后作为（　　）处理。

 A. 坏账准备  B. 资本公积  C. 营业外收入  D. 其他业务收入

2. 短期借款利息核算不会涉及的账户是（　　）。

 A. 预提费用  B. 应付利息  C. 财务费用  D. 银行存款

3. 企业缴纳当月的增值税，应通过的账户是（　　）。

 A. 应交税费——应交增值税（转出多交增值税）

 B. 应交税费——应交增值税（转出多交增值税）

 C. 应交税费——未交增值税

 D. 应交税费——应交增值税（已交税金）

4. 委托加工应纳消费税物资（非金银首饰）收回后直接出售的应税消费品，其由受托方代扣代交的消费税，应计入（　　）账户。

 A. 管理费用      B. 委托加工物资

 C. 税金及附加     D. 应交税费——应交消费税

5. 甲企业因采购商品开出3个月期限的商业票据一张，该票据的票面价值为400 000元，票面年利率为10%，该应付票据到期时，企业应支付的金额为（　　）元。

 A. 400 000  B. 440 000  C. 410 000  D. 415 000

6. 甲公司为增值税一般纳税人企业。因山洪暴发毁损库存材料一批，实际成本为20 000元，收回残料价值800元，保险公司赔偿11 600元。甲企业购入材料的增值税税率为17%，该批毁损原材料的非常损失净额是（　　）元。

    A. 7 600　　　　　B. 18 800　　　　C. 8 400　　　　D. 11 000

7. 下列不应征缴营业税的是（　　）。

    A. 销售不动产一栋　　　　　　　B. 邮电部门销售信封

    C. 某汽车修理厂修理汽车　　　　D. 保险公司的承保业务

8. 甲公司结算本月应付职工工资共300 000元，代扣职工个人所得税5 000元，实发工资295 000元，该企业会计处理中，不正确的是（　　）。

    A. 借：管理费用　　　　　　　　　　　　　　　　300 000

        贷：应付职工薪酬——工资　　　　　　　　　　　300 000

    B. 借：应付职工薪酬——工资　　　　　　　　　　　5 000

        贷：应交税费——应交个人所得税　　　　　　　　　5 000

    C. 借：其他应收款　　　　　　　　　　　　　　　5 000

        贷：应交税费——应交个人所得税　　　　　　　　　5 000

    D. 借：应付职工薪酬——工资　　　　　　　　　　　295 000

        贷：银行存款　　　　　　　　　　　　　　　　　295 000

9. 甲公司于2015年10月1日发行5年期面值总额为100万元的债券，债券票面年利率为12%，到期一次还本付息，按面值发行（发行手续费略）。2016年6月30日该公司应付债券的账面价值为（　　）元。

    A. 1 000 000　　　B. 1 120 000　　　C. 1 090 000　　　D. 1 080 000

10. 甲公司生产一种具有国际先进水平的数控机床，按照国家有关规定，该公司的此种产品适用增值税先征后返政策，即先按规定征收增值税，然后按实际缴纳增值税额返还60%。2015年1月1日，该公司实际缴纳增值税120万元。2016年3月，甲公司实际收到返还的增值税税额72万元。甲公司所作会计处理正确的是（　　）。

    A. 借：银行存款　　　　　　　　　　　　　　　720 000

        贷：营业外收入　　　　　　　　　　　　　　　　720 000

    B. 借：银行存款　　　　　　　　　　　　　　　720 000

        贷：资本公积　　　　　　　　　　　　　　　　　720 000

    C. 借：银行存款　　　　　　　　　　　　　　　720 000

        贷：应交税费——应交增值税　　　　　　　　　　720 000

    D. 借：应交税费——应交增值税　　　　　　　　　720 000

        贷：营业外收入　　　　　　　　　　　　　　　　720 000

11. 企业开出、承兑商业汇票抵付应付账款时，应借记（　　）科目。

    A. 材料采购　　　　　　　　　　B. 应交税费——应交增值税(进项税额)

    C. 库存商品　　　　　　　　　　D. 应付账款

12. 下列各项开支中，不应从"应付职工薪酬——福利费"反映的是（　　）。

    A. 职工医药费　　　　　　　　　B. 职工生活困难补助

    C. 职工食堂补助费用　　　　　　D. 抚恤费

13. 企业将自产货物作为集体福利消费，应视同销售货物计算应交增值税，应借记

（　　）科目，贷记"库存商品""应交税费——应交增值税"等科目。

    A. 营业外支出    B. 应付职工薪酬  C. 盈余公积    D. 在建工程

14. 某企业根据通过的利润分配方案确认应付给投资者的利润时，应贷记（　　）科目。

    A. 利润分配——分配股利        B. 利润分配——应付利润

    C. 应付股利                 D. 应付利润

15. 企业收取的包装物押金及其他各种暂收款项时，应贷记（　　）科目。

    A. 营业外收入            B. 其他业务收入

    C. 其他应付款            D. 其他应收款

16. 企业发生的下列各项税金，能够计入固定资产价值的是（　　）。

    A. 房产税      B. 印花税      C. 土地使用税    D. 增值税

17. 小规模纳税人企业购入原材料取得的增值税专用发票上注明：货款 20 000 元，增值税 3 400 元，在购入材料过程中另支付运杂费 500 元，已知运输费用的抵扣率为 7%，则企业该批原材料的入账价值为（　　）元。

    A. 19 500      B. 23 900      C. 20 500      D. 23 300

18. 企业签发并承兑的商业承兑汇票如果不能如期支付，应在票据到期且未签发新的票据时，将应付票据账面余额转入（　　）。

    A. 应收账款     B. 应付账款     C. 坏账损失     D. 其他应付款

19. 甲公司为一般纳税人企业，将外购材料用于修建厂房时，关于增值税部分，其正确的会计处理是（　　）。

    A. 作为销项税额处理

    B. 作进项税额转出处理，并将进项税额转入在建工程成本

    C. 作进项税额不得抵扣处理

    D. 将进项税额计入存货成本

20. 某一般纳税人企业盘点时发现外购商品变质损失，实际成本为 50 万元，售价为 60 万元，增值税率为 17%，其计入"待处理财产损溢"科目的金额为（　　）万元。

    A. 50        B. 60.2        C. 58.5        D. 70.2

21. 甲公司本月收回委托加工应税消费品时，支付加工费 5 000 元，消费税 600 元，该消费品加工用原材料为 15 000 元，收回后用于连续加工生产应税消费品，则应计入委托加工物资的成本为（　　）元。

    A. 21 600      B. 15 600      C. 20 000      D. 5 600

22. 甲公司于 2016 年 1 月 1 日发行四年期公司债券 5 000 万元，实际收到发行价款 5 000 万元。该债券票面年利率为 6%，半年付息一次，2016 年 12 月 31 日公司对于该债券应确认的财务费用为（　　）万元。

    A. 300        B. 150        C. 100        D. 200

23. 企业以其自产产品作为非货币性福利发放给职工的，应当据受益原则，按该产品的（　　）计入相关成本或损益。

　　A. 公允价值　　　　　　　　　　B. 重置成本

　　C. 该种产品平均售价　　　　　　D. 实际成本

24. 下列职工薪酬中，不应当根据职工提供服务的受益对象计入成本费用的是（　　）

　　A. 构成工资总额的各组成部分

　　B. 因解除与职工的劳动关系给予的补偿

　　C. 工会经费和职工教育经费

　　D. 医疗保险费、养老保险费等社会保险费

25. X 公司 2016 年 7 月 1 日按面值发行 5 年期债券 100 万元。该债券到期一次还本付息，票面年利率为 5%。X 公司当年 12 月 31 日应付债券的账面余额为（　　）万元。

　　A. 100　　　　　　B. 102.5　　　　　　C. 105　　　　　　D. 125

**二、多项选择题**

1. 在进行会计核算时，若贷记"应付职工薪酬——福利费"，则对应借记的科目有（　　）。

　　A. 制造费用　　　B. 营业费用　　　C. 生产成本　　　D. 管理费用

2. 下列各项工资中，不应由"管理费用"列支的有（　　）。

　　A. 生产人员工资　　　　　　　　B. 行政人员工资

　　C. 车间管理人员工资　　　　　　D. 医务人员工资

3. 企业下列各项行为中，应视同销售必须计算缴纳增值税销项税额的有（　　）

　　A. 将货物对外捐赠　　　　　　　B. 销售代销货物

　　C. 委托他人代销货物　　　　　　D. 委托他人保管货物

4. 企业下列各项行为中，应作为增值税进项税额转出处理的有（　　）。

　　A. 工程项目领用本企业的材料　　B. 工程项目领用本企业的产品

　　C. 非常损失造成的存货盘亏　　　D. 以产品对外投资

5. 企业支付短期利息时，可能借记的会计科目有（　　）。

　　A. 短期借款　　　B. 预提费用　　　C. 应付利息　　　D. 财务费用

6. "预收账款"科目贷方登记（　　）。

　　A. 预收货款全额

　　B. 企业向购货方发货后冲销的预收货款的数额

　　C. 退回对方多付的货款

　　D. 购货方补付的货款

7. 下列各项中，一定计入"财务费用"的有（　　）。

　　A. 支付银行承兑汇票的手续费　　B. 期末计算带息商业汇票的利息

　　C. 销售企业实际发生的现金折扣　　D. 发行债券计提的利息

8. 甲企业为一般纳税人企业，其购进货物支付了相关税金，应计入货物成本的有（　　）。

　　A. 与客户签订购货合同支付了印花税

B. 购入工程物资时支付了增值税，取得对方开具的专用发票

C. 进口商品支付的关税

D. 购买一批材料，预计将用于食堂，已支付了增值税，取得对方开具的专用发票

9. 下列属于其他应付款核算范围的有（　　　）。

A. 职工未按期领取的工资

B. 应付经营租入固定资产租金

C. 存出投资款

D. 应付、暂收所属单位、个人的款项

10. 应付债券的利息有可能计入的账户有（　　　）。

A. 预提费用　　　B. 财务费用　　　C. 管理费用　　　D. 在建工程

11. 企业应交营业税可以计入（　　　）科目。

A. 管理费用　　　B. 其他业务支出　　　C. 固定资产清理　　　D. 税金及附加

12. 下列各项因素中，属于影响债券发行价格高低的因素有（　　　）。

A. 票面金额　　　B. 票面利率　　　C. 市场利率　　　D. 期限长短

13. 甲公司为一家储备粮企业，2016年实际粮食储量1亿斤，根据国家有关规定，财政部门按照企业的实际储备量给予每斤0.033元的粮食保管费补贴，于每个季度初支付。2016年1月甲公司做的相关会计处理，正确的是（　　　）。

A. 借：银行存款　　　　　　　　　　　　　　　　3 300 000
　　　贷：递延收益　　　　　　　　　　　　　　　　　3 300 000

B. 借：银行存款　　　　　　　　　　　　　　　　3 300 000
　　　贷：资本公积　　　　　　　　　　　　　　　　　3 300 000

C. 借：递延收益　　　　　　　　　　　　　　　　1 100 000
　　　贷：营业外收入　　　　　　　　　　　　　　　　1 100 000

D. 借：递延收益　　　　　　　　　　　　　　　　275 000
　　　贷：营业外收入　　　　　　　　　　　　　　　　275 000

14. 甲公司本期实际上交增值税450 000元，消费税240 000元，营业税220 000元，该企业适用的城市维护建设税税率为7%，下列处理正确的是（　　　）。

A. 甲公司应交的城建税为63 700元

B. 甲公司计算城建税时，借记"税金及附加"科目

C. 甲公司应以实际交纳的增值税、消费税、营业税为计税依据

D. 甲公司应以应交纳的增值税、消费税、营业税为计税依据

15. 甲公司为电器生产企业，共有职工300人，其中250为直接参加生产人员，30人为车间管理人员，20人为厂部管理人员。2007年2月14日，甲公司以其生产的电咖啡壶作为职工春节福利发放给职工，其成本为每台300元，市场售价为每台500元，甲公司适用的增值税率为17%。下列会计处理不正确的是（　　　）。

A. 借：生产成本　　　　　　　　　　　　　　　　146 250
　　　制造费用　　　　　　　　　　　　　　　　　17 550

```
            管理费用                          11 700
        贷：应付职工薪酬——非货币性福利        175 500
    B. 借：生产成本                            96 250
        制造费用                             11 550
        管理费用                              7 700
        贷：应付职工薪酬                       115 500
    C. 借：应付职工薪酬                        115 500
        贷：库存商品                           90 000
            应交税费——应交增值税（销项税额）    25 500
    D. 借：主营业务成本                        90 000
        贷：库存商品                           90 000
```

**三、判断题**

1. 短期借款利息在预提或实际支付时均应通过"短期借款"科目核算。　（　　）

2. 对企业来说，从会计核算上看，增值税是与企业损益无关的税金。　（　　）

3. 企业购入货物验收入库后，若发票账单尚未收到，应在月末按照估计的金额确认一笔负债，反映在资产负债表有关负债项目内。　（　　）

4. 企业向股东宣告的现金股利，在尚未支付给股东之前，是企业股东权益的一个组成部分。　（　　）

5. "长期借款"账户的月末余额，反映企业尚未支付的各种长期借款的本金。
　（　　）

6. 甲公司按合同约定，由外部机修公司对其数控车床进行修理，甲公司据合同应付机修公司修理费 10 000 元，增值税 1 700 元。若上述款项均未支付，甲公司应贷记"应付账款"10 000 元，贷记"应交税费——应交增值税（销项税额）"1 700 元。
　（　　）

7. 甲公司为增值税一般纳税人企业，其下属独立核算的乙公司为小规模纳税人企业。乙公司销售产品一批，开具普通发票中注明货款 36 888 元，已知甲公司适用增值税率为 17%，乙公司征收率为 6%，则其应纳增值税为 5 359.79 元。　（　　）

8. 企业按规定计算出应交的矿产资源补偿费应区分受益对象计入相关产品成本或当期损益。　（　　）

9. 企业无法支付的到期商业汇票，应按应付本息金额将其转入"应付账款"科目。　（　　）

10. 企业以自己产品赠送他人，由于会计处理时不作销售核算，所以不用计算增值税。　（　　）

11. 一般纳税人企业购入货物时支付的增值税，均应先通过"应交税费——应交增值税（进项税额）"科目核算，然后再将购入货物不能抵扣的增值税进项税额从"应交税费——应交增值税"科目转出。　（　　）

12. 职工因公伤赴外地就医路费应计入"管理费用"，在当期损益列支。　（　　）

13. 企业只有在对外销售应税消费品时才应交消费税。　（　　）

14. 企业长期借款所发生的利息支出，应在实际支付时计入在建工程成本或当期损益。　　　　　　　　　　　　　　　　　　　　　　　　　　（　　）

15. 对于确实无法支付的应付账款，应计入当期损益。　　　　　　（　　）

16. 企业委托加工应税消费品在收回后，应将由受托方代扣代缴的消费税计入相关成本。　　　　　　　　　　　　　　　　　　　　　　　　（　　）

17. 由于企业交纳的消费税属于价内税，因此应将应交消费税计入"税金及附加"。　　　　　　　　　　　　　　　　　　　　　　　　　　　　（　　）

18. 对于固定资产借款发生的利息支出，在竣工决算前发生的，应予资本化，将其计入固定资产成本；在竣工决算后发生的，应作为当期费用处理。　　（　　）

19. 商业承兑汇票到期企业无法支付时，应按票面本金数额转作应付账款。

　　　　　　　　　　　　　　　　　　　　　　　　　　　　　　　（　　）

## 四、计算分析题

1. 甲企业于 2016 年 1 月 1 日发行 2 年期、到期时一次还本付息、利率为 6%、面值总额为 2 000 000 元的债券，所筹资金用于厂房扩建，其扩建工程延长了厂房的使用寿命。该债券已按面值发行成功，款项已收存银行。A 企业每半年计提一次利息。厂房扩建工程于 2016 年 1 月 1 日开工建设，2016 年 12 月 31 日达到预定可使用状态。假定 2016 年 6 月 30 日计提利息时，按规定，实际利息支出的 60% 应予资本化。2016 年 12 月 31 日计提利息时，按规定实际利息支出的 90% 应予资本化。债券到期时，以银行存款偿还本息。要求：编制 A 企业按面值发行债券，各期计提债券利息和债券还本付息的会计分录（"应付债券"科目需写出明细科目）。

2. 某企业 2016 年 4 月份发生如下经济业务：（1）根据供电部门通知，企业本月应付电费 6 万元。其中生产车间电费 5 万元，企业行政管理部门电费 1 万元。（2）购入不需要安装的设备一台，价款及价外费用 100 000 元，增值税专用发票上注明的增值税额 17 000 元，款项尚未支付。（3）生产车间委托外单位修理机器设备，对方开具的专用发票上注明修理费用 2 000 元，增值税额 340 元，款项已用银行存款支付。（4）库存材料因意外火灾毁损一批，对方开来的专用发票上注明修理费用 2 000 元，增值税额 340 元，款项已用银行存款支付。（5）建造厂房领用生产用原材料 20 000 元，其购入时支付的增值税为 3 400 元。（6）医务室维修领用原材料 2 000 元，其购入时支付的增值税为 340 元。（7）出售一栋办公楼，出售收入 640 000 元已存入银行。该办公楼的账面原价为 800 000 元，已提折旧 200 000 元，出售过程中用银行存款支付清理费用 10 000 元。销售该项固定资产适用的营业税税率为 5%。要求：编制上述业务会计分录。

3. 甲企业委托乙企业加工用于连续生产的应税消费品。甲、乙两企业均为增值税一般纳税人，适用的增值税税率为 17%，适用的消费税税率为 5%。甲企业对材料采用计划成本核算。有关资料如下：（1）甲企业发出材料一批，计划成本为 70 000 元，材料成本差异率为 2%。（2）按合同规定，甲企业用银行存款支付乙企业加工费 4 600 元（不含增值税），以及相应的增值税和消费税。（3）甲企业用银行存款支付往返运杂费 600 元（不考虑增值税进项税额）。（4）甲企业委托乙企业加工完成后的材料计划成本为 80 000 元，该批材料已验收入库。要求：（1）计算甲企业应支付的增值税和消费税。（2）编制甲企业委托加工材料发出、支付相关税费和入库有关的会计分录（对于"应交税费"账户，需列出明细账户，涉及增值税的，还应列出专栏）。

4. 长江公司为家电生产企业，共有职工 310 人，其中生产工人 200 人，车间管理人员 15 人，行政管理人员 20 人，销售人员 15 人，在建工程人员 60 人。长江公司适用的增值税税率为 17%。2016 年 12 月份发生如下经济业务：（1）本月应付职工资产总额为 380 万元，工资费用分配汇总表中列示的产品生产工人工资为 200 万元，车间管理人员工资为 30 万元，企业行政管理人员工资为 50 万元，销售人员工资 40 万元，在建工程人员工资 60 万元。（2）下设的职工食堂享受企业提供的补贴，本月领用自产产品一批，该产品的账面价值为 8 万元，市场价格为 10 万元（不含增值税），适用的消费税税率为 10%。（3）以其自己生产的某种电暖气发放给公司每名职工，每台电暖气的成本为 800 元，市场售价为每台 1 000 元。（4）为总部部门经理以上职工提供汽车免费使用，为副总裁以上高级管理人员每人租赁一套住房。长江公司现有总部部门经理以上职工共 10 人，假定所提供汽车每月计提折旧 2 万元；现有副总裁以上职工 3 人，所提供住房每月的租金 2 万元。（5）用银行存款支付副总裁以上职工住房租金 2 万元。（6）结算本月应付职工工资总额 380 万元，代扣职工房租 10 万元，企业代垫职工家属医药费 2 万元，代扣个人所得税 20 万元，余款用银行存款支付。（7）上交个人所得税 20 万元。（8）下设的职工食堂维修领用原材料 5 万元，其购入时支付的增值税为 0.85 万元。要求：编制上述业务的会计分录。

# 第三章　所有者权益

所有者权益是企业资产扣除负债后由所有者享有的剩余权利。所有者权益来源于所有者投入的资本、直接计入所有者权益的利得和损失、留存收益等。直接计入所有者权益的利得和损失，是不应计入当期损益、会导致所有者权益发生增减变动的、与所有者投入资本或者向所有者分配利润无关的利得或者损失。

## 第一节　实收资本

企业申请开业，投资者必须投入资本，必须具备国家规定的与其生产经营和服务规模相适应的资金。企业应通过"实收资本"科目反映和监督投资者投入资本的增减变动情况，进行实收资本的核算，维护所有者各方面在企业的权益。

### 一、接受现金资产投资

(一) 股份有限公司以外的企业接受现金资产投资

【例3-1】甲、乙、丙共同投资设立 A 有限责任公司，注册资本为 2 000 000 元，甲、乙、丙持股比例分别为60%，25% 和15%。按照章程规定，甲、乙、丙投入资本分别为 1 200 000 元、500 000 元和 300 000 元。A 公司已如期收到各投资者一次缴足的款项。

实收资本的构成比例是确定所有者在企业所有者权益中所占的份额和参与企业财务经营决策的基础，是企业进行利润分配的依据，是企业清算时确定所有者对净资产的要求权的依据。

借：银行存款　　　　　　　　　　　　　　　　　2 000 000
　　贷：实收资本——甲　　　　　　　　　　　　　　　　1 200 000
　　　　　　　　——乙　　　　　　　　　　　　　　　　　500 000
　　　　　　　　——丙　　　　　　　　　　　　　　　　　300 000

(二) 股份有限公司接受现金资产投资

股份有限公司在核定的股本总额及核定的股份总额的范围内发行股票时，应在实际收到现金资产时进行会计处理。

【例3-2】四川鲲鹏股份有限公司发行普通股 10 000 000 股，每股面值 1 元，每股发行价格 5 元。股票发行成功，股款 50 000 000 元已全部收到。

四川鲲鹏股份有限公司发行股票实际收到的款项为 50 000 000 元，应借记"银行存款"科目；实际发行的股票面值为 10 000 000 元，贷记"股本"科目，差额贷记"资本公积——股本溢价"科目。

四川鲲鹏股份有限公司应记入"资本公积"科目的金额 = 50 000 000 - 10 000 000 = 40 000 000（元），账务处理如下：

借：银行存款　　　　　　　　　　　　　　　　　　　　　50 000 000
　　贷：股本　　　　　　　　　　　　　　　　　　　　　10 000 000
　　　　资本公积——股本溢价　　　　　　　　　　　　　40 000 000

### 二、接受非现金资产投资

企业接受非现金资产投资时，应按投资合同或协议约定价值确定非现金资产价值和在注册资本中应享有的份额。

（一）接受投入固定资产

【例3 - 3】四川鲲鹏有限公司于设立时收到成都天成有限公司作为资本投入的不需要安装的机器设备一台，合同约定该机器设备的价值为 2 000 000 元，增值税进项税额为 340 000 元。

四川鲲鹏有限公司接受成都天成有限公司投入的固定资产按合同约定全额作为实收资本，按 2 340 000 元的金额贷记"实收资本"科目。

借：固定资产　　　　　　　　　　　　　　　　　　　　　2 340 000
　　贷：实收资本——成都天成有限公司　　　　　　　　　2 340 000

（二）接受投入材料物资

【例3 - 4】四川鲲鹏有限公司于设立时收到成都天成有限公司作为资本投入的原材料一批，该批原材料投资合同或协议约定价值为 100 000 元，增值税进项税额为 17 000 元。成都天成有限公司已开具了增值税专用发票。

四川鲲鹏有限公司接受成都天成有限公司投入的原材料按合同约定金额作为实收资本，按 117 000 元的金额贷记"实收资本"科目。

借：原材料　　　　　　　　　　　　　　　　　　　　　　100 000
　　应交税费——应交增值税　　　　　　　　　　　　　　17 000
　　贷：实收资本——成都天成有限公司　　　　　　　　　117 000

（三）接受投入无形资产

【例3 - 5】四川鲲鹏有限公司于设立时收到成都天成有限公司作为资本投入的非专利技术一项，投资合同约定价值为 60 000 元，同时收到成都达发有限公司作为资本投入的土地使用权一项，投资合同约定价值为 80 000 元。

四川鲲鹏有限公司接受成都天成有限公司与成都达发有限公司投入的非专利技术和土地使用权按合同约定全额作为实收资本，分别按 60 000 元和 80 000 元的金额贷记"实收资本"科目。

```
借：无形资产——非专利技术                    60 000
        ——土地使用权                        80 000
    贷：实收资本——成都天成有限公司              60 000
            ——成都达发有限公司                80 000
```

### 三、实收资本（股本）的增减变动

#### （一）实收资本的增加

增加资本有三个途径：投资者追加投资、资本公积转增资本和盈余公积转增资本。资本公积和盈余公积均属于所有者权益，转增资本时应该按照原投资者各出资比例相应增加各投资者的出资额。

【例3－6】甲、乙、丙三人共同投资设立 A 有限责任公司，原注册资本为 4 000 000 元，甲、乙、丙分别出资 500 000 元、2 000 000 元和 1 500 000 元。为扩大经营规模，A 公司注册资本扩大为 5 000 000 元，甲、乙、丙按照原出资比例分别追加投资 125 000 元、500 000 元和 375 000 元。A 公司如期收到甲、乙、丙追加的现金投资。

甲、乙、丙按原出资比例追加实收资本，A 公司分别按照 125 000 元、500 000 元和 375 000 元的金额贷记"实收资本"科目。

```
借：银行存款                        1 000 000
    贷：实收资本——甲                      125 000
            ——乙                        500 000
            ——丙                        375 000
```

【例3－7】经批准，【例3－6】中 A 公司按原出资比例将资本公积 1 000 000 元转增资本。

资本公积 1 000 000 元按原出资比例转增实收资本，A 公司分别按照 125 000 元、500 000 元和 375 000 元的金额贷记"实收资本"科目。

```
借：资本公积                        1 000 000
    贷：实收资本——甲                      125 000
            ——乙                        500 000
            ——丙                        375 000
```

【例3－8】经批准，【例3－6】中 A 公司按原出资比例将盈余公积 1 000 000 元转增资本。

盈余公积 1 000 000 元按原出资比例转增实收资本，A 公司分别按照 125 000 元、500 000 元和 375 000 元的金额贷记"实收资本"科目。

```
借：盈余公积                        1 000 000
    贷：实收资本——甲                      125 000
            ——乙                        500 000
            ——丙                        375 000
```

（二）股本的减少

股份有限公司采用收购本公司股票方式减资的，按股票面值和注销股数计算的总额冲减股本，按注销库存股的账面余额与所冲减股本的差额冲减股本溢价（资本公积）；股本溢价不足冲减的，再冲减盈余公积直至未分配利润。如果购回股票支付的价款低于面值总额的，所注销库存股的账面余额与所冲减股本的差额作为增加股本溢价处理。

【例3-9】A公司2016年12月31日的股本为100 000 000股，面值为1元，资本公积（股本溢价）30 000 000元，盈余公积40 000 000元。经股东大会批准，A公司以现金按每股2元回购本公司股票20 000 000股并注销。

（1）回购本公司股票时：

库存股成本=20 000 000×2=40 000 000（元）

借：库存股　　　　　　　　　　　　　　　　　　　　40 000 000
　　贷：银行存款　　　　　　　　　　　　　　　　　　　　40 000 000

（2）注销本公司股票时：

应冲减的资本公积：20 000 000×2-20 000 000×1=20 000 000（元）

借：股本　　　　　　　　　　　　　　　　　　　　　20 000 000
　　资本公积——股本溢价　　　　　　　　　　　　　20 000 000
　　贷：库存股　　　　　　　　　　　　　　　　　　　　40 000 000

【例3-10】假定【例3-9】中A公司按每股3元回购股票，其他条件不变。

（1）回购本公司股票时：

库存股成本=20 000 000×3=60 000 000（元）

借：库存股　　　　　　　　　　　　　　　　　　　　60 000 000
　　贷：银行存款　　　　　　　　　　　　　　　　　　　　60 000 000

（2）注销本公司股票时：

应冲减的资本公积=20 000 000×3-20 000 000×1=40 000 000（元）

由于应冲减的资本公积大于公司现有的资本公积，所有只能冲减资本公积30 000 000元，剩余的10 000 000元应冲减盈余公积。

借：股本　　　　　　　　　　　　　　　　　　　　　20 000 000
　　资本公积——股本溢价　　　　　　　　　　　　　30 000 000
　　盈余公积　　　　　　　　　　　　　　　　　　　10 000 000
　　贷：库存股　　　　　　　　　　　　　　　　　　　　60 000 000

【例3-11】假定【例3-9】中A公司按每股0.9元回购股票，其他条件不变。

（1）回购本公司股票：

库存股成本=20 000 000×0.9=18 000 000（元）

借：库存股　　　　　　　　　　　　　　　　　　　　18 000 000
　　贷：银行存款　　　　　　　　　　　　　　　　　　　　18 000 000

（2）注销本公司股票时：

应增加的资本公积 = 20 000 000 × 1 - 20 000 000 × 0.9 = 2 000 000（元）

由于折价回购，股本与库存股成本的差额 2 000 000 元应作为增加资本公积处理。

借：股本　　　　　　　　　　　　　　　　　　　　20 000 000
　　贷：库存股　　　　　　　　　　　　　　　　　　　　18 000 000
　　　　资本公积——股本溢价　　　　　　　　　　　　　18 000 000

# 第二节　资本公积

资本公积是企业收到投资者的超出其在企业注册资本（或股本）中所占份额的投资，以及直接计入所有者权益的利得和损失等。资本公积包括资本溢价（股本溢价）和直接计入所有者权益的利得和损失等。

## 一、资本溢价（或股本溢价）的核算

资本溢价（或股本溢价）是企业收到投资者的超出其在企业注册资本（或股本）中所占份额的投资。形成资本溢价（或股本溢价）的原因有溢价发行股票、投资者超额缴入资本等。

1. 资本溢价

【例 3 - 12】A 有限责任公司由两位投资者投资 200 000 元设立，每人各出资 100 000 元。一年后，为扩大经营规模，经批准，A 有限责任公司注册资本增加到 300 000 元，并引入第三位投资者加入。按照投资协议，新投资者需缴入现金 110 000 元，同时享有该公司三分之一的股份。

A 有限责任公司收到第三位投资者的现金投资 110 000 元中，100 000 元属于第三位投资者在注册资本中所享有的份额，应记入"实收资本"科目，10 000 元属于资本溢价，应记入"资本公积——资本溢价"科目。

借：银行存款　　　　　　　　　　　　　　　　　　　110 000
　　贷：实收资本　　　　　　　　　　　　　　　　　　　100 000
　　　　资本公积——资本溢价　　　　　　　　　　　　　　10 000

2. 股本溢价

股本溢价的数额等于股份有限公司发行股票时实际收到的款额超过股票面值总额的部分。在溢价发行股票的情况下，企业发行股票取得的收入，等于股票面值部分作为股本处理，超出股票面值的溢价收入应作为股本溢价处理。发行股票相关的手续费、佣金等交易费用，如果是溢价发行股票的，应从溢价中抵扣，冲减资本公积（股本溢价）；无溢价发行股票或溢价金额不足以抵扣的，应将不足抵扣的部分冲减盈余公积和未分配利润。

【例 3 - 13】B 股份有限公司首次公开发行了普通股 50 000 000 股，每股面值 1 元，每股发行价格为 4 元。B 公司以银行存款支付发行手续费、咨询费等费用共计

6 000 000 元。假定发行收入已全部收到，发行费用已全部支付。

（1）收到发行收入时：

应增加的资本公积 = 50 000 000×（4-1）= 150 000 000（元）。本例中，B 股份有限公司溢价发行普通股，发行收入中等于股票面值的部分 50 000 000 元应记入"股本"科目，发行收入超出股票面值的部分 150 000 000 元记入"资本公积——股本溢价"科目。

借：银行存款                            200 000 000

    贷：股本                            50 000 000

        资本公积——股本溢价           150 000 000

（2）支付发行费用时：

B 股份有限公司的股本溢价 150 000 000 元高于发行中发生的交易费用 6 000 000 元，交易费用可从股本溢价中扣除，作为冲减资本公积处理。

借：资本公积——股本溢价               6 000 000

    贷：银行存款                       6 000 000

## 二、其他资本公积的核算

其他资本公积是指除资本溢价（或股本溢价）项目以外所形成的资本公积，其中主要是直接计入所有者权益的利得和损失。

直接计入所有者权益的利得和损失是不应计入当期损益、会导致所有者权益发生增减变动的、与所有者投入资本或者向所有者分配利润无关的利得或者损失。

企业对某被投资单位的长期股权投资采用权益法核算的，在持股比例不变的情况下，对因被投资单位除净损益以外的所有者权益的其他变动，如果是利得，则应按持股比例计算其应享有被投资企业所有者权益的增加数额；如果是损失，则作相反的分录。在处置长期股权投资时，应转销与该笔投资相关的其他资本公积。

【例 3-14】C 有限责任公司于 2016 年 1 月 1 日向 F 公司投资 8 000 000 元，拥有该公司 20% 的股份，对 F 公司长期股权投资采用权益法核算。2016 年 12 月 31 日，F 公司净损益之外的所有者权益增加了 1 000 000 元。假定除此以外，F 公司的所有者权益没有变化，C 有限责任公司的持股比例没有变化，F 公司资产的账面价值与公允价值一致。

C 有限责任公司增加的资本公积 = 1 000 000×20% = 200 000（元），C 有限责任公司对 F 公司的长期股权投资采用权益法核算，持股比例未发生变化，F 公司发生了除净损益之外的所有者权益的其他变动，C 有限责任公司应按其持股比例计算应享有的 F 公司权益的数额 200 000 元，作为增加其他资本公积处理。

借：长期股权投资——F 公司              200 000

    贷：资本公积——其他资本公积         200 000

## 三、资本公积转增资本的核算

经股东大会或类似机构决议，用资本公积转增资本时，应冲减资本公积，同时按照转增前的实收资本（股本）的结构或比例，将转增的金额记入"实收资本"（股本）科目。

# 第三节 留存收益

留存收益包括盈余公积和未分配利润两个部分。

## 一、利润分配

利润分配是指企业根据国家有关规定和企业章程、投资者协议等，对企业当年可供分配的利润所进行的分配。

利润分配的顺序依次是：

（1）提取法定盈余公积；

（2）提取任意盈余公积；

（3）向投资者分配利润。

未分配利润是经过弥补亏损、提取法定盈余公积、提取任意盈余公积和向投资者分配利润等利润分配之后剩余的利润，是企业留待以后年度进行分配的历年结存的利润。相对于所有者权益的其他部分来说，企业对于未分配利润的使用有较大的自主权.

企业设置"利润分配"科目核算利润的分配（或亏损的弥补）和历年分配（或弥补）后的未分配利润（或未弥补亏损）。"利润分配"科目以"提取法定盈余公积""提取任意盈余公积""应付现金股利或利润""盈余公积补亏""未分配利润"等进行明细核算。企业未分配利润通过"利润分配——未分配利润"明细科目进行核算。年度终了，企业应将全年实现的净利润或发生的净亏损，自"本年利润"科目转入"利润分配——未分配利润"科目一。结转后，"利润分配——未分配利润"科目如为贷方余额，表示累积未分配的利润数额；如为借方余额，则表示累积未弥补的亏损数额。

【例3-15】D股份有限公司年初未分配利润为0，本年实现净利润2 000 000元，本年提取法定盈余公积200 000元，宣告发放现金股利800 000元。

（1）结转本年利润：

借：本年利润                                                      2 000 000

　　贷：利润分配——未分配利润                                          2 000 000

如企业当年发生亏损，则应借记"利润分配——未分配利润"科目，贷记"本年利润"科目。

（2）提取法定盈余公积、宣告发放现金股利：

借：利润分配——提取法定盈余公积                                    200 000

　　　　　　——应付现金股利                                            800 000

　　贷：盈余公积                                                      200 000

　　　　应付股利                                                      800 000

借：利润分配——未分配利润                                          1 000 000

> 贷：利润分配——提取法定盈余公积　　　　　　　　　　　　200 000
> 　　　　　——应付现金股利　　　　　　　　　　　　　　　800 000

"利润分配——未分配利润"明细科目的余额在贷方，贷方余额 1 000 000 元为 D 股份有限公司本年年末的累计未分配利润。

## 二、盈余公积

盈余公积是企业按规定从净利润中提取的企业积累资金，包括法定盈余公积和任意盈余公积。企业提取的盈余公积经批准可用于弥补亏损、转增资本、发放现金股利或利润等。

企业应当按照净利润（减弥补以前年度亏损，下同）的 10% 提取法定盈余公积。法定盈余公积累计额已达注册资本的 50% 时可以不再提取。在计算提取法定盈余公积的基数时，不应包括企业年初未分配利润。

企业可根据股东大会的决议提取任意盈余公积。法定盈余公积和任意盈余公积的区别在于其各自计提的依据不同：前者以国家的法律法规为依据；后者由企业的权力机构自行决定。

（一）提取盈余公积

企业通过"利润分配"和"盈余公积"科目处理盈余公积。

【例 3-16】E 股份有限公司本年实现净利润为 5 000 000 元，年初未分配利润为 0。经股东大会批准，E 股份有限公司按当年净利润的 10% 提取法定盈余公积。

本年提取盈余公积金额 = 5 000 000 × 10% = 500 000（元）

> 借：利润分配——提取法定盈余公积　　　　　　　　　　　　500 000
> 　　贷：盈余公积——法定盈余公积　　　　　　　　　　　　　　500 000

（二）盈余公积补亏

【例 3-17】经股东大会批准，F 股份有限公司用以前年度提取的盈余公积弥补当年亏损，当年弥补亏损的数额为 600 000 元。

> 借：盈余公积　　　　　　　　　　　　　　　　　　　　　　600 000
> 　　贷：利润分配——盈余公积补亏　　　　　　　　　　　　　　600 000

（三）盈余公积转增资本

【例 3-18】经股东大会批准，G 股份有限公司将盈余公积 400 000 元转增股本。

> 借：盈余公积　　　　　　　　　　　　　　　　　　　　　　400 000
> 　　贷：股本　　　　　　　　　　　　　　　　　　　　　　　400 000

（四）用盈余公积发放现金股利或利润

【例 3-19】H 股份有限公司 2015 年 12 月 31 日普通股股本为 50 000 000 股，每股面值 1 元，可供投资者分配的利润为 5 000 000 元，盈余公积 20 000 000 元。2016 年 3 月 20 日，股东大会批准了 2015 年度利润分配方案，以 2015 年 12 月 31 日为登记日，按每股0.2元发放现金股利。H股份有限公司共需要分派10 000 000元现金股利，其中动用可供投资者分配的利润5 000 000元、盈余公积5 000 000元。

以未分配利润和盈余公积发放现金股利，属于以未分配利润发放现金股利的部分5 000 000元应记入"利润分配——应付现金股利"科目，属于以盈余公积发放现金股利的部分5 000 000元应记入"盈余公积"科目。

（1）宣告分派股利时：

| | |
|---|---|
| 借：利润分配——应付现金股利 | 5 000 000 |
| 　　盈余公积 | 5 000 000 |
| 　　贷：应付股利 | 10 000 000 |

（2）支付股利时：

| | |
|---|---|
| 借：应付股利 | 10 000 000 |
| 　　贷：银行存款 | 10 000 000 |

## 练 习 题

### 一、单项选择题

1. 下列各项，能够引起企业所有者权益减少的是（　　）。
   A. 股东大会宣告派发现金股利　　　B. 以资本公积转增资本
   C. 提取法定盈余公积　　　　　　　C. 提取任意盈余公积

2. 某企业于2008年成立，（假定所得税率为33%）当年发生亏损80万元，2009年至2014年每年实现利润总额为10万元。除弥补亏损外，假定不考虑其他纳税调整事项。则2014年年底该企业"利润分配——未分配利润"科目的借方余额为（　　）万元。
   A. 20　　　　　　B. 20.2　　　　　　C. 23.3　　　　　　D. 40

3. 下列各项中，会引起留存收益总额发生增减变动的是（　　）。
   A. 盈余公积转增资本　　　　　　　B. 盈余公积补亏
   C. 资本公积转增资本　　　　　　　D. 用税后利润补亏

4. 企业增资扩股时，投资者实际缴纳的出资额大于按约定比例计算的其在注册资本中所占的份额部分，应作为（　　）。
   A. 资本溢价　　　　　　　　　　　B. 实收资本
   C. 盈余公积　　　　　　　　　　　D. 营业外收入

5. 对有限责任公司而言，如有新投资者介入，新介入的投资者缴纳的出资额大于其按约定比例计算的其在注册资本中所占的份额部分，应记入（　　）科目。
   A. 实收资本　　　　　　　　　　　B. 营业外收入
   C. 资本公积　　　　　　　　　　　D. 盈余公积

6. 某股份制公司委托某证券公司代理发行普通股100 000股，每股面值1元，每股按1.2元的价格出售。按协议，证券公司从发行收入中收取3%的手续费，从发行收入中扣除。则该公司计入资本公积的数额为（　　）元。

    A. 16 400        B. 100 000        C. 116 400        D. 0

7. 企业用当年实现的利润弥补亏损时，应作的会计处理是（　　）。

    A. 借记"本年利润"科目，贷记"利润分配——未分配利润"

    B. 借记"销售股票的会计分录"科目，贷记"本年利润"科目

    C. 借记"利润分配——未分配利润"科目，贷记"利润分配——未分配利润"科目

    D. 无须专门作会计处理

8. 上市公司发生下列交易或事项中，会引起上市公司所有者权益总额发生增减变动的有（　　）。

    A. 发放股票股利                B. 应付账款获得债权人豁免

    C. 以本年利润弥补以前年度亏损    D. 注销库存股

9. 股份有限公司采用收购本公司股票方式减资的，下列说法中正确的是（　　）。

    A. 应按股票面值和注销股数计算的股票面值总额减少股本

    B. 应按股票面值和注销股数计算的股票面值总额减少库存股

    C. 应按股票面值和注销股数计算的股票面值总额增加股本

    D. 应按股票面值和注销股数计算的股票面值总额增加库存股

**二、多项选择题**

1. 下列项目中，属于资本公积核算的内容有（　　）。

    A. 企业收到投资者出资额超出其在注册资本或股本中所占份额的部分

    B. 直接计入所有者权益的利得

    C. 直接计入所有者权益的损失

    D. 企业收到投资者的出资额

2. 下列项目中，能够引起资本公积增减变化的有（　　）。

    A. 企业按规定提取的盈余公积

    B. 外商投资企业按规定提取的储备基金

    C. 外商投资企业按规定提取的职工奖励及福利基金

    D. 外商投资企业按规定提取的企业发展基金

3. 下列各项，属于企业留存收益的有（　　）。

    A. 法定盈余公积                B. 任意盈余公积

    C. 资本公积                      D. 未分配利润

4. 股份有限公司采用收购本公司股票方式减资的，下列说法中正确的有（　　）。

    A. 按股票面值和注销股数计算的股票面值总额减少股本

    B. 按股票面值和注销股数计算的股票面值总额减少库存股

    C. 按所注销库存股的账面余额减少库存股

    D. 购回股票支付的价款底于面值总额的，应按股票面值总额，借记"实收资本"科目或"股本"科目，按所注销库存股的账面余额，贷记"库存股"科目，按其差额，贷记"资本公积——股本溢价"科目

5. 下列项目中，仅影响所有者权益结构发生变动的有（　　）。

    A. 用盈余公积弥补亏损　　　　　　B. 用盈余公积转增资本

    C. 支付超标的业务招待费　　　　　D. 无形资产摊销

6. 下列项目中，能同时引起资产和所有者权益发生增减变化的有（　　）。

    A. 分配股票股利　　　　　　　　　B. 接受现金捐赠

    C. 用盈余公积弥补亏损　　　　　　D. 投资者投入资本

7. 下列事项中，可能引起资本公积变动的有（　　）。

    A. 经批准将资本公积转增资本

    B. 宣告现金股利

    C. 投资者投入的资金大于其按约定比例在注册资本中享有的份额

    D. 直接计入所有者权益的利得

8. 盈余公积可用于（　　）。

    A. 派送新股　　　　　　　　　　　B. 转增资本

    C. 弥补亏损　　　　　　　　　　　D. 发放工资

9. 留存收益属于企业的所有者权益，包括（　　）。

    A. 盈余公积　　　　　　　　　　　B. 未分配利润

    C. 实收资本　　　　　　　　　　　D. 资本公积

## 三、判断题

1. 由于所有者权益和负债都是对企业资产的要求权，因此它们的性质是一样的。
（　　）

2. 处置采用权益法核算的长期股权投资，还应结转原记入资本公积的相关金额，借记或贷记"资本公积（其他资本公积）"科目，借记或贷记"资本公积（资本溢价或股本溢价）"科目。（　　）

3. 用法定盈余公积转增资本或弥补亏损时，均不导致所有者权益总额的变化。
（　　）

4. 用盈余公积转增资本不影响所有者权益总额的变化，但会使企业净资产减少。
（　　）

5. 企业不能用盈余公积扩大生产经营。（　　）

6. 企业接受的原材料投资，其增殖税额不能计入实收资本。（　　）

7. 收入能够导致企业所有者权益增加，但导致所有者权益增加的不一定都是收入。（　　）

8. 当企业投资者投入的资本高于其注册资本时，应当将高出部分计入营业外收入。（　　）

9. 企业接受非现金资产投资时，应将非现金资产按投资各方确认的价值入账。对于投资各方确认的资产价值超过其在注册资本中所占份额的部分，计入营业外收入。（　　）

**四、计算分析题**

1. （1）东方公司 2015 年税后利润为 1 800 000 元，公司董事会决定按 10% 提取法定盈余公积，25% 提取任意盈余公积，分派现金股利 500 000 元（其盈余公积未达注册资本 50%）。

（2）东方公司现有股东情况如下：A 公司占 25%，B 公司占 30%，C 公司占 10%。D 公司占 5%，其他占 30%。经股东大会决议，以盈余公积 500 000 元转增资本，并已办妥转增手续。

（3）2016 年东方公司亏损 100 000 元，决议以盈余公积补亏。

要求：根据以上资料，编制有关会计分录。

2. 甲公司 2016 年 12 月 31 日的股本为 20 000 万股，每股面值为 1 元，资本公积（股本溢价）50 000 万元，盈余公积 3 000 万元。经股东大会批准，甲公司以现金回购本公司股票 3 000 万股并注销。

要求：（1）假定每股回购价为 0.8 元，编制回购股票和购销股票的会计分录。

（2）假定每股回购价为 2 元，编制回购股票和购销股票的会计分录。

（3）假定每股回购价为 3 元，编制回购股票和购销股票的会计分录。

# 第四章 收入

收入是企业在日常活动中形成的、会导致所有者权益增加的、与所有者投入资本无关的经济利益的总流入。收入按性质不同，分为商品销售收入、提供劳务收入、让渡资产使用权的收入。收入按经济业务的主次不同，分为主营业务收入和其他业务收入。

## 第一节 销售商品收入

销售商品收入是企业通过销售商品实现的收入，既包括企业为销售而生产的产品销售收入，也包括企业为转售而购进的商品销售收入。企业销售的其他存货如原材料、包装物等也视同商品销售收入。

### 一、销售商品收入的确认与计量

1. 销售商品收入的确认

同时具备以下五个条件才能确认销售商品收入：

（1）企业已将商品所有权上的主要风险和报酬转移给购货方。

风险是商品由于贬值、损坏或报废等造成的损失，报酬是商品中包含的如商品升值等未来经济利益。企业已将商品所有权上的主要风险和报酬转移给购货方，构成确认销售商品收入的重要条件。

所有权上的风险和报酬是随着商品所有权的凭证的转移或实物的交付而转移的。如果与商品所有权有关的任何损失均不需要销货方承担，与商品所有权有关的任何经济利益也不归销货方所有，就意味着商品所有权上的主要风险和报酬转移给了购货方。

（2）企业既没有保留通常与所有权相联系的继续管理权，也没有对已售出的商品实施有效控制。

企业售出商品后，如果仍然保留与所有权相联系的继续管理权，或是对已售出的商品实施控制，则不能确认相应的销售收入，如销售同时订立回购协议的交易。但如果企业所保留的管理权是所有权无关的，则不影响企业对该收入的确认。

（3）收入的金额能够可靠的计量。

收入能否可靠地计量，是确认收入的基本前提。企业在销售商品时，售价通常已经确定。但销售过程中由于某种不确定因素，也有可能出现售价变动的情况，新的售价未确定前不应确定收入。

（4）与交易相关的经济利益很可能流入企业。

与交易相关的经济利益是销售商品的价款。一般情况下，企业售出的商品符合合同或协议的要求，并已将发票单交付购货方，对方也承诺付款，表明销售商品的价款能够收回，收入也能得到确认。

（5）相关的已发生或将发生的成本能够可靠计量。

销售商品相关的收入和成本能够可靠地计量，是确认收入的基本前提。根据收入与费用配比原则，与同一项销售有关的收入和成本应在同一会计期间予以确认。如果成本不能可靠计量，相关的收入就不能确认。

2. 销售商品收入的计量

企业按照从购货方已收或应收的合同或协议价款确定销售商品收入金额。企业在确定商品销售收入金额时，不考虑各种预计可能发生的现金折扣、销售折让。现金折扣在实际发生时计入当期的财务费用，销售折让在实际发生时冲减当期销售收入。

## 二、销售商品收入的账务处理

### （一）一般销售商品收入业务

符合收入准则所规定的五项确认条件的，应及时确认收入并结转相关销售成本。

1. 交款提货销售商品

交款提货销售商品，是购买方已根据企业开出的发票账单支付货款并取得提货单的销售方式。交款提货销售商品时，若货款已经收到或取得收取货款的凭证，发票账单和提货单已交给购货方，无论商品是否发出，都应确定销售收入实现。

【例 4-1】四川鲲鹏有限公司 2016 年 5 月 8 日年向成都旺盛有限公司销售一批商品，开出的增值税专用发票上注明售价为 300 000 元，增值税税额为 51 000 元；四川鲲鹏有限公司已收到成都旺盛有限公司支付的货款 351 000 元，并将提货单送交成都旺盛有限公司，该批商品成本为 240 000 元。

（1）确认销售收入：

借：银行存款                  351 000

    贷：主营业务收入              300 000

        应交税费——应交增值税（销项税额）    51 000

（2）结转销售成本：

借：主营业务成本               240 000

    贷：库存商品                240 000

2. 托收承付和委托银行收款结算的方式销售

托收承付和委托银行收款结算的方式销售商品时，以商品产品已经发出或劳务已经提供，并已经将发票、账单及运输部门的提货单等有关单据提交给银行并办妥托收手续确定销售收入的实现。

【例 4-2】四川鲲鹏有限公司 2016 年 5 月 5 日发给成都发信有限公司甲产品 1 000 件，成本 350 000 元，增值税专用发票注明货款 500 000 元，增值税额 85 000 元，代垫运杂费 10 000 元，已向银行办妥托收手续。

（1）确认销售收入：

借：应收账款                                                            595 000

　　贷：银行存款                                                          10 000

　　　　主营业务收入                                                    500 000

　　　　应交税费——应交增值税（销项税额）                                 85 000

（2）结转销售成本：

借：主营业务成本                                                        350 000

　　贷：库存商品                                                        350 000

3. 采取分期收款方式销售

采取分期收款方式销售时，以本期收到的现款或以合同约定的本期应收现款的日期确定本期收入的实现。

【例 4-3】四川鲲鹏有限公司采用分期收款方式向成都克准有限公司销售产品 10 件，每件售价 5 万元，计 50 万元。合同约定分四次等额付款。该产品单位成本 3 万元，增值税率 17%。

（1）发出商品时：

借：分期收款发出商品                                                    300 000

　　贷：库存商品                                                        300 000

（2）取得第一次货款时：

借：银行存款                                                            146 250

　　贷：主营业务收入                                                    125 000

　　　　应交税费——应交增值税（销项税额）                                 21 250

借：主营业务成本                                                         75 000

　　贷：分期收款发出商品                                                 75 000

以后三次取得货款时会计处理同上。

4. 预收货款方式销售

预收货款方式销售时，在商品发出或劳务提供给接受方确定收入的实现。

【例 4-4】四川鲲鹏有限公司 2016 年 5 月 18 日向成都大发商场采用预收货款方式销售甲产品。当日按合同规定向成都大发商场预收货款 500 000 元；5 月 28 日按合同规定向成都大发商场发出甲产品 800 件，增值税发票注明价款 400 000 元，增值税额 68 000 元，同时将多余的款项退成都大发商场。

（1）预收成都大发商场货款时

借：银行存款                                                            500 000

　　贷：预收账款                                                        500 000

（2）发出商品确认销售收入时

借：预收账款                                                            468 000

　　贷：主营业务收入                                                    400 000

　　　　应交税费——应交增值税（销项税额）                                 68 000

　　　　银行存款　　　　　　　　　　　　　　　　　　　　　32 000

5. 委托其他单位代销方式销售

委托其他单位代销方式销售时，在代销的商品已经售出，收到代销单位的代销清单时确定销售收入的实现。

【例4－5】四川鲲鹏有限公司委托成都发发有限公司销售商品200件，商品已经发出，每件成本为60元。合同约定成都发发有限公司应按每件100元对外销售，四川鲲鹏有限公司按售价的10%向成都发发有限公司支付手续费。成都发发有限公司对外实际销售100件，开出的增值税专用发票上注明的销售价格为10 000元，增值税税额为1 700元，款项已经收到。四川鲲鹏有限公司收到成都发发有限公司开具的代销清单时，向成都发发有限公司开具一张相同金额的增值税专用发票。

（1）发出商品时：

借：委托代销商品　　　　　　　　　　　　　　　　　　12 000

　　贷：库存商品　　　　　　　　　　　　　　　　　　　12 000

（2）收到代销清单时：

代销手续费金额＝10 000×10%＝1 000（元）

借：应收账款　　　　　　　　　　　　　　　　　　　　11 700

　　贷：主营业务收入　　　　　　　　　　　　　　　　　10 000

　　　　应交税费——应交增值税（销项税额）　　　　　　1 700

借：主营业务成本　　　　　　　　　　　　　　　　　　 6 000

　　贷：委托代销商品　　　　　　　　　　　　　　　　　 6 000

借：销售费用　　　　　　　　　　　　　　　　　　　　 1 000

　　贷：应收账款　　　　　　　　　　　　　　　　　　　 1 000

（3）收到成都发发有限公司支付的货款时：

借：银行存款　　　　　　　　　　　　　　　　　　　　10 700

　　贷：应收账款　　　　　　　　　　　　　　　　　　　10 700

6. 采用商业汇票方式销售

采用商业汇票方式销售时，在发出商品和取得商业汇票后确定销售收入的实现。

【例4－6】四川鲲鹏有限公司2016年5月10日向重庆蓉旺有限公司销售商品一批，开出的增值税专用票上注明售价为400 000元，增值税额为68 000元；四川鲲鹏有限公司收到重庆蓉旺有限公司开出的不带息银行承兑汇票一张，票面金额为468 000元，期限为2个月；该批商品已经发出，四川鲲鹏有限公司以银行存款代垫运杂费2 000元；该批商品成本为320 000元。

（1）确认销售收入：

借：应收票据　　　　　　　　　　　　　　　　　　　468 000

　　应收账款　　　　　　　　　　　　　　　　　　　　2 000

　　贷：主营业务收入　　　　　　　　　　　　　　　　400 000

　　　　应交税费——应交增值税（销项税额）　　　　　 68 000

  银行存款                   2 000

 （2）结转销售成本：

 借：主营业务成本               320 000

  贷：库存商品                320 000

（二）已经发出但不符合销售商品收入确认条件的商品的处理

  如果企业售出商品不符合销售商品收入确认的五项条件，不应确认收入。为了单独反映已经发出但尚未确认销售收入的商品成本，企业应增设"发出商品"科目。"发出商品"科目核算已经发出但尚未确认销售收入的商品成本。

  发出的商品不符合收入确认条件，但如果该商品的纳税义务已经发生，已经开出增值税专用发票，则应确认应交的增值税销项税额。借记"应收账款"等科目，贷记"应交税费——应交增值税（销项税额）"科目。

  【例4-7】假设【例4-2】四川鲲鹏有限公司2016年5月5日发给成都发信有限公司的1 000件产品，（成本350 000元，增值税专用发票注明货款500 000元，增值税额85 000元，代垫运杂费10 000元，已向银行办妥托收手续。）在发出商品并办妥托收手续后得知，成都发信有限公司在另一笔交易中发生巨额损失，资金周转紧张，经与成都发信有限公司交涉，此项收入本月收回的可能性不大。决定不确认收入。7月20日，成都发信有限公司财务状况已经好转并承诺付款。

 （1）5月5日发出商品：

 借：发出商品                350 000

  贷：库存商品——甲            350 000

 （2）将增值税额、代垫付运杂费入应收账款：

 借：应收账款——成都发信有限公司       95 000

  贷：应交税费——应交增值税（销项税额）    85 000

   银行存款               10 000

 （3）7月20日确认收入：

 借：应收账款——成都发信有限公司      500 000

  贷：主营业务收入            500 000

 借：主营业务成本             350 000

  贷：发出商品              350 000

（三）商业折扣、现金折扣和销售折让的处理

  在确定销售商品收入的金额时，应注意区分现金折扣、商业折扣和销售折让。

1. 商业折扣

  商业折扣是企业为促进商品销售而在商品标价上给予的价格扣除。例如，购买10件以上商品给予10%的折扣，或客户买10件送1件，或降价（打折）销售。商业折扣在销售时已发生，不构成最终成交价格的一部分。企业销售商品涉及商业折扣的，应当按照扣除商业折扣后的金额确定销售商品收入金额。

2. 现金折扣

现金折扣是债权人为鼓励债务人在规定的期限内付款而向债务人提供的债务扣除。现金折扣用符号"折扣率/付款期限"表示，例如，"2/10，1/20，n/30"表示：销货方允许客户最长的付款期限为30天，如果客户在10天内付款；销货方可按商品售价给予客户2%的折扣；如果客户在20天内付款，销货方可按商品售价给予客户1%的折扣；如果客户在30天内付款，将不能享受现金折扣。

企业销售商品后现金折扣是否发生以及发生多少要视买方的付款情况而定，在确认销售商品收入时不能确定现金折扣金额。因此，企业销售商品涉及现金折扣的，应当按照扣除现金折扣前的金额确定销售商品收入金额。现金折扣是企业为了尽快回笼资金而发生的理财费用，在实际发生时计入当期财务费用。

计算现金折扣时，应注意是按不包含增值税的价款提供现金折扣，还是按包含增值税的销售商品收入价款提供现金折扣，两种情况下购买方享有的现金折扣金额不同。例如，销售价格为1 000元的商品，增值税税额为170元，购买方应享有的现金折扣为1%。如果购销双方约定计算现折扣时不考虑增值税，则购买方应享有的现金折扣金额为10元；如果购销双方约定计算现折扣时一并考虑增值税，则购买方享有的现金折扣金额为11.7元。

【例4-8】四川鲲鹏有限公司在2016年6月11日向成都跃飞有限公司销售一批商品1 000件，增值税发标上注明的售价100 000元，增值税额17 000元，（成本8 000元）。四川鲲鹏有限公司为了及早收回货款而在合同中规定符合现金折扣的条件为：2/10，1/20，n/30。假定买方在6月19日、或6月26日、或7月20日付清货款，购销双方约定计算现金折扣时不考虑增值税

（1）6月11日：

| 借：应收账款——成都跃飞有限公司 | 117 000 | |
| 贷：主营业务收入 | | 100 000 |
| 应交税费——应交增值税（销项税额） | | 17 000 |
| 借：主营业务成本 | 80 000 | |
| 贷：库存商品 | | 80 000 |

（2）6月19日收到货款时：

| 借：银行存款 | 115 000 | |
| 财务费用 | 2 000 | |
| 贷：应收账款 | | 117 000 |

（3）6月26日收到货款时：

| 借：银行存款 | 116 000 | |
| 财务费用 | 1 000 | |
| 贷：应收账款 | | 117 000 |

（4）7月20日收到货款时：

| 借：银行存款 | 117 000 | |
| 贷：应收账款 | | 11 700 |

3. 销售折让

销售折让是企业因售出商品的质量不符合要求等原因而在售价上给予的减让。企业将商品销售给买方后，如买方发现商品在质量、规格等方面不符合要求，可能要求卖方在价格上给予一定的减让。

销售折让如发生在确认销售收入之前，则应在确认销售收入时直接按扣除销售折让后的金额确认；已确认销售收入的售出商品发生销售折让，且不属于资产负债表日后事项的，应在发生时冲减当期销售商品收入，如按规定允许扣减增值税额的，还应冲减已确认的应交增值税销项税额。

【例4-9】四川鲲鹏有限公司销售一批商品给成都程程有限公司，开出的增值税专用发票上注明的售价为100 000元，增值税税额为17 000元。该批商品的成本为70 000元。货到后成都程程有限公司发现商品质量不合格，要求在价格上给予5%的折让。成都程程有限公司提出的销售折让要求符合原合同的约定，四川鲲鹏有限公司同意并办妥了相关手续，开具了增值税专用发票（红字）。假定此前四川鲲鹏有限公司已确认该批商品的销售收入，销售款项尚未收到，发生的销售折让允许扣减当期增值税销项税额。

（1）销售实现时：

借：应收账款    117 000
    贷：主营业务收入    100 000
        应交税费——应交增值税（销项税额）    17 000

借：主营业务成本    70 000
    贷：库存商品    70 000

（2）发生销售折让时：

借：主营业务收入    5 000
    应交税费——应交增值税（销项税额）    850
    贷：应收账款——成都程程有限公司    5 850

（3）实际收到款项时：

借：银行存款    111 150
    贷：应收账款——成都程程有限公司    111 150

如假定发生销售折让前，因该项销售在货款回收上存在不确定性，四川鲲鹏有限公司未确认该批商品的销售收入，纳税义务也未发生；发生销售折让后2个月，成都程程有限公司承诺近期付款。

（1）发出商品时：

借：发出商品    70 000
    贷：库存商品    70 000

（2）成都程程有限公司承诺付款时：

借：应收账款    111 150
    贷：主营业务收入    95 000
        应交税费——应交增值税（销项税额）    16 150

借：主营业务成本 70 000

　　贷：发出商品 70 000

（3）实际收到款项时：

借：银行存款 111 150

　　贷：应收账款——成都程程有限公司 111 150

（四）销售退回的处理

售出商品发生的销售退回，应当分不同情况进行会计处理：一是尚未确认销售商品收入的售出商品发生销售退回的，应当冲减"发出商品"，同时增加"库存商品"；二是已确认销售商品收入的售出商品发生销售退回的，除属于资产负债表日后事项外，一般应在发生时冲减当期销售商品收入，同时冲减当期销售商品成本，如按规定允许扣减增值税税额的，应同时冲减已确认的应交增值税销项税额。如该项销售退回已发生现金折扣的，应同时调整相关财务费用的金额。

【例4-10】四川鲲鹏有限公司2016年9月5日收到成都中铁有限公司因质量问题而退回的商品10件，每件商品成本为510元。该批商品系四川鲲鹏有限公司2016年6月2日出售给乙公司，每件商品售价为300元，适用的增值税税率为17%，货款尚未收到，四川鲲鹏有限公司尚未确认销售商品收入。因成都中铁有限公司提出的退货要求符合销售合同约定，四川鲲鹏有限公司同意退货，并按规定向成都中铁有限公司开具了增值税专用发票（红字）。

四川鲲鹏有限公司应在验收退货入库时作如下会计分录：

借：库存商品 5 100

　　贷：发出商品 5 100

【例4-11】四川鲲鹏有限公司2016年3月20日销售A商品一批，增值税专用发票上注明售价为300 000元，增值税税额为51 000元；该批商品成本为180 000元。A商品于2016年3月20日发出，购货方于3月27日付款。四川鲲鹏有限公司对该项销售确认了销售收入。2016年9月15日，该批商品质量出现严重问题，购货方将该批商品全部退回给四川鲲鹏有限公司，四川鲲鹏有限公司同意退货，于退货当日支付了退货款，并按规定向购货方开具了增值税专用发票（红字）。

四川鲲鹏有限公司会计处理如下：

（1）销售实现时：

借：应收账款 351 000

　　贷：主营业务收入 300 000

　　　　应交税费——应交增值税（销项税额） 51 000

借：主营业务成本 180 000

　　贷：库存商品 180 000

（2）收到货款时：

借：银行存款 351 000

　　贷：应收账款 351 000

（3）销售退回时：

　　借：主营业务收入　　　　　　　　　　　　　　　　　　300 000

　　　　应交税费——应交增值税（销项税额）　　　　　　　 51 000

　　　　贷：银行存款　　　　　　　　　　　　　　　　　　　351 000

　　借：库存商品　　　　　　　　　　　　　　　　　　　　180 000

　　　　贷：主营业务成本　　　　　　　　　　　　　　　　　180 000

【例4-12】四川鲲鹏有限公司在2016年3月18日向成都华发有限公司销售一批商品，开出的增值税专用发票上注明售价为50 000元，增值税额为8 500元。该批商品成本为26 000元。为及早收回货款，四川鲲鹏有限公司和成都华发有限公司约定的现金折扣条件为2/10，1/20，n/30。成都华发有限公司在2016年3月27日支付货款。2016年7月5日，该批商品应质量问题被成都华发有限公司退回，四川鲲鹏有限公司公司当日支付有关退货款。假定计算现金折扣时不考虑增值税。

　　四川鲲鹏有限公司公司会计处理如下：

　　（1）2016年3月18日销售实现时：

　　借：应收账款——成都华发有限公司　　　　　　　　　　 58 500

　　　　贷：主营业务收入　　　　　　　　　　　　　　　　　 50 000

　　　　　　应交税费——应交增值税（销项税额）　　　　　　　8 500

　　借：主营业务成本　　　　　　　　　　　　　　　　　　 26 000

　　　　贷：库存商品　　　　　　　　　　　　　　　　　　　 26 000

　　（2）2016年3月27日收到货款时，发生现金折扣1 000（50 000×2%）元，实际收款58 500-1 000=57 500元：

　　借：银行存款　　　　　　　　　　　　　　　　　　　　 57 500

　　　　财务费用　　　　　　　　　　　　　　　　　　　　　 1 000

　　　　贷：应收账款　　　　　　　　　　　　　　　　　　　 58 500

　　（3）2016年7月5日发生销售退回时：

　　借：主营业务收入　　　　　　　　　　　　　　　　　　 50 000

　　　　应交税费——应交增值税（销项税额）　　　　　　　　8 500

　　　　贷：银行存款　　　　　　　　　　　　　　　　　　　 57 500

　　　　　　财务费用　　　　　　　　　　　　　　　　　　　　1 000

　　借：库存商品　　　　　　　　　　　　　　　　　　　　 26 000

　　　　贷：主营业务成本　　　　　　　　　　　　　　　　　 26 000

（五）销售材料等存货的处理

　　销售原材料、包装物等存货也视同商品销售，收入确认和计量原则商品销售相同，实现的收入作为其他业务收入，结转的相关成本作为其他业务成本。企业设置"其他业务收入""其他业务成本"科目核算销售原材料、包装物等存货实现的收入以及结转的相关成本。

　　"其他业务收入"科目核算企业除主营业务活动以外的其他经营活动实现的收入，

包括销售材料、出租包装物和商品、出租固定资产、出租无形资产等实现的收入。"其他业务收入"科目贷方登记企业实现的各项其他业务收入,借方登记期末结转入"本年利润"科目的其他业务收入,结转后应无余额。

"其他业务成本"科目核算企业除主营业务活动以外的其他经营活动所发生的成本,包括销售材料的成本、出租固定资产的折旧额、出租无形资产的摊销额、出租包装物的成本或摊销额。"其他业务成本"科目借方登记企业结转或发生的其他业务成本,贷方登记期末结转入"本年利润"科目的其他业务成本,结转后应无余额。

【例4-12】四川鲲鹏有限公司销售一批原材料,开出的增值税专用发票上注明的售价为10 000元,增值税税额为1 700元,款项已由银行收妥。该批原材料的实际成本为9 000元。

(1)取得原材料销售收入:

借:银行存款　　　　　　　　　　　　　　　　　11 700

　　贷:其他业务收入　　　　　　　　　　　　　　10 000

　　　　应交税费——应交增值税(销项税额)　　　 1 700

(2)结转已销原材料的实际成本:

借:其他业务成本　　　　　　　　　　　　　　　　9 000

　　贷:原材料　　　　　　　　　　　　　　　　　9 000

# 第二节　提供劳务收入

提供劳务收入是企业从事建筑安装、修理修配、交通运输、仓储租赁、金融保险、邮电通信、咨询经纪、文化体育、科学研究、技术服务、教育培训、餐饮住宿、中介代理的收入。

## 一、提供劳务收入的确认和计量

会计核算中,提供的劳务是否跨年度是一个划分标准。不跨年度的劳务,提供劳务收入按完成合同确认,确认的金额为合同或协议的总金额,确认时参照销售商品收入的确认原则。跨年度的劳务,提供劳务收入在资产负债表日劳务的结果是否能够可靠地予以估计来加以确认。

### (一)在资产负债表日,劳务的结果能够可靠地估计

在资产负债表日,提供劳务的结果能够可靠地估计,则应采用完工百分比法确认劳务收入。完工百分比法是按照劳务的完成程度确认收入和费用的方法。采用完工百分比法确认收入时,收入与相关费用计算公式为:

本年确认的收入=劳务总收入×本年末止劳务的完成程度-以前年度已确认的收入

本年确认的费用=劳务总成本×本年末止劳务的完成程度-以前年度已确认的费用

提供劳务的交易结果如同时满足以下条件,则能够可靠地估计。

1. 劳务总收入和总成本能够可靠地计量

劳务总收入一般根据双方签订的合同或协议注明的交易总金额确定。随着劳务的不断提供，可能会根据实际情况增加或减少交易总金额，企业应及时调整劳务总收入。劳务总成本包括至资产负债表日止已经发生的成本和完成劳务将要发生的成本。

2. 与交易相关的经济利益能够流入企业

只有当与交易相关的经济利益能够流入企业时，企业才能确认收入。企业可以从接受劳务方的信誉、以往的经验以及双方应结算和期限达成的协议等方面进行判断。

3. 劳务的完工程度能够可靠地确定

确定劳务的完工程度可以采用以下方法：

（1）已完工作的测量，由专业测量师对已经提供的劳务进行测量，并按一定方法计算确定提供劳务交易的完工程度。

（2）已经提供的劳务占应提供劳务总量的比例，主要以劳务量为标准确定提供劳务交易的完工程度。

（3）已经发生的成本占估计总成本的比例。

（二）在资产负债表日，劳务交易的结果不能可靠地估计

在资产负债表日，如不能可靠地估计所提供劳务的交易结果，企业不能按完工百分比法确认收入。这时应正确预计已经收回或将要收回的款项能弥补多少已经发生的成本，分别以下列情况进行处理：

已经发生的劳务成本预计能够得到补偿的，应按已经发生的劳务成本金额确认收入；同时按相同的金额结转成本，不确认利润。

已经发生的劳务成本预计只能部分地得到补偿的，应按能够得到补偿的劳务成本金额确认收入，并按已经发生的劳务成本结转成本。确认的收入金额小于已经发生的劳务成本的金额，确认为当期损失。

已经发生的劳务成本预计全部不能得到补偿的，不应确认收入，但应将发生的劳务成本确认为当期费用。

## 二、提供劳务收入的账务处理

（一）在同一会计期间内开始并完成的劳务的账务处理

对于一次就能完成的劳务，或在同一会计期间内开始并完成的劳务，应在提供劳务交易完成时确认收入。

提供劳务如属于企业的主营业务，所实现的收入作为主营业务收入处理，结转的相关成本作为主营业务成本处理；如属于主营业务以外的其他经营活动，所实现的收入作为其他业务收入处理，结转的相关成本作为其他业务成本处理。企业对外提供劳务发生的支出先在"劳务成本"科目核算，待确认为费用时，再由"劳务成本"科目转入"主营业务成本"或"其他业务成本"科目。

【例4-13】四川鲲鹏有限公司于2016年3月10日接受一项可一次完成设备安装的任务，合同总价款为9 000元，已收妥存入银行，实际发生安装成本5 000元。安装

业务是四川鲲鹏有限公司的主营业务。

| | | |
|---|---|---|
| 借：银行存款 | | 9 000 |
| 贷：主营业务收入 | | 9 000 |
| 借：主营业务成本 | | 5 000 |
| 贷：银行存款等 | | 5 000 |

（二）劳务的开始和完成分属不同的会计期间的账务处理

在采用完工百分比确认劳务收入的情况下，提供劳务收入确认时，应按确定的收入金额，借记"应收账款""银行存款"等科目，贷记"主营业务收入"科目。结转成本时，借记"主营业务成本"科目，贷记"劳务成本"科目。

【例4-14】四川鲲鹏有限公司于2016年11月受托为成都达发有限公司培训的一批学员，培训期为6个月，11月1日开学。双方签订的协议注明，成都达发有限公司应支付培训费总额为60 000元，分三次支付：第一次在开学时预付；第二次在培训期中间，即2017年2月1日支付；第三次在培训结束时支付，每期支付20 000元。成都达发有限公司已在11月1日预付第一期款项。2016年12月31日，四川鲲鹏有限公司得知成都达发有限公司当年效益不好，经营发生困难，对后两次的培训费是否能收回没有把握。因此四川鲲鹏有限公司只将已经发生的培训费用30 000元（假定均为培训人员工资费用）中能够得到补偿的部分（即20 000元）确认为收入，并将发生的3 000元成本全部确认为当年费用。

（1）2016年11月1日，收到成都达发有限公司预付的培训费时：

| | | |
|---|---|---|
| 借：银行存款 | | 20 000 |
| 贷：预收账款 | | 20 000 |

（2）四川鲲鹏有限公司发生成本时：

| | | |
|---|---|---|
| 借：劳务成本 | | 30 000 |
| 贷：应付职工薪酬 | | 30 000 |

（3）2016年12月31日，确认收入并结转成本：

| | | |
|---|---|---|
| 借：预收账款 | | 20 000 |
| 贷：主营业务收入 | | 20 000 |
| 借：主营业务成本 | | 30 000 |
| 贷：劳务成本 | | 30 000 |

【例4-15】四川鲲鹏有限公司于2016年10月5日为客户订制一套软件，工期大约5个月，合同总收入4 000 000元，至2016年12月31日发生成本2 200 000元（假定均为开发人员工资），预收账款2 500 000元。预计开发完整软件还将发生成本800 000元。2016年12月31日经专业测量师测量，软件的开发完成程序为60%。

2016年确认收入 = 劳务总收入 × 劳务的完成程度 - 以前年度已确认的收入

$$= 4\,000\,000 \times 60\% - 0 = 2\,400\,000（元）$$

2016年确认费用 = 劳务总成本 × 劳务的完成程度 - 以前年度已确认的费用

$$= (2\,200\,000 + 800\,000) \times 60\% - 0 = 1\,800\,000（元）$$

（1）发生成本时：

借：劳务成本 　　　　　　　　　　　　　　　　　　　　　2 200 000

　　贷：应付职工薪酬 　　　　　　　　　　　　　　　　　　　　　　2 200 000

（2）预收款项时：

借：银行存款 　　　　　　　　　　　　　　　　　　　　　2 500 000

　　贷：预收账款 　　　　　　　　　　　　　　　　　　　　　　　　2 500 000

（3）确认收入：

借：预收账款 　　　　　　　　　　　　　　　　　　　　　2 400 000

　　贷：主营业务收入 　　　　　　　　　　　　　　　　　　　　　　2 400 000

（4）结转成本：

借：主营业务成本 　　　　　　　　　　　　　　　　　　　1 800 000

　　贷：劳务成本 　　　　　　　　　　　　　　　　　　　　　　　　1 800 000

【例4-16】四川鲲鹏有限公司于 2016 年 11 月 1 日接受一项产品安装任务，安装期 3 个月，合同总收入 300 000 元，至年底已预收款项 220 000 元，实际发生成本 140 000 元（均为安装人员工资），估计还会发生 60 000 元。按实际发生的成本占估计总成本的比例确定劳务的完成程度。

实际发生的成本占估计总成本的比例 ＝ 140 000 ÷ （140 000 ＋ 60 000） ＝ 70%

2016 年确认收入 ＝ 300 000 × 70% － 0 ＝ 210 000 （元）

2016 年结转成本 ＝ 200 000 × 70% － 0 ＝ 140 000 （元）

（1）实际发生成本时：

借：劳务成本 　　　　　　　　　　　　　　　　　　　　　140 000

　　贷：应付职工薪酬 　　　　　　　　　　　　　　　　　　　　　　140 000

（2）预收账款时：

借：银行存款 　　　　　　　　　　　　　　　　　　　　　220 000

　　贷：预收账款 　　　　　　　　　　　　　　　　　　　　　　　　220 000

（3）12 月 31 日确认收入：

借：预收账款 　　　　　　　　　　　　　　　　　　　　　210 000

　　贷：主营业务收入 　　　　　　　　　　　　　　　　　　　　　　210 000

（4）结转成本：

借：主营业务成本 　　　　　　　　　　　　　　　　　　　140 000

　　贷：劳务成本 　　　　　　　　　　　　　　　　　　　　　　　　140 000

## 第三节　让渡资产使用权收入

让渡资产使用权收入包括出租固定资产取得的租金、进行债权投资收取的利息、进行股权投资取得的现金股利等利息收入，以及让渡无形资产等资产使用权的使用费收入。

## 一、让渡资产使用权收入的确认条件

让渡资产使用权的使用费收入同时满足下列条件的，才能予以确认：

### （一）相关的经济利益很可能流入企业

企业应当根据对方企业的信誉、生产经营情况、双方就结算方式和期限等达成的合同或协议条款等因素，综合进行判断使用费收入金额是否有可能收回，如果收回的可能性不大，就不应确认收入。

### （二）收入的金额能够可靠地计量

让渡资产使用权的使用费收入金额能够可靠计量时，才能确认收入。使用费收入金额，应按照有关合同或协议约定的收费时间和方法计算确定。

（1）使用费一次性收取，且不提供后续服务的，应当视同销售该项资产一次性确认收入；

（2）使用费一次性收取，但提供后续服务的，应在合同或协议规定的有效期内分期确认收入；

（3）使用费分期收取，应按合同或协议规定的收款时间和金额或规定的收费方法计算确定的金额分期确认收入。

## 二、让渡资产使用权收入的账务处理

企业设置"其他业务收入"科目核算让渡资产使用权的使用费收入；所让渡资产计提的摊销额等，通过"其他业务成本"科目核算。

【例4-17】四川鲲鹏有限公司向成都跃发有限公司转让软件的使用权，一次性收取使用费80 000元，不提供后续服务，款项已经收回。

借：银行存款　　　　　　　　　　　　　　　　　80 000
　　贷：其他业务收入　　　　　　　　　　　　　　　　80 000

【例4-18】四川鲲鹏有限公司于2016年1月1日向成都华成有限公司转让专利权的使用权，协议约定转让期为5年，每年年末收取使用费300 000元，2016年年末使用费已存入银行。2016年专利权计提的摊销额为120 000元，每月计提金额为10 000元。

（1）2016年年末确认使用费收入：

借：银行存款　　　　　　　　　　　　　　　　　300 000
　　贷：其他业务收入　　　　　　　　　　　　　　　　300 000

（2）2016年每月计提专利权摊销额：

借：其他业务成本　　　　　　　　　　　　　　　　10 000
　　贷：累计摊销　　　　　　　　　　　　　　　　　　10 000

【例4-19】四川鲲鹏有限公司向成都华飞有限公司转让商品的商标使用权，约定成都华飞有限公司每年年末按年销售收入的10%支付使用费，使用期10年。第一年，成都华飞有限公司实现销售收入1 200 000元；第二年，成都华飞有限公司实现销售收入 1 800 000 元。假定四川鲲鹏有限公司均于每年年末收到使用费。

（1）第一年年末确认使用费收入：

应确认的使用费收入 = 1 200 000 × 10% = 120 000（元）

借：银行存款　　　　　　　　　　　　　　　　　　　　120 000

　　贷：其他业务收入　　　　　　　　　　　　　　　　　　　120 000

（2）第二年年末确认使用费收入：

应确认的使用费收入 = 1 800 000 × 10% = 180 000（元）

借：银行存款　　　　　　　　　　　　　　　　　　　　180 000

　　贷：其他业务收入　　　　　　　　　　　　　　　　　　　180 000

# 第四节　政府补助收入

政府补助是企业从政府无偿取得除政府作为企业所有者投入的资本外的货币性资产或非货币性资产。其中，"政府"既包括各级人民政府以及政府组成部门、政府直属机构等，也包括视同为"政府"的联合国、世界银行等类似国际组织。

## 一、政府补助的特征

1. 无偿性

无偿性是政府不因政府补助享有企业的所有权，企业将来也不需要以提供服务、转让资产等方式偿还。

2. 政府补助通常附有条件

政府补助附有一定条件，企业经过法定程序申请取得政府补助后，应当按照政府规定的用途使用该项补助。

3. 直接取得资产

政府补助是企业从政府直接取得的资产，包括货币性资产和非货币性资产。如财政拨款、先征后返或征即退等方式返还的税款等。

4. 政府资本性投入资本不属于政府补助

政府如以企业所有者身份向企业投入资本，将拥有企业相应的所有权，分享企业利润，属于政府与企业之间互惠交易的投资者与被投资者的关系。

## 二、政府补助的主要形式

1. 财政拨款

财政拨款是政府为了支出企业而无偿拨付的款项。符合申报条件的企业才能申报拨款，同时附有明确的使用条件，政府在批准拨款时规定了资金的具体用途。如财政部门拨付给企业的粮食定额补贴等。

2. 财政贴息

财政贴息是政府为支持特定领域或区域发展，根据国家宏观经济形势和政策目标，对承贷企业的银行贷款利息给予的补贴。

3. 税收返还

税收返还是政府按照国家有关规定采取先征后返（退）、即征即退等办法向企业返还的税款，属于以税收优惠形式给予的一种政府补助。直接减征、免征、增加计税抵扣额、抵免部分税额等形式的税收优惠，不作为政府补助。

### 三、政府补助的账务处理

（一）与资产相关的政府补助的处理

与资产相关的政府补助是企业取得的用于购建或以其他方式形成长期资产的政府补助。

资产相关的政府补助应当确认为递延收益，然后自相关资产可供使用时起，在该项资产使用寿命内平均分配，计入当期营业外收入。

【例 4-20】2007 年 1 月 1 日，政府拨付 A 企业 500 万元财政拨款（同日到账），要求用于购买大型科研设备 1 台；并规定若有结余，留归企业自行支配。2007 年 2 月 1 日，A 企业购入大型设备（假设不需安装），实际成本为 480 万元，使用寿命为 10 年。2016 年 2 月 1 日，A 企业出售了这台设备。假定该设备预计净残值为零，采用直线法计提折旧。

（1）2007 年 1 月 1 日实际收到财政拨款，确认政府补助：

借：银行存款　　　　　　　　　　　　　　　　　5 000 000
　　贷：递延收益　　　　　　　　　　　　　　　　　　5 000 000

（2）2007 年 2 月 1 日购入设备：

借：固定资产　　　　　　　　　　　　　　　　　4 800 000
　　贷：银行存款　　　　　　　　　　　　　　　　　　4 800 000

（3）在该项固定资产的使用期间，每个月计提折旧和分配递延收益：

借：研发支出　　　　　　　　　　　　　　　　　　40 000
　　贷：累计折旧　　　　　　　　　　　　　　　　　　　40 000
借：递延收益　　　　　　　　　　　　　　　　　　41 667
　　贷：营业外收入　　　　　　　　　　　　　　　　　　41 667

（4）2016 年 2 月 1 日出售该设备：

借：固定资产清理　　　　　　　　　　　　　　　960 000
　　累计折旧　　　　　　　　　　　　　　　　3 840 000
　　贷：固定资产　　　　　　　　　　　　　　　　　4 800 000
借：递延收益　　　　　　　　　　　　　　　　1 000 000
　　贷：营业外收入　　　　　　　　　　　　　　　　1 000 000

【例 4-21】2015 年 1 月 1 日，B 企业为建造一项环保工程向银行贷款 500 万元，期限 2 年，年利率为 6%。当年 12 月 31 日，B 企业向当地政府提出财政贴息申请。经审核，当地政府批准按照实际贷款额 500 万元给予 B 企业年利率 3% 的财政贴息，共计

30 万元，分两次支付。2016 年 1 月 15 日，第一笔财政贴息资金 12 万元到账。2016 年 7 月 1 日，工程完工，第二笔财政贴息资金 18 万元到账，该工程预计使用寿命 10 年。

（1）2016 年 1 月 15 日实际收到财政贴息，确认政府补助：

借：银行存款                                   120 000

    贷：递延收益                                120 000

（2）2016 年 7 月 1 日实际收到财政贴息，确认政府补助：

借：银行存款                                   180 000

    贷：递延收益                                180 000

（3）2016 年 7 月 1 日工程完工，开始分配递延收益，自 2016 年 7 月 1 日起，每个月资产负债表日：

借：递延收益                                   2 500

    贷：营业外收入                              2 500

（二）与收益相关的政府补助的处理

与收益相关的政府补助是除与资产相关的政府补助之外的政府补助，在实际收到款项时按照到账的实际金额确认和计量。与收益相关的政府补助应当在其补偿的相关费用或损失发生的期间计入当期损益。

【例 4 - 22】甲企业生产一种先进的模具产品，按照国家相关规定，这种产品适用增值税先征后返政策，即先按规定征收增值税率，然后按实际缴纳增值税税额返还 70%。2016 年 1 月，该企业实际缴纳增值税税额 120 万元。2016 年 2 月，该企业实际收到返还的增值税税额 84 万元。

借：银行存款                                 840 000

    贷：营业外收入                           840 000

【例 4 - 23】乙企业为一家粮食储备企业，2016 年实际粮食储备量 1 亿斤。根据国家有关规定，财政部门按照企业的实际储备量给予每斤 0.039 元/季的粮食保管费补贴，于每个季度初支付。

（1）2016 年 1 月，乙企业收到财政拨付的补贴款时：

借：银行存款                                3 900 000

    贷：递延收益                              3 900 000

（2）2016 年 1 月，将补偿 1 月份保管费的补贴计入当期收益：

借：递延收益                                1 300 000

    贷：营业外收入                       1 300 000

2016 年 2 月和 3 月的会计分录同上。

【例 4 - 24】按照相关规定，粮食储备企业需要根据有关主管部门每季度下达的轮换计划出售陈粮，同时购入新粮。为弥补粮食储备企业发生的轮换费用，财政部门按照轮换计划中规定的轮换量支付给企业 0.02 元/斤的轮换费补贴。假设按照轮换计划，丙企业需要在 2016 年第一季度轮换储备粮 1.2 亿斤，款项尚未收到。

（1）2016 年 1 月，按照轮换量 1.2 亿斤和国家规定的补贴定额 0.02 元/斤，计算和确认其他应收款 240 万元：

借：其他应收款　　　　　　　　　　　　　　　　　　　　　2 400 000

　　贷：递延收益　　　　　　　　　　　　　　　　　　　　　　2 400 000

（2）2016 年 1 月，将补偿 1 月份轮换费补贴计入当期收益：

借：递延收益　　　　　　　　　　　　　　　　　　　　　　　800 000

　　贷：营业外收入　　　　　　　　　　　　　　　　　　　　　800 000

2016 年 2 月和 3 月的会计分录同上。

【例 4 - 25】2016 年 3 月，丁粮食企业为购买储备粮从国家农业发展银行贷款 2 000 万元，同期银行贷款利率为 6%。自 2016 年 4 月开始，财政部门于每季度初，按照丁企业的实际贷款额和贷款利率拨付丁企业贷款利息，丁企业收到财政部门拨付的贷款利息后再支付给银行。

（1）2016 年 4 月，实际收到财政贴息 30 万元时：

借：银行存款　　　　　　　　　　　　　　　　　　　　　　　300 000

　　贷：递延收益　　　　　　　　　　　　　　　　　　　　　　300 000

（2）将补偿 2016 年 4 月份利息费用的补贴计入当期收益：

借：递延收益　　　　　　　　　　　　　　　　　　　　　　　100 000

　　贷：营业外收入　　　　　　　　　　　　　　　　　　　　　100 000

2016 年 5 月和 6 月的会计分录同上。

（三）与资产和收益均相关的政府补助的处理

企业取得与资产和收益均相关的政府补助时，需要分解为与资产相关的部分和与收益相关的部分，分别进行会计处理。

【例 4 - 26】A 公司 2013 年 12 月申请某国家级研发补贴。申报书中的有关内容如下：本公司于 2013 年 1 月启动数字印刷技术开发项目，预计总投资 360 万元、为期 3 年，已投入资金 120 万元。项目还需新增投资 240 万（其中，购置固定资产 80 万元、场地租赁费 40 万元、人员费 100 万元、市场营销 20 万元），计划自筹资金 120 万元、申请财政拨款 120 万元。

2014 年 1 月 1 日，主管部门批准了 A 公司的申报，签订的补贴协议规定：批准 A 公司补贴申请，共补贴款项 120 万元，分两次拨付。合同签订日拨付 60 万元，结项验收时支付 60 万元（如果不能通过验收，则不支付第二笔款项）。

（1）2014 年 1 月 1 日，实际收到拨款 60 万元：

借：银行存款　　　　　　　　　　　　　　　　　　　　　　　600 000

　　贷：递延收益　　　　　　　　　　　　　　　　　　　　　　600 000

（2）自 2014 年 1 月 1 日至 2016 年 1 月 1 日，每个资产负债表日，分配递延收益（假设按年分配）：

借：递延收益　　　　　　　　　　　　　　　　　　　　　　　300 000

　　贷：营业外收入　　　　　　　　　　　　　　　　　　　　　300 000

（3）2016 年项目完工，假设通过验收，于 5 月 1 日实际收到拨付 60 万元：

借：银行存款 600 000

　　贷：营业外收入 600 000

【例4-27】按照有关规定，2014年9月甲企业为其自主创新的某高新技术项目申报政府财政贴息，申报材料中表明该项目已于2014年3月启动，预计共需投入资金2 000万元，项目期2.5年，已投入资金600万元。项目尚需新增投资1 400万元，其中计划贷款800万元，已与银行签订贷款协议，协议规定贷款年利率6%，贷款期2年。

经审核，2014年11月政府批准拨付甲企业贴息资金70万元，分别在2015年10月和2016年10月支付30万元和40万元。甲企业的会计处理如下：

（1）2015年10月实际收到贴息资金30万元：

借：银行存款 300 000

　　贷：递延收益 300 000

（2）2015年10月起，在项目期内分配递延收益（假设按月分配）：

借：递延收益 25 000

　　贷：营业外收入 25 000

（3）2016年10月实际收到贴息资金40万元：

借：银行存款 400 000

　　贷：营业外收入 400 000

## 练 习 题

### 一、单项选择题

1. 下列项目中，应计入其他业务收入的是（　　）。

　　A. 转让无形资产所有权收入　　　　B. 出租固定资产收入

　　C. 罚款收入　　　　　　　　　　　D. 股票发行收入

2. 某企业销售商品6 000件，每件售价60元（不含增值税），增值税税率17%；企业为购货方提供的商业折扣为10%，提供的现金折扣条件为2/10、1/20、n/30，并代垫运杂费500元。该企业在这项交易中应确认的收入金额为（　　）元。

　　A. 320 000　　　　B. 308 200　　　　C. 324 000　　　　D. 320 200

3. 企业2013年1月售出的产品2013年3月被退回时，其冲减的销售收入应在退回当期计入（　　）科目的借方。

　　A. 营业外收入　　　　　　　　　　B. 营业外支出

　　C. 利润分配　　　　　　　　　　　D. 主营业务收入

4. 某企业在2016年10月8日销售商品100件，增值税专用发票上注明的价款为10 000元，增值税额为1 700元。企业为了及早收回货款而在合同中规定的现金折扣条件为：2/10，1/20，n/30。假定计算现金折扣时不考虑增值税。如买方在2016年10月24日付清货款，该企业实际收款金额应为（　　）元。

　　A. 11 466　　　　B. 11 500　　　　C. 11 583　　　　D. 11 600

5. 企业取得与资产相关的政府补助，在收到拨款时，应该贷记（　　）科目。

A. 营业外收入　　　　　　　　　B. 资本公积

C. 递延收益　　　　　　　　　　D. 实收资本

6. 企业取得与收益相关的政府补助，用于补偿已发生相关费用的，直接计入补偿当期的（　　）。

A. 资本公积　　　　　　　　　　B. 营业外收入

C. 其他业务收入　　　　　　　　D. 主营业务收入

7. 企业让渡资产使用权所计提的摊销额等，一般应该计入（　　）。

A. 营业外支出　　　　　　　　　B. 主营业务成本

C. 其他业务成本　　　　　　　　D. 管理费用

8. 委托方采用支付手续费的方式委托代销商品，委托方在收到代销清单后应按（　　）确认收入。

A. 销售价款和增值税之和　　　　B. 商品的进价

C. 销售价款和手续费之和　　　　D. 商品售价

9. 在受托方收取手续费代销方式下，企业委托其他单位销售商品，商品销售收入确认的时间是（　　）。

A. 发出商品日期　　　　　　　　B. 受托方发出商品日期

C. 收到代销单位的代销清单日期　D. 全部收到款项

10. A 企业 2016 年 8 月 10 日收到 B 公司因质量问题而退回的商品 10 件，每件商品成本为 100 元。该批商品系 A 公司 2016 年 5 月 13 日出售给 B 公司，每件商品售价为 230 元，适用的增值税税率为 17%，货款尚未收到，A 公司尚未确认销售商品收入。因 B 公司提出的退货要求符合销售合同约定，A 公司同意退货。A 公司应在验收退货入库时做的会计处理为（　　）。

A. 借：库存商品　　　　　　　　　　　　　　　　1 000
　　　贷：主营业务成本　　　　　　　　　　　　　　　　1 000

B. 借：主营业务收入　　　　　　　　　　　　　　2 691
　　　贷：应收账款　　　　　　　　　　　　　　　　　　2 691

C. 借：库存商品　　　　　　　　　　　　　　　　1 000
　　　贷：发出商品　　　　　　　　　　　　　　　　　　1 000

D. 借：应交税费——应交增值税（销项税额）　　　391
　　　贷：应收账款　　　　　　　　　　　　　　　　　　391

11. 大明公司于 2016 年 8 月接受一项产品安装任务，安装期 5 个月，合同收入 200 000 元，当年实际发生成本 120 000 元，预计已完工 80%，则该企业 2016 年度确认收入为（　　）元。

A. 120 000　　　　B. 160 000　　　　C. 200 000　　　　D. 0

12. 某企业销售商品 5 000 件，每件售价 100 元（不含增值税），增值税税率为 17%；企业为购货方提供的商业折扣为 10%，提供的现金折扣条件为 2/10、1/20、n/30，并代垫运杂费 500 元。该企业在这项交易中应确认的收入金额为（　　）元。

A. 526 500　　　　B. 450 000　　　　C. 500 000　　　　D. 450 500

13. 企业对于已经发出但尚未确认销售收入的商品成本，应借记的会计科目是（　　）。

　　A. 在途物资　　　　　　　　　B. 库存商品

　　C. 主营业务成本　　　　　　　D. 发出商品

14. 下列关于收入的说法中不正确的是（　　）。

　　A. 收入是企业在日常活动中形成的经济利益的总流入

　　B. 收入会导致企业所有者权益的增加

　　C. 收入形成的经济利益总流入的形式多种多样，既可能表现为资产的增加，也可能表现为负债的减少

　　D. 收入与所有者投入资本有关

## 二、多项选择题

1. 关于政府补助的计量，下列说法中正确的有（　　）。

　　A. 政府补助为货币性资产的，应当按照收到或应收的金额计算

　　B. 政府补助为非货币性资产的，公允价值能够可靠计量时，应当公允价值计量

　　C. 政府补助为非货币性资产的，应当按照账面价值计量

　　D. 政府补助为非货币性资产的，如没有注明价值且没有活跃交易市场、不能可靠取得公允价值的，应当按照名义金额计量

2. 有关政府补助的表述正确的有（　　）。

　　A. 与收益相关的政府补助，用于补偿企业以后期间的相关费用或损失的，取得时确认为递延收益，在确认相关费用的期间计入当期损益（营业外收入）

　　B. 与收益相关的政府补助，用于补偿企业已发生的相关费用或损失的，取得时直接计入当期损益（营业外收入）

　　C. 政府补助为非货币性资产的，应当按照公允价值计量

　　D. 公允价值不能可靠取得的，按照名义金额计量

3. 让渡资产使用权的收入确认条件不包括（　　）。

　　A. 与交易相关的经济利益能够流入企业

　　B. 收入的金额能够可靠地计量

　　C. 资产所有权上的风险已经转移

　　D. 没有继续保留资产的控制权

4. 企业跨期提供劳务的，期末可以按照完工百分比法确认收入的条件包括（　　）。

　　A. 劳务总收入能够可靠地计量

　　B. 相关的经济利益能够流入企业

　　C. 劳务的完成程度能够可靠地确定

　　D. 劳务总成本能够可靠地计量

5. 根据企业会计制度的规定，下列有关收入确认的表述中，正确的有（　　）。

　　A. 在提供劳务交易的结果不能可靠估计的情况下，已经发生的劳务成本预计

能够得到补偿时，公司应在资产负债表日按已经发生的劳务成本确认收入

B. 劳务的开始和完成分属不同的会计年度，在劳务的结果能够可靠地计量的情况下，公司应在资产负债表日按完工百分比法确认收入

C. 在资产负债表日，已发生的合同成本预计不能收回时，公司应将已发生的成本计入当期损益，不确认收入

D. 在同一会计年度内开始并完成的劳务，公司应按完工百分比法确认各月收入

6. 下列有关销售商品收入的处理中，不正确的有（    ）。

A. 在采用收取手续费的委托代销方式下销售商品，发出商品时就确认收入

B. 当期售出的商品被退回时，直接冲减退回当期的收入、成本、税金等相关项目

C. 当期已经确认收入的售出商品发生销售折让时，直接将发生的销售折让作为当期的销售费用处理

D. 当期已经确认收入的售出商品发生销售折让时，将发生的销售折让冲减当期的收入和税金

7. 下列各项中，对收入的描述正确的有（    ）。

A. 营业外收入也属于企业的收入

B. 收入可能表现为企业资产的增加或负债的减少

C. 所有使企业利润增加的经济利益的流入均属于企业的收入

D. 收入不包括为第三方或客户代收的款项

8. 收入的特征表现为（    ）。

A. 收入从日常活动中产生，而不是从偶发的交易或事项中产生

B. 收入与所有者投入资本有关

C. 收入可能表现为所有者权益的增加

D. 收入包括代收的增值税

## 三、判断题

1. 对需要安装的商品的销售，必须在安装和检验完毕后确认收入。　　　（    ）

2. 企业出售无形资产和出租无形资产取得的收益，均应作为其他业务收入核算。
（    ）

3. 销售收入已经确认后发生的现金折扣和销售折让（非资产负债表日后事项），均应在实际发生时计入当期财务费用。　　　（    ）

4. 企业已经确认销售商品收入发生销售折让时，应冲减当月的销售商品收入，不应该冲减销售商品的成本和相应的增值税销项税额。　　　（    ）

5. 2016 年 11 月 1 日，A 公司收到政府补助 7 000 元，用于补偿 A 公司已经发生的管理部门相关费用和损失，甲公司应冲减管理费用。　　　（    ）

6. 政府向企业提供补助属于非互惠交易，具有无偿性的特点。　　　（    ）

7. 如果合同或协议规定一次性收取使用费，且提供后续服务的，应在合同或协议规定的有效期内分期确认收入。　　　（    ）

8. 在支付手续费委托代销方式下，委托方应在发出商品时确认销售收入。（　　）

9. 企业对于在同一会计期间内能够一次完成的劳务，应分期采用完工百分比法确认收入和结转成本。（　　）

10. 企业销售商品一批，并已收到款项，即使商品的成本不能够可靠地计量，也要确认相关的收入。（　　）

11. 企业为客户提供的现金折扣应在实际发生时冲减当期收入。（　　）

12. 增值税进项税额是销项税额的抵扣项目，是不会影响销售收入的。（　　）

13. A公司将一批商品销售给B公司，按合同规定A公司仍保留通常与所有权相联系的继续管理权和对已售出的商品实施控制。因而，A公司不能确认收入。（　　）

14. 企业的收入包括主营业务收入、其他业务收入和营业外收入。（　　）

## 四、计算题

1. 正保股份有限公司（以下简称正保公司）为增值税一般纳税企业，适用的增值税税率为17%。商品销售价格均不含增值税额，所有劳务均属于工业性劳务。销售实现时结转销售成本。正保公司销售商品和提供劳务为主营业务。2016年12月，正保公司销售商品和提供劳务的资料如下：

（1）12月1日，对A公司销售商品一批，增值税专用发票上销售价格为100万元，增值税额为17万元。提货单和增值税专用发票已交A公司，A公司已承诺付款。为及时收回货款，给予A公司的现金折扣条件如下：2/10，1/20，n/30（假设计算现金折扣时不考虑增值税因素）。该批商品的实际成本为85万元。12月19日，收到A公司支付的扣除所享受现金折扣金额后的款项，并存入银行。

（2）12月2日，收到B公司来函，要求对当年11月2日所购商品在价格上给予5%的折让（正保公司在该批商品售出时，已确认销售收入200万元，并收到款项）。经查核，该批商品外观存在质量问题。正保公司同意了B公司提出的折让要求。当日，收到B公司交来的税务机关开具的索取折让证明单，并出具红字增值税专用发票和支付折让款项。

（3）12月14日，与D公司签订合同，以现销方式向D公司销售商品一批。该批商品的销售价格为120万元，实际成本75万元，提货单已交D公司。款项已于当日收到，存入银行。

（4）12月15日，与E公司签订一项设备维修合同。该合同规定，该设备维修总价款为60万元（不含增值税额），于维修完成并验收合格后一次结清。12月31日，该设备维修任务完成并经E公司验收合格。正保公司实际发生的维修费用为20万元（均为维修人员工资）。12月31日，鉴于E公司发生重大财务困难，正保公司预计很可能收到的维修款为17.55万元（含增值税额）。

（5）12月25日，与F公司签订协议，委托其代销商品一批。根据代销协议，正保公司按代销协议价收取所代销商品的货款，商品实际售价由受托方自定。该批商品的协议价200万元（不含增值税额），实际成本为180万元。商品已运往F公司。12月31日，正保公司收到F公司开来的代销清单，列明已售出该批商品的20%，款项尚未收到。

(6) 12 月 31 日，与 G 公司签订一件特制商品的合同。该合同规定，商品总价款为 80 万元（不含增值税额），自合同签订日起 2 个月内交货。合同签订日，收到 G 公司预付的款项 40 万元，并存入银行。商品制造工作尚未开始。

(7) 12 月 31 日，收到 A 公司退回的当月 1 日所购全部商品。经查核，该批商品存在质量问题，正保公司同意了 A 公司的退货要求。当日，收到 A 公司交来的税务机关开具的进货退出证明单，并开具红字增值税专用发票和支付退货款项。

要求：（1）编制正保公司 12 月份发生的上述经济业务的会计分录。

（2）计算正保公司 12 月份主营业务收入和主营业务成本。（"应交税费"科目要求写出明细科目，答案中的金额单位用万元表示）。

2. 同顺股份有限公司（以下简称同顺公司）系工业企业，为增值税一般纳税人，适用的增值税税率为 17%，适用的所得税税率为 25%。销售单价除标明为含税价格外，均为不含增值税价格，产品销售为其主营业务。同顺公司 2016 年 12 月发生如下业务：

（1）12 月 5 日，向甲企业销售材料一批，价款为 350 000 元，该材料发出成本为 250 000 元。当日收取面值为 409 500 元的票据一张。

（2）12 月 10 日，收到外单位租用本公司办公用房下一年度租金 300 000 元，款项已收存银行。

（3）12 月 13 日，向乙企业赊销 A 产品 50 件，单价为 10 000 元，单位销售成本为 5 000 元。

（4）12 月 18 日，丙企业要求退回本年 11 月 25 日购买的 20 件 A 产品。该产品销售单价为 10 000 元，单位销售成本为 5 000 元，其销售收入 200 000 元已确认入账，价款尚未收取。经查明退货原因系发货错误，同意丙企业退货，并办理退货手续和开具红字增值税专用发票。

（5）12 月 21 日，乙企业来函提出 12 月 13 日购买的 A 产品质量不完全合格。经协商同意按销售价款的 10% 给予折让，并办理退款手续和开具红字增值税专用发票。

（6）12 月 31 日，计算本月应交纳的城市维护建设税 4 188.8 元，其中销售产品应交纳 3 722.3 元，销售材料应交纳 466.5 元；教育费附加 1 795.2 元，其中销售产品应交纳 1 616.7 元，销售材料应交纳 178.5 元。

要求：根据上述业务编制相关的会计分录。

3. 甲公司为增值税一般纳税企业，适用的增值税税率为 17%。2016 年 3 月 1 日，向乙公司销售某商品 1 000 件，每件标价 2 000 元，实际售价 1 800 元（售价中不含增值税额），已开出增值税专用发票，商品已交付给乙公司。为了及早收回货款，甲公司在合同中规定的现金折扣条件为：2/10，1/20，n/30。假定计算现金折扣不考虑增值税。根据以下假定，分别编制甲公司收到款项时的会计分录。（不考虑成本的结转）

①乙公司在 3 月 8 日按合同规定付款，甲公司收到款项并存入银行。

②乙公司在 3 月 19 日按合同规定付款，甲公司收到款项并存入银行。

③乙公司在 3 月 29 日按合同规定付款，甲公司收到款项并存入银行。

4. 甲、乙两企业均为增值税一般纳税人，增值税税率均为 17%。2016 年 3 月 6 日，甲企业与乙企业签订代销协议，甲企业委托乙企业销售 A 商品 500 件，A 商品的单位成本为每件 350 元。代销协议规定，乙企业应按每件 A 商品 585 元（含增值税）的价格售给顾客，甲企业按不含增值税售价的 10% 向乙企业支付手续费。4 月 1 日，甲企业收到乙企业交来的代销清单，代销清单中注明：实际销售 A 商品 400 件，商品售价为 200 000 元，增值税额为 34 000 元。当日甲企业向乙企业开具金额相等的增值税专用发票。4 月 6 日，甲企业收到乙企业支付的已扣除手续费的商品代销款。

要求：根据上述资料，编制甲企业如下会计分录：

（1）发出商品的会计分录。

（2）收到代销清单时确认销售收入、增值税、手续费支出，以及结转销售成本的会计分录。

（3）收到商品代销款的会计分录。

# 第五章 费用

费用是企业在日常活动中发生的、会导致所有者权益减少的、与向所有者分配利润无关的经济利益的总流出。所谓企业日常活动发生的经济利益的总流出，是企业为取得营业收入进行产品生产销售等活动所发生的企业货币资金的流出，具体包括成本费用和期间费用。成本费用包括主营业务成本、其他业务成本、税金及附加等。期间费用是企业本期发生的、不能直接或间接归入营业成本，而是直接计入当期损益的各项费用。期间费用包括销售费用、管理费用和财务费用。这些费用的发生与企业的日常生产经营活动密切相关，是与企业一定会计期间经营成果有直接关系的经济利益流出，最终会导致企业所有者权益减少。

## 第一节 营业成本

营业成本是企业为生产产品、提供劳务等发生的可归属于产品成本、劳务成本等的费用，应当在确认销售商品收入、提供劳务收入等时，将已销商品、已提供劳务的成本计入当期损益。营业成本与营业收入密切相关，按照配比原则，在确认营业收入的当期必须同时确认营业成本。营业成本包括主营业务成本和其他业务成本。

### 一、主营业务成本

主营业务成本是企业生产和销售与主营业务有关的产品、提供劳务等经常性活动所必须投入的直接成本，主要包括原材料、人工成本（工资）和固定资产折旧等。"主营业务成本"用于核算企业因销售商品、提供劳务或让渡资产使用权等日常活动而发生的实际成本。"主营业务成本"账户下应按照主营业务的种类设置明细账，进行明细核算。期末，应将本账户的余额转入"本年利润"账户，结转后本账户应无余额。

【例5-1】2016年10月20日，四川鲲鹏有限公司向成都淮海有限公司销售A产品一批，开出的增值税专用发票上注明售价为100 000元，增值税税额为17 000元；四川鲲鹏有限公司已经收到成都淮海有限公司支付的货款117 000元，并将提货单送交成都淮海有限公司；该批产品成本为80 000元。

（1）实现销售时：

借：银行存款           117 000

  贷：主营业务收入——A产品       100 000

    应交税费——应交增值税（销项税额）   17 000

| | |
|---|---|
| 借：主营业务成本——A 产品 | 80 000 |
|   贷：库存商品——A 产品 | 80 000 |

（2）期末结转损益：

| | |
|---|---|
| 借：主营业务收入——A 产品 | 100 000 |
|   贷：本年利润 | 100 000 |
| 借：本年利润 | 80 000 |
|   贷：主营业务成本——A 产品 | 80 000 |

【例 5－2】2016 年 10 月 22 日，四川鲲鹏有限公司向成都嘉实有限公司销售 A 产品 200 件，单价 300 元，单位成本 180 元，尚未收到成都嘉实有限公司支付的货款，增值税税率 17%。本月 24 日，因产品存在质量问题购货方退货。

（1）实现销售时：

| | |
|---|---|
| 借：应收账款——成都嘉实有限公司 | 70 200 |
|   贷：主营业务收入——A 产品 | 60 000 |
|     应交税费——应交增值税（销项税额） | 10 200 |
| 借：主营业务成本——A 产品 | 36 000 |
|   贷：库存商品——A 产品 | 36 000 |

（2）销售退回时：

| | |
|---|---|
| 借：主营业务收入——A 产品 | 60 000 |
|     应交税费——应交增值税（销项税额） | 10 200 |
|   贷：应收账款——成都嘉实有限公司 | 70 200 |
| 借：库存商品——A 产品 | 36 000 |
|   贷：主营业务成本——A 产品 | 36 000 |

【例 5－3】2016 年 4 月 5 日，四川鲲鹏建筑安装有限责任公司承接了一项一次性可以完成的设备安装任务，合同总价款 15 000 元，实际发生安装成本 10 000 元，安装完成即收到款项，不考虑相关税费。

| | |
|---|---|
| 借：银行存款 | 15 000 |
|   贷：主营业务收入 | 15 000 |
| 借：主营业务成本 | 10 000 |
|   贷：银行存款 | 10 000 |

如安装任务需要花费一段时间才能完成，在发生劳务相关支出时，先记入"劳务成本"科目，安装任务完成时再转入"主营业务成本"科目。假如 2016 年 4 月 7 日，第一次劳务支出银行存款 4 000 元。

（1）发生第一次劳务支出时：

| | |
|---|---|
| 借：劳务成本 | 4 000 |
|   贷：银行存款 | 4 000 |

（2）安装完成确认所提供劳务的收入并结转该项劳务总成本 10 000 元时：

| | |
|---|---|
| 借：银行存款等相关科目 | 15 000 |
|   贷：主营业务收入 | 15 000 |

```
借：主营业务成本                                    10 000
    贷：劳务成本                                        10 000
（3）期末结转损益：
借：主营业务收入                                    15 000
    贷：本年利润                                        15 000
借：本年利润                                        10 000
    贷：主营业务成本                                    10 000
```

【例5-4】四川鲲鹏有限公司销售一批商品给成都强风有限公司，开出的增值税专用发票上注明的售价为100 000元，增值税税额为17 000元。该批商品的成本为70 000元。货到后成都强风有限公司发现商品质量不符合合同要求，要求在价格上给予5%的折让。成都强风有限公司提出的销售折让要求符合原合同的约定，四川鲲鹏有限公司同意并办妥了相关手续，开具了增值税专用发票（红字）。假定此前四川鲲鹏有限公司已确认该批商品的销售收入，销售款项尚未收到，发生的销售折让允许扣减当期增值税销项税额。

（1）销售实现时：

```
借：应收账款——成都强风有限公司                    117 000
    贷：主营业务收入                                   100 000
        应交税费——应交增值税（销项税额）             17 000
借：主营业务成本                                    70 000
    贷：库存商品                                        70 000
```

（2）发生销售折让时：

```
借：主营业务收入                                     5 000
    应交税费——应交增值税（销项税额）                  850
    贷：应收账款——成都强风有限公司                     5 850
```

（3）实际收到款项时：

```
借：银行存款                                       111 150
    贷：应收账款——成都强风有限公司                   111 150
```

## 二、其他业务成本

其他业务成本是指企业除主营业务活动以外的企业经营活动所发生的成本。包括：销售材料的成本、出租固定资产折旧额、出租无形资产摊销额、出租包装物成本或摊销额等。

"其他业务成本"账户下应按照其他业务成本的种类设置明细账，进行明细核算。期末，应将本账户的余额转入"本年利润"账户，结转后本账户应无余额。

【例5-5】2016年10月21日，四川鲲鹏有限公司将自行开发完成的非专利技术出租给另一家公司，该非专利技术成本为240 000元，双方约定的租赁期限为10年，四川鲲鹏有限公司每月应摊销2 000元。

（1）每月摊销时

```
借：其他业务成本                                     2 000
```

    贷：累计摊销              2 000

  （2）期末结转成本到本年利润

  借：本年利润               2 000

    贷：其他业务成本            2 000

  【例5-6】2016年10月20日，四川鲲鹏有限公司销售商品领用单独计价的包装物成本10 000元，增值税专用发票上注明销售收入14 000元，增值税额为2 380元，款项已存入银行。

  （1）出售包装物时：

  借：银行存款              16 380

    贷：其他业务收入            14 000

      应交税费——应交增值税（销项税额）    2 380

  （2）结转出售包装物成本：

  借：其他业务成本            10 000

    贷：周转材料——包装物         10 000

  （3）期末结转损益：

  借：其他业务收入            14 000

    贷：本年利润             14 000

  借：本年利润              10 000

    贷：其他业务成本            10 000

  【例5-7】2016年10月20日，四川鲲鹏有限公司出租办公楼一栋给成都达明有限公司使用，已确认为投资性房地产，采用成本模式进行后续计量。假设出租的办公楼成本为600万元，按直线法计提折旧，使用寿命30年，预计考虑净残值。按合同规定，成都达明有限公司按月支付租金。

  每月应计提折旧的金额：3 600÷30÷12=10（万元）

  借：其他业务成本           100 000

    贷：投资性房地产累计折旧        100 000

## 第二节 税金及附加

  税金及附加账户属于损益类账户，用来核算企业日常主要经营活动应负担的税金及附加，包括营业税、消费税、城市维护建设税、资源税和教育费附加等。这些税金及附加，一般根据当月销售额或税额，按照规定的税率计算，于下月初缴纳。

  【例5-8】2016年10月四川鲲鹏有限公司A产品销售收入为210 000元，B产品销售收入为200 000元，A、B产品均为应纳消费税产品，消费税率为5%。

  （1）月末计算本月应交消费税金=（210 000+200 000）×5%=20 500（元）

  借：税金及附加            20 500

贷：应交税费——应交消费税　　　　　　　　　　　　　20 500

（2）下月初实际缴纳消费税时：

借：应交税费——应交消费税　　　　　　　　　　　　　20 500

　　贷：银行存款　　　　　　　　　　　　　　　　　　　20 500

【例 5 - 9】四川鲲鹏有限公司本月应上交的增值税为 3 995 元，应上交消费税为 20 500 元，城市维护建设税率为 7%，教育费附加率为 3%。

（1）计算本月应交的城市维护建设税和教育费附加：

本月应交的城市维护建设税 = （3 995 + 20 500）×7% = 1 714.65（元）

本月应交的教育费附加 = （3 995 + 20 500）×3% = 734.85（元）

借：税金及附加　　　　　　　　　　　　　　　　　　　2 449.50

　　贷：应交税费——应交城市维护建设税　　　　　　　　1 714.65

　　　　　　　　——应交教育费附加　　　　　　　　　　734.85

（2）实际缴纳城市维护建设税和教育费附加时：

借：应交税费——应交城市维护建设税　　　　　　　　　1 714.65

　　　　　　——应交教育费附加　　　　　　　　　　　　734.85

　　贷：银行存款　　　　　　　　　　　　　　　　　　　2 449.50

# 第三节　期间费用

期间费用是企业本期发生的、不能直接或间接归属于某个特定产品成本，而是直接计入当期损益的各项费用。期间费用随着时间推移发生，与当期产品的管理和产品销售直接相关，而与产品的产量、产品的制造过程无直接关系，容易确定发生的期间，而难以判别所应归属的产品，因而不能列入有关核算对象的成本，而在发生的当期从损益中扣除。期间费用包括直接从企业的当期产品销售收入中扣除的销售费用、管理费用和财务费用。

## 一、销售费用

销售费用是企业在销售商品和材料、提供劳务过程中发生的各项费用，包括销售过程中发生的包装费、保险费、展览费、广告费、商品维修费、预计产品质量保证损失、运输费、装卸费等费用，以及企业发生的为销售本企业商品而专设的销售机构的职工薪酬、业务费、折旧费、固定资产修理费等费用。

企业通过"销售费用"科目，核算销售费用的发生和结转情况。"销售费用"科目借方登记企业所发生的各项销售费用，贷方登记期末转入"本年利润"科目的销售费用，结转后无余额。

【例 5 - 10】四川鲲鹏有限公司 2016 年 11 月 1 日为宣传新产品用银行存款支付了广告费 10 000 元。

借：销售费用——广告费            10 000

  贷：银行存款                10 000

【例5-11】四川鲲鹏有限公司销售部门10月份共发生费用200 000元，其中：销售人员薪酬120 000元，销售部专用办公设备折旧费50 000元，以银行存款支付业务费用30 000元。

借：销售费用              200 000

  贷：应付职工薪酬           120 000

    累计折旧            50 000

    银行存款            30 000

【例5-12】四川鲲鹏有限公司2016年11月7日销售一批产品，销售过程中发生运输费10 000元、装卸费5 000元，均用银行存款支付。

借：销售费用——运输费           10 000

    ——装卸费           5 000

  贷：银行存款              15 000

【例5-13】四川鲲鹏有限公司2016年11月8日开出转账支票支付产品保险费20 000元。

借：销售费用——保险费           20 000

  贷：银行存款              20 000

【例5-14】四川鲲鹏有限公司2016年11月30日计算本月应支付给本企业专设销售机构人员工资总额为100 000元，按专设销售机构职工工资总额提取当月职工福利费14 000元。

借：销售费用——工资            100 000

    ——职工福利          14 000

  贷：应付职工薪酬           114 000

【例5-15】四川鲲鹏有限公司2016年4月8日开出转账支票销售部门设备修理费3 000元。

借：销售费用——修理费           3 000

  贷：银行存款              3 000

【例5-16】四川鲲鹏有限公司2016年5月31日计算出本月专设销售机构使用房屋应提取的折旧7 000元。

借：销售费用——折旧费           7 000

  贷：累计折旧              7 000

【例5-17】四川鲲鹏有限公司2016年5月31日将本月发生的"销售费用"65 000元，结转到"本年利润"科目。

借：本年利润              65 000

  贷：销售费用              65 000

## 二、管理费用

管理费用是企业为组织和管理生产经营活动而发生的各种费用，包括办公费、差旅费、聘请中介机构费、咨询费、诉讼费、业务招待费、房产税、车船使用税、土地使用税、印花税、技术转让费、矿产资源补偿费、研究费用、排污费以及企业行政管理部门发生的固定资产修理费等。

企业通过"管理费用"科目，核算管理费用的发生和结转情况。"管理费用"科目借方登记企业发生的各项管理费用，贷方登记期末转入"本年利润"科目的管理费用，结转后无余额。

【例5－18】四川鲲鹏有限公司2016年6月11日发生业务招待费6 000元，用银行存款支付。

借：管理费用——业务招待费　　　　　　　　　　　　　6 000
　　贷：银行存款　　　　　　　　　　　　　　　　　　　　6 000

【例5－19】四川鲲鹏有限公司2016年3月4日以现金支付咨询费10 000元。

借：管理费用——咨询费　　　　　　　　　　　　　　10 000
　　贷：库存现金　　　　　　　　　　　　　　　　　　　10 000

【例5－20】四川鲲鹏有限公司行政部2016年9月份共发生费用207 000元，其中：行政人员薪酬150 000元，行政部专用办公设备折旧费50 000元，用银行存款支付办公、水电费7 000元。

借：管理费用　　　　　　　　　　　　　　　　　　207 000
　　贷：应付职工薪酬　　　　　　　　　　　　　　　　150 000
　　　　累计折旧　　　　　　　　　　　　　　　　　　50 000
　　　　银行存款　　　　　　　　　　　　　　　　　　7 000

【例5－21】四川鲲鹏有限公司行政部工作人员2016年9月20日报销差旅费3 500元，交回现金500元，原预借4 000元。

借：管理费用——差旅费　　　　　　　　　　　　　　3 500
　　库存现金　　　　　　　　　　　　　　　　　　　　500
　　贷：其他应收款　　　　　　　　　　　　　　　　　4 000

【例5－22】四川鲲鹏有限公司2016年9月30日"管理费用"科目期末余额85 000元，结转到"本年利润"科目。

借：本年利润　　　　　　　　　　　　　　　　　　85 000
　　贷：管理费用　　　　　　　　　　　　　　　　　　85 000

## 三、财务费用

财务费用是企业为筹集生产经营所需资金等而发生的筹资费用，包括利息支出、汇兑损益以及相关的手续费、企业发生的现金折扣等。

财务费用通过"财务费用"账户核算。"财务费用"账户借方登记已发生的各项财务费用，贷方登记期末结转入"本年利润"科目的财务费用，结转后无余额。

【例5－23】四川鲲鹏有限公司于2016年6月1日向银行借入生产经营用短期借款384 000元，期限6个月，年利率5%，该借款本金到期后一次归还，利息分月预提，按季支付。

每月末，预提当月份应计利息 = 384 000 × 5% ÷ 12 = 1 600（元）

借：财务费用——利息支出　　　　　　　　　　　　　　　　1 600

　　贷：应付利息　　　　　　　　　　　　　　　　　　　　　　1 600

【例5－24】四川鲲鹏有限公司2016年7月5日在购买原材料的业务中，根据供应商规定的现金折扣条件提前付款，获得了对方给予的现金折扣5 000元。

借：应付账款　　　　　　　　　　　　　　　　　　　　　　5 000

　　贷：财务费用　　　　　　　　　　　　　　　　　　　　　　5 000

【例5－25】四川鲲鹏有限公司2016年7月21日用银行存款支付汇款手续费500元。

借：财务费用　　　　　　　　　　　　　　　　　　　　　　　500

　　贷：银行存款　　　　　　　　　　　　　　　　　　　　　　　500

【例5－26】四川鲲鹏有限公司2016年9月30日"财务费用"科目期末余额45 000元，结转到"本年利润"科目。四川鲲鹏有限公司应编制会计分录如下：

借：本年利润　　　　　　　　　　　　　　　　　　　　　　45 000

　　贷：财务费用　　　　　　　　　　　　　　　　　　　　　　45 000

## 练 习 题

### 一、单项选择题

1. 某企业某月销售生产的商品确认销售成本100万元，销售原材料确认销售成本10万元，本月发生现金折扣1.5万元。不考虑其他因素，该企业该月计入其他业务成本的金额为（　　）万元。

A. 100　　　　　　B. 110　　　　　　C. 10　　　　　　D. 11.5

2. 2016年1月，某公司销售一批原材料，开具的增值税专用发票上注明的售价为5 000元，增值税税额为850元，材料成本4 000元，则该企业编制会计分录时，应借记的其他业务成本科目的金额是（　　）元。

A. 4 000　　　　　B. 5 000　　　　　C. 5 850　　　　　D. 9 000

3. 企业对随同商品出售且单独计价的包装物进行会计处理时，该包装物的实际成本应结转到的会计科目是（　　）。

A. 制造费用　　　　　　　　　　　B. 管理费用

C. 销售费用　　　　　　　　　　　D. 其他业务成本

4. 下列各项中，不应计入其他业务成本的是（　　）。

A. 库存商品盘亏净损失

B. 出租无形资产计提的摊销额

C. 出售原材料结转的成本

D. 成本模式投资性房地产计提的折旧额

5. 某企业某月销售商品发生商业折扣 40 万元、现金折扣 30 万元、销售折让 50 万元。该企业上述业务计入当月财务费用的金额为（　　　）万元。

A. 30　　　　　　B. 40　　　　　　C. 70　　　　　　D. 90

6. 下列各项中，不应计入财务费用的是（　　　）。

A. 长期借款在筹建期间的利息

B. 带息应付票据的应计利息

C. 不符合资本化条件的生产经营期间长期借款利息支出

D. 带息应收票据的应计利息

7. 某企业 2015 年 1 月 1 日按面值发行 3 年期面值为 250 万元的债券，票面利率 5%，截至 2016 年年底企业为此项应付债券所承担的财务费用是（　　　）万元。

A. 25　　　　　　B. 20　　　　　　C. 27　　　　　　D. 30

8. 下列各项业务，在进行会计处理时应计入管理费用的是（　　　）。

A. 支付离退休人员工资　　　　B. 销售用固定资产计提折旧

C. 生产车间管理人员的工资　　D. 计提坏账准备

9. 下列各项中，应计入管理费用的是（　　　）。

A. 筹建期间的开办费　　　　　B. 预计产品质量保证损失

C. 生产车间管理人员工资　　　D. 专设销售机构的固定资产修理费

10. 企业为购买原材料所发生的银行承兑汇票手续费，应当计入（　　　）。

A. 管理费用　　　　　　　　　B. 财务费用

C. 销售费用　　　　　　　　　D. 其他业务成本

11. 企业发生的下列各项不符合资本化条件的利息支出，不应该计入财务费用的是（　　　）。

A. 应付债券的利息　　　　　　B. 短期借款的利息

C. 带息应付票据的利息　　　　D. 筹建期间的长期借款利息

12. A 公司为高管租赁公寓免费使用，按月以银行存款支付。应编制的会计分录是（　　　）。

A. 借记"管理费用"科目，贷记"银行存款"科目

B. 借记"管理费用"科目，贷记"应付职工薪酬"科目

C. 借记"管理费用"科目，贷记"应付职工薪酬"科目；同时借记"应付职工薪酬"科目，贷记"银行存款"科目

D. 借记"资本公积"科目，贷记"银行存款"科目；同时借记"应付职工薪酬"科目，贷记"资本公积"科目

13. 下列各项中，不应计入销售费用的是（　　　）。

A. 已售商品预计保修费用

B. 为推广新产品而发生的广告费用

C. 随同商品出售且单独计价的包装物成本

D. 随同商品出售而不单独计价的包装物成本

14. 下列各项中，不计入期间费用的是（　　）。

A. 诉讼费 　　　　　　　　　　B. 聘请中介机构费

C. 生产车间管理人员工资 　　　D. 企业发生的现金折扣

15. 下列各项中，不属于期间费用的是（　　）。

A. 管理部门固定资产维修费 　　B. 预计产品质量保证损失

C. 因违约支付的赔偿款 　　　　D. 汇兑损益

16. 某公司对外提供运输劳务，对应交的营业税应借记（　　）科目。

A. 税金及附加 　　　　　　　　B. 应交税费

C. 管理费用 　　　　　　　　　D. 营业外支出

## 二、多项选择题

1. 下列各项中，应计入财务费用的有（　　）。

A. 企业发行股票支付的手续费

B. 企业支付的银行承兑汇票手续费

C. 企业购买商品时取得的现金折扣

D. 企业销售商品时发生的现金折扣

2. 下列各项中，应计入税金及附加的有（　　）。

A. 处置无形资产应交的营业税

B. 销售商品应交的增值税

C. 销售应税产品的资源税

D. 销售应税消费品应交的消费税

3. 下列各项中，关于期间费用的处理正确的有（　　）。

A. 董事会会费应计入管理费用

B. 管理部门的劳动保险费属于销售费用核算的内容

C. 销售人员工资计入销售费用

D. 季节性停工损失应计入管理费用

4. 下列各项中，属于企业期间费用的有（　　）。

A. 管理费用 　　　　　　　　　B. 财务费用

C. 制造费用 　　　　　　　　　D. 销售费用

5. 下列各项中，应在发生时直接确认为期间费用的有（　　）。

A. 专设销售机构固定资产的折旧费　B. 业务招待费

C. 管理人员差旅费 　　　　　　D. 车间管理人员薪酬

6. 下列各项费用，应计入销售费用的有（　　）。

A. 费用化的利息支出 　　　　　B. 业务招待费

C. 广告费 　　　　　　　　　　D. 展览费

7. 下列各项中，不应在发生时确认为销售费用的有（　　）。

  A. 车间管理人员的工资      B. 投资性房地产的折旧额

  C. 专设销售机构固定资产的维修费   D. 预计产品质量保证损失

8. 下列各项中，不应计入管理费用的有（   ）。

  A. 总部办公楼折旧       B. 生产设备改良支出

  C. 经营租出专用设备的修理费    D. 专设销售机构房屋的修理费

9. 企业下列（   ）会影响管理费用。

  A. 企业盘点现金，发生现金的盘亏

  B. 存货盘点，发现存货盘亏，由管理不善造成的

  C. 固定资产盘点，发现固定资产盘亏，盘亏的净损失

  D. 现金盘点，发现现金盘点的净收益

10. 下列项目属于"其他业务成本"科目核算的内容有（   ）。

  A. 出租的无形资产的摊销额

  B. 出租无形资产支付的服务费

  C. 销售材料结转的材料成本

  D. 出售固定资产发生的处置净损失

11. 下列各项中，属于"其他业务成本"科目核算的内容有（   ）。

  A. 经营租出固定资产计提的折旧

  B. 经营租出无形资产的服务费

  C. 销售材料结转的材料成本

  D. 出售无形资产结转的无形资产的摊余价值

12. 某企业 2016 年 12 月份发生的费用有：外设销售机构办公费用 40 万元，销售人员工资 30 万元，计提车间用固定资产折旧 20 万元，发生车间管理人员工资 60 万元，支付广告费用 60 万元，计提短期借款利息 40 万元，支付业务招待费 20 万元，行政管理人员工资 10 万元。则下列说法正确的有（   ）。

  A. 该企业 12 月发生财务费用 100 万元

  B. 该企业 12 月发生销售费用 130 万元

  C. 该企业 12 月发生制造费用 20 万元

  D. 该企业 12 月发生管理费用 30 万元

### 三、判断题

1. 出租固定资产的折旧和出租无形资产的折旧均应计入"其他业务成本"科目中。                             （   ）

2. 企业出售固定资产发生的处置净损失属于企业的费用。       （   ）

3. 应当在确认销售商品收入、提供劳务收入等时，将已销售商品、已提供劳务的成本等计入当期损益。                          （   ）

4. 企业为客户提供的现金折扣应在实际发生时冲减当期收入。     （   ）

5. 企业生产经营期间的长期借款利息支出应该全部计入财务费用中。   （   ）

6. 企业发生的工会经费应通过税金及附加科目核算。         （   ）

7. 企业发生的增值税、消费税、教育费附加等均应计入"税金及附加"科目。

                                             （    ）

8. 企业出售无形资产应交的营业税，应列入利润表中的税金及附加项目。（    ）

9. 企业转让无形资产所有权时交纳的营业税应计入"税金及附加"科目。（    ）

## 四、计算题

四川鲲鹏有限公司 2 月初"应交税费"账户余额为零，当月发生下列相关业务：

（1）购入材料一批，价款 300 000 元，增值税 51 000 元，以银行存款支付，企业采用计划成本法核算，该材料计划成本 320 000 元，已验收入库；

（2）将账面价值为 540 000 元的产品专利权出售，收到价款 660 000 元存入银行，适用的营业税税率为 5%，假定该专利权没有计提摊销和减值准备（不考虑除营业税以外的其他税费）；

（3）销售应税消费品一批，价款 600 000 元，增值税 102 000 元，收到货款并存入银行，消费税适用税率为 10%，该批商品的成本是 500 000 元；

（4）月末计提日常经营活动产生的城市维护建设税和教育费附加，适用的税率和费率分别为 7% 和 3%。

要求：编制（1）~（4）业务会计分录并列示业务（4）的计算过程。

# 第六章　利润

利润是企业在一定会计期间的经营成果，是收入减去费用后的净额。收入大于相关的成本与费用，企业就盈利；收入小于相关的成本与费用时，企业就亏损。获利能力的高低，也是衡量企业优劣的一个重要标志。

利润有营业利润、利润总额、净利润，它们的计算公式如下：

营业利润 = 营业收入 - 营业成本 - 税金及附加 - 销售费用 - 管理费用 - 财务费用 - 资产减值损失 + 公允价值变动收益( - 公允价值变动损失) + 投资收益( - 投资损失)

其中：营业收入是企业经营业务所确认的收入总额，包括主营业务收入和其他业务收入；营业成本是企业经营业务所发生的实际成本总额，包括主营业务成本和其他业务成本；资产减值损失是企业计提各项资产减值准备所形成的损失；公允价值变动收益（或损失）是企业交易性金融资产等公允价值变动形成的应计入当期损益的利得（或损失）；投资收益（或损失）是指企业以各种方式对外投资所取得的收益（或发生的损失）。

利润总额 = 营业利润 + 营业外收入 - 营业外支出

其中：营业外收入是指企业发生的与其日常活动无直接关系的各项利得；营业外支出是指企业发生的与其日常活动无直接关系的各项损失。

净利润 = 利润总额 - 所得税费用

所得税费用 = 应纳税所得额 × 所得税税率

## 第一节　营业外收支

### 一、营业外收入

#### （一）营业外收入核算的内容

营业外收入是企业发生的与日常经营活动无直接关系的各项利得。营业外收入不是企业经营资金耗费产生的，不需要企业付出代价，是经济利益的净流入，不需要与有关的费用进行配比。营业外收入主要包括非流动资产处置利得、政府补助、盘盈利得、罚没利得、捐赠利得、债务重组利得、确实无法支付而按规定程序经批准后转作营业外收入的应付款项等。

其中：非流动资产处置利得包括固定资产处置利得和无形资产出售利得；政府补助是企业从政府无偿取得货币性资产或非货币性资产形成的利得，不包括政府作为投资者对企业的资本收入；**盘盈利得**是对于现金等清查盘点中发生的盘盈，报经批准后计入营业外收入的金额；**罚没利得**果企业取得的各项罚款，在弥补由于对违反合同或协议而造成的经济损失后的罚款净收益；**捐赠利得**是企业接受捐赠产生的利得。

（二）营业外收入的会计处理

企业设置"营业外收入"科目，核算营业外收入的取得及结转情况。"营业外收入"科目贷方登记企业确认的各项营业外收入，借方登记期末结转入"本年利润"的营业外收入，结转后无余额。

1. 处置非流动资产利得

企业确认处置非流动资产利得借记"固定资产清理""银行存款""待处理财产损溢""无形资产"等科目，贷记"营业外收入"科目。期末，应将"营业外收入"科目余额转入"本年利润"科目，借记"营业外收入"科目，贷记"本年利润"科目。

【例6-1】四川鲲鹏有限公司 2016 年 5 月 4 日将固定资产报废清理的净收益 10 000 元转作营业外收入。

借：固定资产清理             10 000

    贷：营业外收入              10 000

【例6-2】四川鲲鹏有限公司 2016 年 5 月份营业外收入总额为 150 000 元，期末结转本年利润。

借：营业外收入             150 000

    贷：本年利润              150 000

2. 政府补助利得

（1）与资产相关的政府补助

与资产相关的政府补助是企业取得的用于购建或以其他方式形成长期资产的政府补助。资产相关的政府补助，借记"银行存款"等科目，贷记"递延收益"科目，分配递延收益时，借记"递延收益"科目，贷记"营业外收入"科目。

【例6-3】2008 年 1 月 5 日，政府拨付给四川鲲鹏有限公司 450 万元财政拨款（同日到账），要求用于购买大型科研设备一台。2008 年 1 月 31 日，企业购入大型设备（假设不需要安装），实际成本为 480 万元，其中 30 万元以自有资金支付，使用寿命 10 年，采用直线法计提折旧（假设无残值）。2016 年 2 月 1 日，该企业出售了这台设备，取得价款 120 万元（假定不考虑其他因素）。

① 2008 年 1 月 5 日实际收到财政拨款，确认政府补助：

借：银行存款             4 500 000

    贷：递延收益              4 500 000

② 2008 年 1 月 31 日购入设备：

借：固定资产             4 800 000

    贷：银行存款              4 800 000

③ 自 2008 年 2 月起每个资产负债表日，计提折旧，同时分摊递延收益：

借：研发支出             40 000

| | |
|---|---|
| 　　贷：累计折旧 | 40 000 |
| 　借：递延收益 | 37 500 |
| 　　贷：营业外收入 | 37 500 |

④ 2016 年 2 月 1 日出售该设备，同时转销递延收益余额：

| | |
|---|---|
| 　借：固定资产清理 | 960 000 |
| 　　累计折旧 | 3 840 000 |
| 　　贷：固定资产 | 4 800 000 |
| 　借：银行存款 | 1 200 000 |
| 　　贷：固定资产清理 | 960 000 |
| 　　　营业外收入 | 240 000 |
| 　借：递延收益 | 900 000 |
| 　　贷：营业外收入 | 900 000 |

（2）与收益相关的政府补助

与收益相关的政府补助是除与资产相关的政府补助之外的政府补助。与收益相关的政府补助，借记"银行存款"等科目，贷记"营业外收入"科目，或通过"递延收益"科目分期计入当期损益。

【例 6-4】2016 年 5 月 5 日，四川鲲鹏有限公司完成政府下达的节能减排任务，收到政府补助资金 200 000 元。

| | |
|---|---|
| 　借：银行存款 | 200 000 |
| 　　贷：营业外收入 | 200 000 |

【例 6-5】四川鲲鹏有限公司享受银行贷款月利率 0.5% 的地方财政贴息补助。2016 年 1 月，从国家开发银行取得半年期贷款 10 000 000 元，银行贷款月利率为 0.5%，同时收到财政部门拨付的一季度贴息款 150 000 元。4 月又收到二季度的贴息款 150 000 元。

① 2016 年 1 月，实际收到财政贴息款时：

| | |
|---|---|
| 　借：银行存款 | 150 000 |
| 　　贷：递延收益 | 150 000 |

② 2016 年 1~6 月份，分别将补偿当月利息费用的补贴计入当期收益：

| | |
|---|---|
| 　借：递延收益 | 50 000 |
| 　　贷：营业外收入 | 50 000 |

3. 盘盈利得及捐赠利得

企业确认盘盈利得及捐赠利得计入营业外收入时，借记"库存现金""待处理财产损溢"等科目，贷记"营业外收入"。

【例 6-6】四川鲲鹏有限公司在财产清查中盘盈现金 300 元，按管理权限经批准后转入营业外收入。

① 发现盘盈时：

| | |
|---|---|
| 　借：库存现金 | 300 |

   贷：待处理财产损溢              300

  ② 经批准后转入营业外收入时：

   借：待处理财产损溢           300

    贷：营业外收入            300

## 二、营业外支出

（一）营业外支出核算的内容

  营业外支出是不属于企业生产经营费用，与企业生产经营活动没有直接的关系，但应从企业实现的利润总额中扣除的支出。营业外支出主要包括固定资产盘亏、处置固定资产净损失、出售无形资产损失、非常损失、罚款支出、捐赠支出、债务重组损失、提取的固定资产减值准备、提取的无形资产减值准备和提取的在建工程减值准备等。

  固定资产盘亏是企业在财产清查盘点中，实际固定资产数量和价值低于固定资产账面数量和价值而发生的固定资产损失；处置固定资产净损失是企业处置固定资产获得的收入不足以抵补处置费用和固定资产净值所发生的损失；出售无形资产损失是企业出售无形资产所取得的收入减去出售无形资产的账面价值及所发生的相关税费后的净损失；非常损失是企业由于客观原因造成的损失，在扣除保险公司赔偿后应计入营业外支出的净损失；罚款支出是企业由于违反经济合同、税收法规等规定而支付的各种罚款；捐赠支出是企业对外捐赠的各种资产的价值；债务重组损失是按照债务重组会计处理规定应计入营业外支出的债务重组损失；提取的固定资产减值准备、提取的无形资产减值准备和提取的在建工程减值准备，是企业按照会计制度规定计提的固定资产、无形资产和在建工程的减值准备。

（二）营业外支出的会计处理

  企业设置"营业外支出"科目，核算营业外支出的发生及结转情况。"营业外支出"科目借方登记企业发生的各项营业外支出，贷方登记期末结转入本年利润的营业外支出，结转后无余额。

  企业发生营业外支出时，借记"营业外支出"科目，贷记"固定资产清理""待处理财产损溢""库存现金""银行存款"等科目。期末，应将"营业外支出"科目余额结转入"本年利润"科目，借记"本年利润"科目，贷记"营业外支出"科目。

  【例6-7】四川鲲鹏有限公司2016年12月15日，将地震造成的原材料意外灾害损失170 000元转作营业外支出。

  （1）发生原材料意外灾害时：

   借：待处理财产损溢          170 000

    贷：原材料             170 000

  （2）批准处理时：

   借：营业外支出            170 000

    贷：待处理财产损溢         170 000

  【例6-8】四川鲲鹏有限公司2016年5月15日用银行存款支付税款滞纳金

4 000 元。

　　借：营业外支出　　　　　　　　　　　　　　　　　　　　4 000
　　　贷：银行存款　　　　　　　　　　　　　　　　　　　　　　4 000

【例 6 - 9】四川鲲鹏有限公司 2016 年 9 月 15 日将拥有的一项非专利技术出售，取得价款 500 000 元，应交的营业税为 25 000 元。该非专利技术的账面余额为 600 000 元，出售时已累计摊销 80 000 元，未计提减值准备。

　　借：银行存款　　　　　　　　　　　　　　　　　　　　500 000
　　　累计摊销　　　　　　　　　　　　　　　　　　　　　 80 000
　　　营业外支出　　　　　　　　　　　　　　　　　　　　 45 000
　　　贷：无形资产　　　　　　　　　　　　　　　　　　　　　600 000
　　　　应交税费——应交营业税　　　　　　　　　　　　　　　 25 000

【例 6 - 10】四川鲲鹏有限公司 2016 年 9 月营业外支出总额为 650 000 元，期末结转本年利润。

　　借：本年利润　　　　　　　　　　　　　　　　　　　　650 000
　　　贷：营业外支出　　　　　　　　　　　　　　　　　　　　650 000

# 第二节　所得税费用

## 一、所得税费用概述

　　所得税是根据企业应纳税所得额的一定比例上交的一种税金。所得税费用包括当期所得税和递延所得税两个部分。

　　所得税费用（或收益）＝当期所得税＋递延所得税费用（－递延所得税收益）

　　递延所得税费用＝递延所得税负债增加额＋递延所得税资产减少额

　　递延所得税收益＝递延所得税负债减少额＋递延所得税资产增加额

　　其中：当期所得税是指按照税法规定的针对当期发生的交易和事项，应交给税务部门的所得税金额，即应交所得税，公式为：

　　应纳税所得额＝税前会计利润＋纳税调整增加额－纳税调整减少额

　　应交所得税＝应纳税所得额×所得税税率

　　递延所得税负债是企业根据《企业会计准则》确认的应纳税暂时性差异产生的所得税负债。递延所得税资产是企业根据《企业会计准则》确认的可抵扣暂时性差异产生的所得税资产，以及根据税法规定可以用以后年度税前利润弥补的亏损及税款抵减产生的所得税资产。

## 二、所得税费用的会计处理

　　企业设置"所得税费用"账户，核算企业确认的应当从当期利润总额中扣除的所得税费用。"所得税费用"账户属于损益类账户，借方登记发生的当期所得税费用和产生的递延所得税费用，贷方登记产生的递延所得税收益。期末，应将本账户的余额转入"本年利润"账户，结转后无余额。

【例6-11】四川鲲鹏有限公司2015年度税前利润为2 080万元，所得税税率为25%。当年按税法核定的全年实发工资为200万元，职工福利费30万元，工会经费5万元，职工教育经费10万元；经查，公司当年营业外支出中有12万元为税款滞纳罚金。假定公司全年无其他纳税调整因素，计算四川鲲鹏有限公司应交所得税。

税法规定，企业发生的合理的工资、薪金支出准予据实扣除；企业发生的职工福利费支出，不超过工资、薪金总额14%的部分准予扣除；企业拨缴的工会经费，不超过工资、薪金总额2%的部分准予扣除；企业发生的职工教育经费支出，不超过工资、薪金总额2.5%的部分准予扣除，超过部分准予结转以后纳税年度扣除；计入当期营业外支出的税款滞纳金不允许扣除。

四川鲲鹏有限公司所得税的计算如下：

按税法规定，计算当期应纳税所得额时，可以扣除工资、薪金支出200万元；

扣除职工福利费支出 $200 \times 14\% = 28$（万元）

扣除职工工会经费支出 $200 \times 2\% = 4$（万元）

扣除职工教育经费支出 $200 \times 2.5\% = 5$（万元）

纳税调整数 $= (30 - 28) + (5 - 4) + (10 - 5) + 12 = 20$（万元）

应纳税所得额 $=$ 税前会计利润 $+$ 纳税调整增加额 $-$ 纳税调整减少额

$\qquad = 2\ 080 + 20 = 2\ 100$（万元）

当期应交所得税额 $=$ 应纳税所得额 $\times$ 所得税税率 $= 2\ 100 \times 25\% = 525$（万元）

【例6-12】四川鲲鹏有限公司2016年全年税前利润为1 530万元，其中包括本年收到的国库券利息收入30万元，所得税税率为25%。假定四川鲲鹏有限公司本年无其他纳税调整因素。

税法规定，企业购买国库券的利息收入免交所得税，即在计算纳税所得时可将其扣除。四川鲲鹏有限公司当期所得税的计算如下：

应纳税所得额 $= 1\ 530 - 30 = 1\ 500$（万元）

当期应交所得税额 $=$ 应纳税所得额 $\times$ 所得税税率 $= 1\ 500 \times 25\% = 375$（万元）

【例6-13】承【例6-12】，四川鲲鹏有限公司递延所得税负债年初数为40万元，年末数为50万元，递延所得税资产年初数为25万元，年末数为20万元。

计算公司所得税费用：

递延所得税费用 $= (50 - 40) + (25 - 20) = 15$（万元）

所得税费用 $=$ 当期所得税 $+$ 递延所得税费用 $= 375 + 15 = 390$（万元）

借：所得税费用——当期所得税费用       375

        ——递延所得税费用       15

  贷：应交税费——应交所得税       375

        递延所得税负债       10

        递延所得税资产       5

# 第三节　本年利润

## 一、结转本年利润的方法

会计期末结转本年利润的方法有表结法和账结法两种。

### （一）表结法

表结法是用"利润表"结转期末损益类项目，计算体现期末财务成果的方法。具体操作是每月月末只结出损益类科目的月末余额，但不结转到"本年利润"科目，只有在年末结转时才使用"本年利润"科目。将每月月末损益类科目的本月发生额合计填入利润表的本月栏，将本月余额填入利润表的本年累计栏，科目不结转。到了年末再使用账结法结转整个年度的累计余额。

### （二）账结法

账结法是每个会计期间期末将损益类科目净期末余额结转到"本年利润"科目中，损益类科目月末不留余额。结转后"本年利润"科目的本月余额反映当月实现的利润或发生的亏损，"本年利润"科目的本年余额反映本年累计实现的利润或发生的亏损。

## 二、本年利润的会计处理

"本年利润"科目核算企业当期实现的净利润（或发生的净亏损）。企业期（月）末结转利润时，应将各损益类科目的金额转入本科目，结平各损益类科目。结转后"本年利润"科目的贷方余额为当期实现的净利润，借方余额为当期发生的净亏损。

年度终了，应将本年实现的净利润，转入"利润分配"科目，借记"本年利润"科目，贷记"利润分配——未分配利润"科目；如为净亏损，做相反的会计分录，结转后"本年利润"科目无余额。

【例 6－14】四川鲲鹏有限公司 2016 年有关损益类科目的年末余额如表 6－1（采用表结法，年末一次结转损益类科目，所得税税率为 25%）：

表 6－1　　　　　四川鲲鹏有限公司 2016 年各损益类账户的年末余额　　　　单位：元

| 科目名称 | 结账前余额 | 方向 | 科目名称 | 结账前余额 | 方向 |
|---|---|---|---|---|---|
| 主营业务收入 | 1 490 000 | 贷 | 税金及附加 | 1 194 | 借 |
| 其他业务收入 | 50 000 | 贷 | 销售费用 | 39 000 | 借 |
| 公允价值变动损益 | 40 000 | 贷 | 管理费用 | 138 800 | 借 |
| 投资收益 | 1 200 | 贷 | 财务费用 | 73 000 | 借 |
| 营业外收入 | 80 000 | 贷 | 资产减值损失 | 32 000 | 借 |
| 主营业务成本 | 820 000 | 借 | 营业外支出 | 68 900 | 借 |
| 其他业务成本 | 30 531 | 借 | | | |

2016 年末未结转本年利润的会计分录如下：

（1）将各损益类科目年末余额结转入"本年利润"科目：

①结转各项收入、利得类科目：

| | | |
|---|---|---|
| 借：主营业务收入 | | 1 490 000 |
| 其他业务收入 | | 50 000 |
| 公允价值变动损益 | | 40 000 |
| 投资收益 | | 1 200 |
| 营业外收入 | | 80 000 |
| 贷：本年利润 | | 1 661 200 |

②结转各项费用、损失类科目：

| | | |
|---|---|---|
| 借：本年利润 | | 1 203 425 |
| 贷：主营业务成本 | | 820 000 |
| 其他业务成本 | | 30 531 |
| 税金及附加 | | 1 194 |
| 销售费用 | | 39 000 |
| 管理费用 | | 138 800 |
| 财务费用 | | 73 000 |
| 资产减值损失 | | 32 000 |
| 营业外支出 | | 68 900 |

（2）所得税费用的确认与结转。

利润总额为 1 661 200 – 1 203 425 = 457 775 元，假设将该税前会计利润进行纳税调整后，应纳税所得额为 467 770 元，则应交所得税额 = 467 770 × 25% = 116 942.50 元，并考虑递延所得税费用后的所得税费用为 126 942.50 元。

①确认所得税费用：

| | | |
|---|---|---|
| 借：所得税费用 | | 126 942.50 |
| 贷：应交税费——应交所得税 | | 126 942.50 |

②将所得税费用结转入"本年利润"科目：

| | | |
|---|---|---|
| 借：本年利润 | | 126 942.50 |
| 贷：所得税费用 | | 126 942.50 |

（3）将"本年利润"年末余额 330 832.50 元 = 457 775 – 126 942.50 转入"利润分配——未分配利润"：

| | | |
|---|---|---|
| 借：本年利润 | | 330 832.50 |
| 贷：利润分配——未分配利润 | | 330 832.50 |

（4）假设企业按 10% 提取法定盈余公积，按 5% 提取任意盈余公积，分配给投资者股利 200 000 元。

| | | |
|---|---|---|
| 借：利润分配——提取法定盈余公积 | | 33 083.25 |
| ——提取任意盈余公积 | | 16 541.63 |

| | |
|---|---|
| ——应付现金股利 | 200 000 |
| 贷：盈余公积——法定盈余公积 | 33 083.25 |
| ——任意盈余公积 | 16 541.63 |
| 应付股利 | 200 000 |

## 练 习 题

### 一、单项选择题

1. 某企业 2016 年度利润总额为 1 800 万元，其中本年度国债利息收入 200 万元，已计入营业外支出的税收滞纳金 6 万元；企业所得税税率为 25%。假定不考虑其他因素，该企业 2016 年度所得税费用为（　　）万元。

    A. 400　　　　　　　B. 401.5　　　　　　C. 450　　　　　　D. 498.5

2. 下列各项，不影响企业营业利润的是（　　）。

    A. 计提的工会经费　　　　　　B. 发生的业务招待费

    C. 收到退回的所得税　　　　　D. 处置投资取得的净收益

3. 下列交易或事项，不应确认为营业外支出的是（　　）。

    A. 公益性捐赠支出　　　　　　B. 无形资产出售损失

    C. 固定资产盘亏损失　　　　　D. 固定资产减值损失

4. 某企业 2016 年 2 月主营业务收入为 100 万元，主营业务成本为 80 万元，管理费用为 5 万元，资产减值损失为 2 万元，投资收益为 10 万元。假定不考虑其他因素，该企业当月的营业利润为（　　）万元。

    A. 13　　　　　　　B. 15　　　　　　　C. 18　　　　　　D. 23

### 二、多项选择题

1. 下列各项中，影响利润表"所得税费用"项目金额的有（　　）。

    A. 当期应交所得税　　　　　　B. 递延所得税收益

    C. 递延所得税费用　　　　　　D. 代扣代交的个人所得税

2. 下列各项中，不应确认为营业外收入的有（　　）。

    A. 存货盘盈　　　　　　　　　B. 固定资产出租收入

    C. 固定资产盘盈　　　　　　　D. 无法查明原因的现金溢余

3. 下列各项中，应计入营业外支出的有（　　）。

    A. 固定资产处置损失　　　　　B. 存货自然灾害损失

    C. 无法查明原因的现金短缺　　D. 长期股权投资处置损失

4. 下列各项中，影响企业营业利润的有（　　）。

    A. 处置无形资产净收益

    B. 交易性金融资产期末公允价值上升

    C. 接受公益性捐赠利得

    D. 经营租出固定资产的折旧额

5. 下列各项，影响当期利润表中利润总额的有（    ）。

A. 固定资产盘盈　　　　　　　B. 确认所得税费用

C. 对外捐赠固定资产　　　　　D. 无形资产出售利得

### 三、判断题

1. 企业采用"表结法"结转本年利润的，年度内每月月末损益类科目发生额合计数和月末累计余额无须转入"本年利润"科目但要将其填入利润表，在年末时将损益类科目全年累计余额转入"本年利润"科目。　　　　　　　　　（　　）

2. 企业发生毁损的固定资产的净损失，应计入营业外支出。　　　（　　）

3. 年度终了，只有在企业盈利的情况下，应将"本年利润"科目的本年累计余额转入"利润分配——未分配利润"科目。　　　　　　　　　（　　）

# 第七章　财务报表

财务报表是对企业财务状况、经营成果和现金流量的结构性表述。企业编制财务报表是向财务报表使用者提供与企业财务状况、经营成果和现金流量等有关的会计信息，反映企业管理层受托责任的履行情况，有助于财务报表使用者做出经济决策。

一套完整的财务报表至少应当包括资产负债表、利润表、现金流量表、所有者权益变动表以及附注。

## 第一节　资产负债表

资产负债表是指反映企业在某一特定日期的财务状况的报表，主要反映资产、负债和所有者权益三方面的内容。

### 一、资产负债表的结构

资产负债表多采用账户式结构。账户式资产负债表分左右两方，左方为资产项目，按资产的流动性大小排列，流动性大的资产如"货币资金""存货"等排在前面，流动性小的资产如"长期股权投资""固定资产"等排在后面。右方为负债及所有者权益项目，按要求清偿时间的先后顺序排列，"短期借款""应付账款"等需要在一年以内偿还的流动负债排在前面，"长期借款"等在一年以上才需偿还的非流动负债排在中间，在企业清算之前不需要偿还的所有者权益项目排在后面。

账户式资产负债表中的资产各项目的合计等于负债和所有者权益各项目的合计。因此，通过账户式资产负债表，可以反映资产、负债、所有者权益之间的内在联系，即"资产＝负债＋所有者权益"。资产负债表如表7-1所示。

表7-1　　　　　　　　　　　　　　资产负债表

编制单位：　　　　　　　　　　　年　　月　　日　　　　　　　　　　单位：元

| 资产 | 期末余额 | 年初余额 | 负债和所有者权益 | 期末余额 | 年初余额 |
|---|---|---|---|---|---|
| 流动资产： | | | 流动负债： | | |
| 　货币资金 | | | 　短期借款 | | |
| 　交易性金融资产 | | | 　交易性金融负债 | | |
| 　应收票据 | | | 　应付票据 | | |

表7-1(续)

| 资产 | 期末余额 | 年初余额 | 负债和所有者权益 | 期末余额 | 年初余额 |
|---|---|---|---|---|---|
| 应收账款 | | | 应付账款 | | |
| 预付账款 | | | 预收账款 | | |
| 应收利息 | | | 应付职工薪酬 | | |
| 其他应收款 | | | 应交税费 | | |
| 存货 | | | 应付利息 | | |
| 一年内到期的非流动资产 | | | 一年内到期的非流动负债 | | |
| 其他流动资产 | | | 其他应付款 | | |
| 流动资产合计 | | | 其他流动负债 | | |
| 非流动资产： | | | 流动负债合计 | | |
| 可供出售金融资产 | | | 非流动负债： | | |
| 持有至到期投资 | | | 长期借款 | | |
| 长期应收款 | | | 应付债券 | | |
| 长期股权投资 | | | 长期应付款 | | |
| 投资性房地产 | | | 专项应付款 | | |
| 固定资产 | | | 预计负债 | | |
| 在建工程 | | | 递延所得税负债 | | |
| 工程物资 | | | 其他非流动负债 | | |
| 固定资产清理 | | | 非流动负债合计 | | |
| 生产性生物资产 | | | 负债合计 | | |
| 油气资产 | | | 所有者权益： | | |
| 无形资产 | | | 实收资本 | | |
| 开发支出 | | | 资本公积 | | |
| 商誉 | | | 减：库存股 | | |
| 长期待摊费用 | | | 盈余公积 | | |
| 递延所得税资产 | | | 未分配利润 | | |
| 其他非流动资产 | | | 所有者权益合计 | | |
| 非流动资产合计 | | | | | |
| 资产总计 | | | 负债和所有者权益总计 | | |

## 二、资产负债表的编制

资产负债表各项目均需填列"年初余额"和"期末余额"栏。其中"年初余额"栏内各项数字，应根据上年末资产负债表的"期末余额"栏内所列数字填列。

"期末余额"栏主要有以下几种填列方法：

（一）根据总账科目余额填列

"交易性金融资产""短期借款""应付票据""应付职工薪酬"等项目，根据各总账科目的余额直接填列；有些项目则需根据几个总账科目的期末余额计算填列，如"货币资金"项目，需根据"库存现金""银行存款""其他货币资金"三个总账科目的期末余额的合计数填列。

【例7-1】四川鲲鹏有限公司2016年12月31日结账后的"库存现金"科目余额为10 000元，"银行存款"科目余额为4 000 000元，"其他货币资金"科目余额为1 000 000元。四川鲲鹏有限公司2016年12月31日资产负债表中的"货币资金"项目金额为：

10 000 + 4 000 000 + 1 000 000 = 5 010 000（元）

【例7-2】四川鲲鹏有限公司2016年12月31日结账后的"交易性金融资产"科目余额为10 000元。四川鲲鹏有限公司2016年12月31日资产负债表中的"交易性金融资产"项目金额为100 000元。

【例7-3】四川鲲鹏有限公司2016年3月1日向银行借入一年期借款320 000元，向其他金融机构借款230 000元，无其他短期借款业务发生。四川鲲鹏有限公司2016年12月31日资产负债表中的"短期借款"项目金额为：

320 000 + 230 000 = 550 000（元）

【例7-4】四川鲲鹏有限公司2016年12月31日向股东发放现金股利400 000元，股票股利100 000元，现金股利尚未支付。

企业发放的股票股利不通过"应付股利"科目核算，因此，资产负债表中"应付股利"即为尚未支付的现金股利金额，即400 000元。

四川鲲鹏有限公司2016年12月31日资产负债表中的"应付股利"项目金额为400 000元。

【例7-5】四川鲲鹏有限公司2016年12月31日应付A企业商业票据32 000元，应付B企业商业票据56 000元，应付C企业商业票据680 000元，尚未支付。四川鲲鹏有限公司2016年12月31日资产负债表中"应付票据"项目金额为：

32 000 + 56 000 + 680 000 = 768 000（元）

【例7-6】四川鲲鹏有限公司2016年12月31日应付管理人员工资300 000元，应计提福利费42 000元，应付车间工作人员工资57 000元，无其他应付职工薪酬项目。四川鲲鹏有限公司2016年12月31日资产负债表中"应付职工薪酬"项目金额为：

300 000 + 42 000 + 57 000 = 399 000（元）

【例7-7】四川鲲鹏有限公司2016年1月1日发行了一次还本付息的公司债券，面值为1 000 000元，当年12月31日应计提的利息为10 000元。四川鲲鹏有限公司2016年12月31日资产负债表中"应付债券"项目金额为：

1 000 000 + 10 000 = 1 010 000（元）

（二）根据明细账科目余额计算填列

"应付账款"项目，需要根据"应付账款"和"预付账款"两个科目所属的相关明细科目的期末贷方余额计算填列；"应收账款"项目，需要根据"应收账款"和"预付账款"两个科目所属的相关明细科目的期末借方余额计算填列；

【例7-8】四川鲲鹏有限公司2016年12月31日结账后有关科目所属明细科目借贷方余额如表7-2所示。

表7-2                                                              单位：元

| 科目名称 | 明细科目借方余额合计 | 明细科目贷方合计 |
|---|---|---|
| 应收账款 | 1 600 000 | 100 000 |
| 预付账款 | 800 000 | 60 000 |
| 应付账款 | 400 000 | 1 800 000 |
| 预收账款 | 600 000 | 1 400 000 |

四川鲲鹏有限公司2016年12月31日资产负债表中相关项目的金额为：

"应收账款"项目金额为：1 600 000 + 600 000 = 2 200 000（元）

"预付账款"项目金额为：800 000 + 400 000 = 1 200 000（元）

"应付账款"项目金额为：60 000 + 1 800 000 = 1 860 000（元）

"预收账款"项目金额为：1 400 000 + 100 000 = 1 500 000（元）

【例7-9】四川鲲鹏有限公司2016年12月1日购入原材料一批价款150 000元，增值税25 500元，款项已付，材料已验收入库，当年根据实现的产品销售收入计算的增值税销项税额为50 000元。该月转让一项专利，需要交纳营业税50 000元尚未支付，没有其他未支付的税费。四川鲲鹏有限公司2016年12月31日资产负债表中"应交税费"项目金额为：

50 000 - 25 500 + 50 000 = 74 500（元）

（三）根据总账科目和明细账科目余额分析计算填列

"长期借款"项目，需要根据"长期借款"总账科目余额扣除"长期借款"科目所属的明细科目中将在一年内到期且企业不能自主地将清偿义务展期的长期借款后的金额计算填列。

【例7-10】四川鲲鹏有限公司长期借款情况如表7-3所示。

表7-3

| 借款起始日期 | 借款期限（年） | 金额（元） |
|---|---|---|
| 2016年1月1日 | 3 | 1 000 000 |
| 2014年1月1日 | 5 | 2 000 000 |
| 2013年6月1日 | 4 | 1 500 000 |

四川鲲鹏有限公司 2016 年 12 月 31 日资产负债表中"长期借款"项目金额为：

1 000 000 + 2 000 000 = 3 000 000（元）

【例 7 - 11】四川鲲鹏有限公司 2016 年"长期待摊费用"科目的期末余额为375 000 元，将于一年内摊销的数额为 204 000 元。四川鲲鹏有限公司 2016 年 12 月 31日资产负债表中的"长期待摊费用"项目金额为：

375 000 - 204 000 = 171 000（元）

（四）根据有关科目余额减去其备抵科目余额后的净额填列

"应收票据""应收账款""长期股权投资""在建工程"等项目，应当根据"应收票据""应收账款""长期股权投资""在建工程"等科目的期末余额减去"坏账准备""长期股权投资减值准备""在建工程减值准备"等科目余额后的净额填列。"固定资产"项目，应当根据"固定资产"科目的期末余额减去"累计折旧""固定资产减值准备"备抵科目余额后的净额填列；"无形资产"项目，应当根据"无形资产"科目的期末余额，减去"累计摊销""无形资产减值准备"备抵科目余额后的净额填列。

【例 7 - 12】四川鲲鹏有限公司 2016 年 12 月 31 日因出售商品应收 A 企业票据金额为 123 000 元，因提供劳务应收 B 企业票据 342 000 元，12 月 31 日将所持 C 企业金额为 10 000 元的未到期商业汇票向银行贴现，实际收到金额为 9 000 元。四川鲲鹏有限公司 2016 年 12 月 31 日资产负债表中的"应收票据"项目金额为：

123 000 + 342 000 - 10 000 = 455 000（元）

【例 7 - 13】四川鲲鹏有限公司 2016 年 12 月 31 日结账后"应收账款"科目所属各明细科目的期末借方余额合计 450 000 元，贷方余额合计 220 000 元，对应收账款计提的坏账准备为 50 000 元，假定"预收账款"科目所属明细科目无借方余额。四川鲲鹏有限公司 2016 年 12 月 31 日资产负债表中的"应收账款"项目金额为：

450 000 - 50 000 = 400 000（元）

【例 7 - 14】四川鲲鹏有限公司 2016 年 12 月 31 日结账后的"其他应收款"科目余额为 63 000 元，"坏账准备"科目中有关其他应收款计提的坏账准备为 2 000 元。四川鲲鹏有限公司 2016 年 12 月 31 日资产负债表中的"其他应收款"项目金额为：

63 000 - 2 000 = 61 000（元）

【例 7 - 15】四川鲲鹏有限公司 2016 年 12 月 31 日结账后的"长期股权投资"科目余额为 100 000 元，"长期股权投资减值准备"科目余额为 6 000 元。四川鲲鹏有限公司 2016 年 12 月 31 日资产负债表中的"长期股权投资"项目金额为：

100 000 - 6 000 = 94 000（元）

【例 7 - 16】四川鲲鹏有限公司 2016 年 12 月 31 日结账后的"固定资产"科目余额为 1 000 000 元，"累计折旧"科目余额为 90 000 元，"固定资产减值准备"科目余额为 200 000 元。四川鲲鹏有限公司 2016 年 12 月 31 日资产负债表中的"固定资产"项目金额为：

1 000 000 - 90 000 - 200 000 = 710 000（元）

【例7-17】四川鲲鹏有限公司2016年交付安装的设备价值为305 000元，未完建筑安装工程已经耗用的材料64 000元，工资费用支出70 200元，"在建工程减值准备"科目余额为20 000元，安装工作尚未完成。四川鲲鹏有限公司2016年12月31日资产负债表中的"在建工程"项目金额为：

305 000 + 64 000 + 70 200 − 20 000 = 419 200（元）

【例7-18】四川鲲鹏有限公司2016年12月31日结账后的"无形资产"科目余额为488 000元，"累计摊销"科目余额为48 800元，"无形资产减值准备"科目余额为93 000元。四川鲲鹏有限公司2016年12月31日资产负债表中的"无形资产"项目金额为：

488 000 − 48 800 − 93 000 = 346 200（元）

（五）综合运用上述填列方法分析填列

【例7-19】四川鲲鹏有限公司2016年12月31日结账后有关科目余额为："材料采购"科目借方余额为140 000元，"原材料"科目借方余额为2 400 000元，"周转材料"科目借方余额为1 800 000元，"库存商品"科目借方余额为1 600 000元，"生产成本"科目借方余额为600 000元，"材料成本差异"科目贷方余额为120 000元，"存货跌价准备"科目余额为210 000元。

企业应当以"材料采购"（表示在途材料采购成本）、"原材料""周转材料"（比如包装物和低值易耗品等）、"库存商品""生产成本"（表示期末在产品金额）各总账科目余额加总后，加上或减去"材料成本差异"总账科目的余额（若为贷方余额，应减去；若为借方余额，应加上），再减去"存货跌价准备"总账科目余额后的净额，作为资产负债表中"存货"项目的金额。四川鲲鹏有限公司2016年12月31日资产负债表中的"存货"项目金额为：

140 000 + 2 400 000 + 1 800 000 + 1 600 000 + 600 000 − 120 000 − 210 000 = 6 210 000（元）

# 第二节 利润表

利润表是反映企业在一定会计期间内的经营成果的报表，反映企业在一定会计期间的收入、费用、利润（或亏损）的数额、构成情况，帮助财务报表使用者全面了解企业的经营成果，分析企业的获利能力及盈利增长趋势。

## 一、利润表的结构

我国企业的利润表采用多步式格式，如表7-4所示。

表7-4　　　　　　　　　　　　　　　　利润表

编制单位：　　　　　　　　　　　　　　　　　年　　月　　　　　　　　　　　单位：元

| 项　　目 | 本期金额 | 上期金额 |
|---|---|---|
| 一、营业收入 | | |
| 减：营业成本 | | |
| 税金及附加 | | |
| 销售费用 | | |
| 管理费用 | | |
| 财务费用 | | |
| 资产减值损失 | | |
| 加：公允价值变动收益（损失以"－"号填列） | | |
| 投资收益（损失以"－"号填列） | | |
| 其中：对联营企业和合营企业的投资收益 | | |
| 二、营业利润（亏损以"－"号填列） | | |
| 加：营业外收入 | | |
| 减：营业外支出 | | |
| 其中：非流动资产处置损失 | | |
| 三、利润总额（亏损总额以"－"号填列） | | |
| 减：所得税费用 | | |
| 四、净利润（净亏损以"－"号填列） | | |
| 五、每股收益： | | |
| （一）基本每股收益 | | |
| （二）稀释每股收益 | | |

## 二、利润表的编制

利润表各项目均需填列"本期金额"和"上期金额"两栏。其中"上期金额"栏内各项数字，应根据上年该期利润表的"本期金额"栏内所列数字填列。"本期金额"栏内各期数字，除"基本每股收益"和"稀释每股收益"项目外，应当按照相关科目的发生额分析填列。如"营业收入"，根据"主营业务收入""其他业务收入"科目的发生额分析计算填列；"营业成本"项目，根据"主营业务成本""其他业务成本"科目的发生额分析计算填列。其他项目均按照各该科目的发生额分析填列。

利润表的主要编制步骤和内容为：

第一步，以营业收入为基础，减去营业成本、税金及附加、销售费用、管理费用、财务费用、资产减值损失，加上公允价值变动收益（减去公允价值变动损失）和投资收益（减去投资损失），计算出营业利润；

第二步，以营业利润为基础，加上营业外收入，减去营业外支出，计算出利润总额；

第三步，以利润总额为基础，减去所得税费用，计算出净利润（或亏损）。

确定利润表中各主要项目的金额，相关计算公式如下：

（1）营业利润＝营业收入－营业成本－税金及附加－销售费用－管理费用－财务费用－资产减值损失＋公允价值变动收益（或－公允价值变动损失）＋投资收益（或－投资损失）其中，营业收入＝主营业务收入＋其他业务收入营业成本＝主营业务成本＋其他业务成本

（2）利润总额＝营业利润＋营业外收入－营业外支出

（3）净利润＝利润总额－所得税费用

【例7－20】某企业2016年度"主营业务收入"科目的贷方发生额为33 000 000元，借方发生额为200 000元（系11月份发生的购买方退货），"其他业务收入"科目的贷方发生额为2 000 000元。

该企业2016年度利润表中"营业收入"的项目金额为：

33 000 000－200 000＋2 000 000＝34 800 000（元）

本例中，企业一般应当以"主营业务收入"和"其他业务收入"两个总账科目的贷方发生额之和，作为利润表中"营业收入"项目金额。当年发生销售退回的，以应冲减销售退回主营业务收入或的金额，填列"营业收入"项目。

【例7－21】四川鲲鹏有限公司2016年度"主营业务成本"科目的借方发生额为30 000 000元；2016年12月8日，当年9月销售给某单位的一批产品由于质量问题被退回，该项销售已确认成本1 800 000元；"其他业务成本"科目借方发生额为800 000元。四川鲲鹏有限公司2016年度利润表中的"营业成本"的项目金额为：

30 000 000－1 800 000＋800 000＝29 000 000（元）

【例7－22】四川鲲鹏有限公司2016年12月31日"资产减值损失"科目当年借方发生额为680 000元，贷方发生额为320 000元。2016年度利润表中"资产减值损失"的项目金额为：

680 000－320 000＝360 000（元）

【例7－23】四川鲲鹏有限公司2016年"公允价值变动损益"科目贷方发生额为900 000元，借方发生额为120 000元。2016年度利润表中"公允价值变动收益"的项目金额为：

900 000－120 000＝780 000（元）

【例7－24】四川鲲鹏有限公司2016年12月31日"主营业务收入"科目发生额为1 990 000元，"主营业务成本"科目发生额为630 000元，"其他业务收入"科目发生额为500 000元，"其他业务成本"科目发生额为150 000元，"税金及附加"科目发生额为780 000元，"销售费用"科目发生额为60 000元，"管理费用"科目发生额为50 000元，"财务费用"科目发生额为170 000元，"资产减值损失"科目借方发生额为

50 000 元（无贷方发生额），"公允价值变动损益"科目为借方发生额 450 000 元（无贷方发生额），"投资收益"科目贷方发生额为 850 000 元（无借方发生额），"营业外收入"科目发生额为 100 000 元，"营业外支出"科目发生额为 40 000 元，"所得税费用"科目发生额为 171 600 元。四川鲲鹏有限公司 2016 年度利润表中营业利润、利润总额和净利润的计算过程如下：

营业利润 = 1 990 000 + 500 000 − 630 000 − 150 000 − 780 000 − 60 000 − 50 000 − 170 000 − 50 000 − 450 000 + 850 000 = 1 000 000（元）

利润总额 = 1 000 000 + 100 000 − 40 000 = 1 060 000（元）

净利润 = 1 060 000 − 171 600 = 888 400（元）

# 第三节　现金流量表

现金流量是一定会计期间内企业现金和现金等价物的流入和流出。现金流量表是反映企业在一定会计期间现金和现金等价物流入和流出的报表。

## 一、现金流量表概述

现金是企业库存现金以及可以随时用于支付的存款，包括库存现金、银行存款和其他货币资金（如外埠存款、银行汇票存款、银行本票存款等）等。不能随时用于支付的存款不属于现金。

现金等价物是企业持有的期限短、流动性强、易于转换为已知金额现金、价值变动风险很小的投资。期限短是从购买日起三个月内到期。现金等价物包括三个月内到期的债券投资等。权益性投资变现的金额通常不确定，因而不属于现金等价物。

企业的现金流量分为三大类：

（一）经营活动产生的现金流量

经营活动是企业投资活动和筹资活动以外的所有交易事项。经营活动产生的现金流量主要包括销售商品或提供劳务、购买商品、接受劳务、支付工资和交纳税款等流入和流出的现金和现金等价物。

（二）投资活动产生的现金流量

投资活动是企业长期资产的构建和不包括在现金等价物范围内的投资及其处置活动。投资活动产生的现金流量主要包括构建固定资产、处置子公司及其他营业单位等流入和流出的现金和现金等价物。

（三）筹资活动产生的现金流量

筹资活动是导致企业资本及负债规模或构成发生变化的活动。筹资活动产生的现金流量主要包括吸收投资、发行股票、分配利润、发行债券、偿还债务等流入和流出的现金和现金等价物。偿还应付账款、应付票据等应付款项属于经营活动，不属于筹资活动。

## 二、现金流量表的结构

现金流量表采用报告式结构（表7-5），分类反映经营活动产生的现金流量、投资活动产生的现金流量和筹资活动产生的现金流量，最后汇总反映企业某一期间现金及现金等价物的净增加额。

表7-5 现金流量表

编制单位： 年 月 单位：元

| 项 目 | 本期金额 | 上期金额 |
| --- | --- | --- |
| 一、经营活动产生的现金流量： | | |
| 销售商品、提供劳务收到的现金 | | |
| 收到的税费返还 | | |
| 收到其他与经营活动有关的现金 | | |
| 经营活动现金流入小计 | | |
| 购买商品、接受劳务支付的现金 | | |
| 支付给职工以及为职工支付的现金 | | |
| 支付的各项税费 | | |
| 支付其他与经营活动有关的现金 | | |
| 经营活动现金流出小计 | | |
| 经营活动产生的现金流量净额 | | |
| 二、投资活动产生的现金流量： | | |
| 收回投资收到的现金 | | |
| 取得投资收益收到的现金 | | |
| 处置固定资产、无形资产和其他长期资产收回的现金净额 | | |
| 处置子公司及其他营业单位收到的现金净额 | | |
| 收到其他与投资活动有关的现金 | | |
| 投资活动现金流入小计 | | |
| 购建固定资产、无形资产和其他长期资产支付的现金 | | |
| 投资支付的现金 | | |
| 取得子公司及其他营业单位支付的现金净额 | | |
| 支付其他与投资活动有关的现金 | | |
| 投资活动现金流出小计 | | |
| 投资活动产生的现金流量净额 | | |

表7-5(续)

| 项 目 | 本期金额 | 上期金额 |
|---|---|---|
| 三、筹资活动产生的现金流量： | | |
| 吸收投资收到的现金 | | |
| 取得借款收到的现金 | | |
| 收到其他与筹资活动有关的现金 | | |
| 筹资活动现金流入小计 | | |
| 偿还债务支付的现金 | | |
| 分配股利、利润或偿付利息支付的现金 | | |
| 支付其他与筹资活动有关的现金 | | |
| 筹资活动现金流出小计 | | |
| 筹资活动产生的现金流量净额 | | |
| 四、汇率变动对现金及现金等价物的影响 | | |
| 五、现金及现金等价物净增加额 | | |
| 加：期初现金及现金等价物余额 | | |
| 六、期末现金及现金等价物余额 | | |

### 三、现金流量表的编制

企业采用直线法列示经营活动产生的现金流量。直线法是通过现金收入和现金支出的主要类别列示经营活动的现金流量。

采用直线法编制经营活动的现金流流量时，一般以利润表中的营业收入为起算点，调整与经营活动有关的项目增减变动，然后计算出经营活动的现金流量。采用直接法具体编制现金流量表时，可以采用工作底稿法或 T 型账户法，也可以根据有关科目记录分析填列。

## 练 习 题

### 一、单项选择题

1. 某企业"应付账款"科目月末贷方余额 40 000 元，其中："应付甲公司账款"明细科目贷方余额 35 000 元，"应付乙公司账款"明细科目贷方余额 5 000 元；"预付账款"科目月末贷方余额 30 000 元，其中："预付 A 工厂账款"明细科目贷方余额 50 000 元，"预付 B 工厂账款"明细科目借方余额 20 000 元。该企业月末资产负债表中"应付账款"项目的金额为（ ）元。

    A. 90 000        B. 30 000        C. 40 000        D. 70 000

2. 下列资产负债表项目，可根据有关总账余额填列的是（　　　）。

    A. 货币资金                B. 应收票据

    C. 存货                     D. 应收账款

3. 下列资产负债表项目，需要根据相关总账所属明细账户的期末余额分析填列的是（　　　）。

    A. 应收账款               B. 应收票据

    C. 应付票据               D. 应付职工薪酬

4. 某企业期末"工程物资"科目的余额为 200 万元，"发出商品"科目的余额为 50 万元，"原材料"科目的余额为 60 万元，"材料成本差异"科目的贷方余额为 5 万元。假定不考虑其他因素，该企业资产负债表中"存货"项目的金额为（　　　）万元。

    A. 105        B. 115        C. 205        D. 215

5. 企业期末"本年利润"的借方余额为 17 万元，"利润分配"和"应付股利"账户贷方余额分别为 18 万元和 12 万元，则当期资产负债表中"未分配利润"项目金额应为（　　　）万元。

    A. 20        B. 13        C. 8        D. 1

6. 下列资产负债表项目中，应根据多个总账科目余额计算填列的是（　　　）。

    A. 应付账款              B. 盈余公积

    C. 未分配利润           D. 长期借款

7. 大明企业 2016 年发生的营业收入为 2 000 万元，营业成本为 1 200 万元，销售费用为 40 万元，管理费用为 100 万元，财务费用为 20 万元，投资收益为 80 万元，资产减值损失为 140 万元（损失），公允价值变动损益为 160 万元（收益），营业外收入为 50 万元，营业外支出为 30 万元。该企业 2016 年的营业利润为（　　　）万元。

    A. 660        B. 740        C. 640        D. 780

8. 编制多步式利润表的第一步，应（　　　）。

    A. 以营业收入为基础，计算营业利润

    B. 以营业收入为基础，计算利润总额

    C. 以营业利润为基础，计算利润总额

    D. 以利润总额为基础，计算净利润

9. 甲公司 2016 年度发生的管理费用为 6 600 万元，其中：以现金支付退休职工统筹退休金 1 050 万元和管理人员工资 3 300 万元，存货盘盈收益 75 万元，管理用无形资产摊销 1 260 万元，其余均以现金支付。假定不考虑其他因素，甲公司 2016 年度现金流量表中"支付其他与经营活动有关的现金"项目的金额为（　　　）万元。

    A. 315        B. 1 425        C. 2 115        D. 2 025

10. 对于现金流量表，下列说法错误的是（　　　）。

    A. 在具体编制时，可以采用工作底稿法或 T 型账户法

    B. 在具体编制时，也可以根据有关科目记录分析填列

    C. 采用多步式

    D. 采用报告式

11. 某企业"应付账款"科目月末贷方余额 40 000 元,其中:"应付甲公司账款"明细科目贷方余额 25 000 元,"应付乙公司账款"明细科目贷方余额 25 000 元,"应付丙公司账款"明细科目借方余额 10 000 元;"预付账款"科目月末贷方余额 20 000 元,其中:"预付 A 公司账款"明细科目贷方余额 40 000 元,"预付 B 公司账款"明细科目借方余额 20 000 元。该企业月末资产负债表中"预付款项"项目的金额为（ ）元。

　　A. 20 000 　　　　B. 30 000 　　　　C. −30 000 　　　　D. −10 000

12. 某企业 2016 年平均流动资产总额为 200 万元,平均应收账款余额为 40 万元。如果流动资产周转次数为 4 次,则应收账款周转次数为（ ）。

　　A. 30 　　　　B. 50 　　　　C. 20 　　　　D. 25

## 二、多项选择题

1. 资产负债表中的"应收账款"项目应根据（ ）填列。

　　A. 应收账款所属明细账借方余额合计

　　B. 预收账款所属明细账借方余额合计

　　C. 按应收账款余额一定比例计提的坏账准备科目的贷方余额

　　D. 应收账款总账科目借方余额

2. 下列资产负债表项目中,根据总账余额直接填列的有（ ）。

　　A. 短期借款 　　　　　　　　B. 实收资本

　　C. 应收票据 　　　　　　　　D. 应收账款

3. 下列各项,会使资产负债表中负债项目金额增加的有（ ）。

　　A. 计提坏账准备

　　B. 计提存货跌价准备

　　C. 计提一次还本付息应付债券的利息

　　D. 计提长期借款利息

4. 下列各项,可以计入利润表"税金及附加"项目的有（ ）

　　A. 增值税 　　　　　　　　B. 城市维护建设税

　　C. 教育费附加 　　　　　　D. 矿产资源补偿费

5. 下列各项,影响企业营业利润的项目有（ ）。

　　A. 销售费用 　　　　　　　B. 管理费用

　　C. 投资收益 　　　　　　　D. 所得税费用

6. 下列各项属于经营活动现金流量的有（ ）。

　　A. 销售商品收到的现金

　　B. 购买固定资产支付的现金

　　C. 吸收投资收到的现金

　　D. 偿还应付账款支付的现金

7. 下列各项中,属于现金流量表中现金及现金等价物的有（ ）

　　A. 库存现金 　　　　　　　B. 其他货币资金

　　C. 3 个月内到期的债券投资 　　D. 随时用于支付的银行存款

8. 下列交易和事项中，不影响当期经营活动产生的现金流量的有（　　）。

　　A. 用产成品偿还短期借款　　　　　B. 支付管理人员工资

　　C. 收到被投资单位利润　　　　　　D. 支付各项税费

9. 会计报表的编制要求有（　　）。

　　A. 真实可靠　　　　　　　　　　　B. 相关可比

　　C. 全面完整　　　　　　　　　　　D. 编报及时

10. 下列说法正确的有（　　）。

　　A. 成本费用利润率＝利润总额/成本费用总额×100%

　　B. 成本费用总额＝营业成本＋税金及附加＋销售费用＋管理费用＋财务费用

　　C. 营业毛利率的分子是营业收入－营业成本

　　D. 总资产报酬率，是企业一定时期内获得的利润总额与平均资产总额的比率

### 三、判断题

1. "应付账款"项目应根据"应付账款"和"预付账款"科目所属各明细科目的期末贷方余额合计数填列；如"应付账款"科目所属明细科目期末有借方余额的，应在资产负债表"预付款项"项目内填列。　　　　　　　　　　　　（　　）

2. 增值税应在利润表的税金及附加项目中反映。　　　　　　　　（　　）

3. 受托代销商品款应作为存货的抵减项目在资产负债表中列示。　（　　）

4. 企业在编制现金流量表时，对企业为职工支付的住房公积金、为职工缴纳的商业保险金、社会保障基金等，应按照职工的工作性质和服务对象分别在经营活动和投资活动产生的现金流量有关项目中反映。　　　　　　　　　　　　　　（　　）

5. "长期股权投资"项目应根据"长期股权投资"科目的期末余额，减去"长期股权投资减值准备"科目的期末余额后的金额填列。　　　　　　　　　　（　　）

6. "开发支出"项目应当根据"研发支出"科目中所属的"费用化支出"明细科目期末余额填列。　　　　　　　　　　　　　　　　　　　　　　　（　　）

7. "长期借款"项目应该根据"长期借款"总账科目余额填列。　　（　　）

8. 企业对于发出的商品，不符合收入确认条件的，应按其实际成本编制会计分录：借记"发出商品"科目，贷记"库存商品"科目。　　　　　　　　　　（　　）

### 四、计算题

1. 青益公司 2016 年有关资料如下：

（1）本年销售商品本年收到现金 1 000 万元，以前年度销售商品本年收到的现金 200 万元，本年预收款项 100 万元，本年销售本年退回商品支付现金 80 万元，以前年度销售本年退回商品支付的现金 60 万元。

（2）本年购买商品支付的现金 700 万元，本年支付以前年度购买商品的未付款项 80 万元和本年预付款项 70 万元，本年发生的购货退回收到的现金 40 万元。

（3）本年分配的生产经营人员的职工薪酬为 200 万元，"应付职工薪酬"年初余额和年末余额分别为 20 万元和 10 万元，假定应付职工薪酬本期减少数均为本年支付的现金。

（4）本年年利润表中的所得税费用为 50 万元（均为当期应交所得税产生的所得税费用），"应交税费——应交所得税"科目年初数为 4 万元，年末数为 2 万元。假定不考虑其他税费。

要求计算：

（1）销售商品、提供劳务收到的现金；

（2）购买商品、接受劳务支付的现金；

（3）支付给职工以及为职工支付的现金；

（4）支付的各项税费。

2．A 公司 2016 年有关资料如下：

资料一：2016 年末的总股数为 1 000 万股（均为发行在外普通股），股本 1 000 万元（每股面值 1 元），资本公积为 3 000 万元，股东权益总额为 5 900 万元。

资料二：2016 年营业收入为 6 000 万元，营业净利率为 10%。

资料三：2016 年 3 月 1 日增发了 200 万股普通股，增加股本 200 万元，增加股本溢价 800 万元；2016 年 9 月 1 日回购了 50 万股普通股，减少股本 50 万元，减少股本溢价 250 万元，2016 年的资本保值增值率为 130%，2016 年初的资本公积中有 90% 属于股本溢价。

资料四：企业流动资产比流动负债多 500 万元，速动比率为 1.2，存货为 300 万元，流动资产包括速动资产和存货。

要求：（1）计算 2016 年年初的股东权益总额；

（2）计算 2016 年的净资产收益率；

（3）计算 2016 年的流动比率。

**五、综合题**

1．东大股份有限公司（以下简称东大公司）为增值税一般纳税企业，适用的增值税税率为 17%。商品销售价格中均不含增值税额。按每笔销售分别结转销售成本。东大公司销售商品、零配件及提供劳务均为主营业务。东大公司 2016 年 9 月发生的经济业务如下：

（1）以交款提货销售方式向甲公司销售商品一批。该批商品的销售价格为 20 万元，实际成本为 17 万元，提货单和增值税专用发票已交甲公司，款项已收到存入银行。

（2）与乙公司签订协议，委托其代销商品一批。根据代销协议，乙公司按代销商品协议价的 5% 收取手续费，并直接从代销款中扣除。该批商品的协议价为 25 万元，实际成本为 18 万元，商品已运往乙公司。本月末收到乙公司开来的代销清单，列明已售出该批商品的 50%；同时收到已售出代销商品的代销款（已扣除手续费）。

（3）与丙公司签订一项设备安装合同。该设备安装期为两个月，合同总价款为 15 万元，分两次收取。本月末收到第一笔价款 5 万元，并存入银行。按合同约定，安装工程完成日收取剩余的款项。至本月末，已实际发生安装成本 6 万元（假定均为安装人员工资）。

（4）向丁公司销售一件特定商品。合同规定，该件商品须单独设计制造，总价款

175 万元，自合同签订日起两个月内交货。丁公司已预付全部价款。至本月末，该件商品尚未完工，已发生生产成本 75 万元（其中，生产人员工资 25 万元，领用原材料 50 万元）。

（5）向 A 公司销售一批零配件。该批零配件的销售价格为 500 万元，实际成本为 400 万元。增值税专用发票及提货单已交给 A 公司。A 公司已开出承兑的商业汇票，该商业汇票期限为三个月，到期日为 12 月 10 日。A 公司因受场地限制，推迟到下月 24 日提货。

（6）与 B 公司签订一项设备维修服务协议。本月末，该维修服务完成并经 B 公司验收合格，增值税发票上标明的金额为 213.7 万元，增值税为 36.3 万元。货款已经收到，为完成该项维修服务，发生相关费用 52 万元（假定均为维修人员工资）。

（7）C 公司退回 2015 年 12 月 28 日购买的商品一批。该批商品的销售价格为 30 万元，实际成本为 23.5 万元。该批商品的销售收入已在售出时确认，但款项尚未收取。经查明，退货理由符合原合同约定。本月末已办妥退货手续并开具红字增值税专用发票。

（8）计算本月应交所得税（结果保留两位小数）。假定该公司适用的所得税税率为 25%，本期无任何纳税调整事项。

除上述经济业务外，东大公司登记 2016 年 9 月份发生的其他经济业务形成的账户余额如下：

| 账户名称 | 借方余额（万元） | 贷方余额（万元） |
|---|---|---|
| 其他业务收入 | | 10 |
| 其他业务成本 | 5 | |
| 投资收益 | | 7.65 |
| 营业外收入 | | 50 |
| 营业外支出 | 150 | |
| 税金及附加 | 50 | |
| 管理费用 | 25 | |
| 财务费用 | 5 | |

要求：

（1）编制东大公司上述（1）～（8）项经济业务相关的会计分录。

（2）编制东大公司 2016 年 9 月份的利润表。

## 利润表

编制单位：东大公司　　　　　　　　2016 年 9 月　　　　　　　　单位：万元

| 项　　目 | 本期金额 |
|---|---|
| 一、营业收入 | |
| 　　减：营业成本 | |
| 　　　　税金及附加 | |
| 　　　　销售费用 | |
| 　　　　管理费用 | |
| 　　　　财务费用 | |
| 　　　　资产减值损失 | |
| 　　加：公允价值变动收益（损失以"－"号填列） | |
| 　　　　投资收益（损失以"－"号填列） | |
| 　　　　其中：对联营企业和合营企业的投资收益 | |
| 二、营业利润（亏损以"－"号填列） | |
| 　　加：营业外收入 | |
| 　　减：营业外支出 | |
| 　　　　其中：非流动资产处置损失 | |
| 三、利润总额（亏损总额以"－"号填列） | |
| 　　减：所得税费用 | |
| 四、净利润（净亏损以"－"号填列） | |

# 第八章　成本核算

　　财务会计中的成本是由企业会计准则所规范的取得资产的耗费。例如，固定资产的成本是取得固定资产的耗费，存货的成本是取得存货的耗费，包括采购成本、加工成本和其他成本。本章所讨论的成本核算是存货成本核算。

## 第一节　成本核算概述

### 一、各种成本耗费的界限

　　1. 存货成本与期间费用的界限

　　存货成本是在购买材料、生产产品或提供劳务过程中发生的由产品或劳务负担的耗费。

　　期间费用是企业当期发生的必须从当期收入得到补偿的经济利益的总流出，期间费用不由产品或劳务负担，不计入产品或劳务成本，直接计入当期损益。

　　2. 各期的成本界限

　　划清各期产品成本的依据是权责发生制和受益原则。某项耗费是否应计入本月存货成本以及应计入多少，取决于是否应由本月负担以及受益量的大小。某项耗费是否应计入本月产品成本，取决于本月产品是否受益。本月产品受益的耗费，就应计入本期产品成本；由本月与以后各月共同受益的耗费，就应在相关期内采用适当方法进行合理分摊。

　　3. 各种产品的成本界限

　　已发生的生产成本中，必须划清应由哪种产品负担。划分的依据是受益原则，哪一种产品受益，就由哪一种产品负担。凡是能直接确定应由某种产品负担的直接耗费，就应直接计入该种产品成本。凡是能确定由几种产品共同负担的耗费，应采用适当分配方法，合理地分配计入相关产品成本。

　　4. 完工产品和在产品的成本界限

　　确定了各种产品本月应负担的生产成本后，月末如果某种产品已经全部完工，则本月发生的生产成本全部计入完工产品；如果产品全部尚未完工，则本月发生的生产成本全部计入未完工产品。如果某种产品既有完工产品又有在产品，就需要采用适当的分配方法，将产品应负担的成本在完工产品和在产品之间进行分配，分别计算出完工产品应负担的成本和在产品应负担的成本。

上月末尚未完工的在产品，转入本月继续加工，上月末分配负担的成本即为本月初在产品成本。月初在产品成本、本月生产成本、本月完工产品成本和月末在产品成本四者之间的关系为：月初在产品成本＋本月生产成本＝本月完工产品成本＋月末在产品成本。

## 二、成本核算使用的主要科目

企业设置"生产成本""制造费用"科目，按照用途归集各项成本，正确计算产品成本，进行成本核算。

1."生产成本"科目

"生产成本"科目核算企业进行工业性生产发生的各项生产成本。"生产成本"科目可按基本生产成本和辅助生产成本进行明细核算。基本生产成本应当分别按照基本生产车间和成本核算对象如产品的品种、类别、订单、批别、生产阶段等设置明细账。

企业发生的各项直接生产成本，各生产车间应负担的制造费用，辅助生产车间为基本生产车间、企业管理部门和其他部门提供的劳务和产品，期（月）末按照一定的分配标准分配给各收益对象，记入"生产成本"的借方；企业已经生产完成并已验收入库的产成品以及入库的自制半成品成本，应于期（月）末记入"生产成本"的贷方；"生产成本"的期末借方余额，反映企业尚未加工完成的在产品成本。

2."制造费用"科目

"制造费用"科目核算企业生产车间为生产产品和提供劳务而发生的各项间接费用。"制造费用"科目可按不同的生产车间、部门和费用项目进行明细核算。

生产车间发生的机物料消耗、管理人员的工资等职工薪酬、计提的固定资产折旧、支付的办公费、水电费等、发生季节性的停工损失等记入"制造费用"的借方，制造费用分配计入有关的成本核算对象记入"制造费用"的贷方，"制造费用"科目期末应无余额。

## 三、产品生产成本项目

企业可以设立的成本项目有：

（一）直接材料

直接材料是企业在生产产品和提供劳务过程中所消耗的直接用于产品生产并构成产品实体的原料、主要材料、外购半成品以及有助于产品形成的辅助材料等。

（二）直接人工

直接人工是企业在生产产品和提供劳务过程中，直接参加产品生产的工人工资以及其他各种形式的职工薪酬。

（三）制造费用

制造费用是企业为生产产品和提供劳务而发生的各项间接费用，包括生产车间管理人员的工资等职工薪酬、折旧费、办公费、水电费、机物料消耗、劳动保护费、季节性和修理期间的停工损失等。

## 四、成本核算的基础工作

1. 定额的制定和修订

产品的消耗定额是编制成本计划、分析和考核成本水平的依据，也是审核和控制耗费的标准。企业应制定可行的原材料、燃料、动力和工时的消耗定额，据以审核各项耗费是否合理节约，控制耗费降低成本。

2. 材料物资的计量、收发、领退和盘点

要对材料物资的收发、领退和结存进行计量，应建立和健全材料物资的计量、收发、领退和盘点制度。

3. 原始记录

生产过程中工时和动力的耗费，在产品和半成品的内部转移，以及产品质量的检验结果等，应做出真实、完整的记录。

## 五、生产成本核算的一般程序

（1）区分应计入产品成本的成本和不应计入产品成本的费用；

（2）将应计入产品成本的各项成本，区分为应当计入本月的产品成本与应当由其他月份产品负担的成本；

（3）将应计入本月产品成本的各项成本在各种产品之间进行归集和分配，计算出各种产品的成本；

（4）对既有完工产品又有在产品的产品，采用一定的方法在完工产品和期末在产品之间进行分配，计算出该种完工产品的总成本和单位成本。

# 第二节　生产成本的核算

## 一、基本生产成本的核算

### （一）直接材料成本的核算

企业设置"生产成本——基本生产成本"核算直接用于产品生产的各种直接材料成本。企业根据发出材料的成本总额，借记"生产成本——基本生产成本"科目及其各产品成本明细账"直接材料"成本项目，贷记"原材料"等科目。

基本生产车间发生的直接用于产品生产的直接材料成本，包括直接用于产品生产的燃料和动力成本，应专门设置"直接材料"等成本项目。原料和主要材料分产品领用的，应根据领料凭证直接记入某种产品成本的"直接材料"项目。

如果是几种产品共同耗用的材料成本，则应采用适当的分配方法，分配计入各有关产品成本的"直接材料"成本项目。在消耗定额比较稳定、准确的情况下，通常采用材料定额消耗量比例或材料定额成本的比例进行分配，计算公式如下：

$$分配率 = \frac{材料实际总消耗量（或实际成本）}{各种产品材料定额消耗量（或定额成本）之和}$$

$$某种产品应分配的 = 该种产品的材料定额 \times 分配率$$
$$材料数量（或成本）\quad 消耗量（或定额成本）$$

原料及主要材料成本还可以采用其他方法分配。比如，不同规格的同类产品，如果产品的结构大小相近，也可以按产量或重量比例分配。

【例8-1】四川鲲鹏有限公司基本生产车间领用某种材料4 000千克，单价100元，材料成本合计400 000元，生产A产品4 000件，8产品2 000件。A产品消耗定额为12千克，8产品消耗定额26千克。分配结果如下：

$$分配率 = \frac{400\ 000}{4\ 000 \times 12 + 2\ 000 \times 26} = \frac{400\ 000}{48\ 000 + 52\ 000} = 4$$

应分配的材料成本：

A产品：$48\ 000 \times 4 = 192\ 000$（元）

B产品：$52\ 000 \times 4 = 208\ 000$（元）合计：400 000（元）

材料成本的分配在实际工作中是通过材料成本分配表进行的。材料成本分配表按照材料的用途和材料类别，根据归类后的领料凭证编制。

【例8-1】四川鲲鹏有限公司基本生产车间材料成本分配表如表8-1。

表8-1　　　　　　　　　　　　材料成本分配表

| 应借科目 | | | 共同耗用原材料的分配 | | | | | 直接领用的原材料（元） | 耗用原材料总额（元） |
|---|---|---|---|---|---|---|---|---|---|
| 总账及二级科目 | 明细科目 | 成本或费用项目 | 产量（件） | 单位消耗定额（千克） | 定额消耗用量（千克） | 分配率 | 应分配材料费（元） | | |
| 生产成本——基本生产成本 | A产品 | 直接材料 | 4 000 | 12 | 48 000 | | 192 0 000 | 408 000 | 600 000 |
| | B产品 | 直接材料 | 2 000 | 26 | 52 000 | | 208 000 | 32 000 | 240 000 |
| | 小　计 | | | | 100 000 | 4 | 400 000 | 440 000 | 840 000 |
| 生产成本——辅助生产成本 | 锅炉车间 | 直接材料 | | | | | | 125 000 | 125 000 |
| | 供电车间 | 直接材料 | | | | | | 75 000 | 75 000 |
| | 小　计 | | | | | | | 200 000 | 200 000 |
| 制造费用 | 基本车间 | 机物料消耗 | | | | | | 60 000 | 60 000 |
| 合　计 | | | | | | | 400 000 | 700 000 | 1 100 000 |

四川鲲鹏有限公司根据"材料成本分配表"作会计处理如下：

借：生产成本——基本生产成本——A产品——直接材料　　　600 000

　　　　　　　　　　　　——B产品——直接材料　　　240 000

　　　　　——辅助生产成本　　　　　　　　　　200 000

　　制造费用——基本车间　　　　　　　　　　　　60 000

　贷：原材料——某材料　　　　　　　　　　　　　　　1 100 000

（二）直接人工成本的核算

企业设置"生产成本——基本生产成本"核算直接用于产品生产的各种直接人工成本。直接进行产品生产的生产工人工资、福利费等职工薪酬，借记"生产成本——基本生产成本"科目及其各产品成本明细账"直接人工"成本项目，贷记"应付职工薪酬"科目。

如果同时生产几种产品，发生的直接人工成本，包括工人工资、福利费等职工薪酬，应采用一定方法分配计入各产品成本中。

1. 按计时工资分配直接人工成本

计时工资依据生产工人出勤记录和月标准工资计算，计算公式如下：

$$直接人工成本分配率 = \frac{本期发生的直接人工成本}{各产品耗用的实际工时（或定额工时）之和}$$

$$某产品应负担的直接人工成本 = 该产品耗用的实际工时（或定额工时） \times 直接人工成本分配率$$

2. 按计件工资分配直接人工成本

计件工资下直接人工成本的分配可根据产量和每件人工费率，分别产品进行汇总，计算出每种产品应负担的直接人工成本。

为了进行直接人工成本核算，月末应分生产部门根据工资结算单和有关的生产工时记录编制工资成本分配表。

【例8-2】四川鲲鹏有限公司基本生产车间"工资成本分配表"如8-2。

表8-2　　　　　工资成本分配汇总表　　　　金额单位：元

| 应借科目 | | 工资 | | | |
|---|---|---|---|---|---|
| 总账及二级科目 | 明细科目 | 分配标准(工时) | 直接生产人员 | 管理人员工资 | 工资合计 |
| 生产成本——基本生产成本 | A产品 | 360 000 | 180 000 | | 180 000 |
| | B产品 | 240 000 | 120 000 | | 120 000 |
| | 小计 | 600 000 | 300 000 | | 300 000 |
| 生产成本——辅助生产成本 | 锅炉车间 | | | | 80 000 |
| | 供电车间 | | | | 120 000 |
| | 小计 | | | | 200 000 |
| 制造费用 | 基本车间 | | | 6 000 | 6 000 |
| | 锅炉车间 | | | 3 500 | 3 500 |
| | 供电车间 | | | 2 500 | 2 500 |
| | 小计 | | | 12 000 | 12 000 |
| 合计 | | | 300 000 | 12 000 | 512 000 |

四川鲲鹏有限公司根据"工资成本分配表"作会计处理如下：

借：生产成本——基本生产成本　　　　　　　　　　　　　300 000

　　　　　　——辅助生产成本　　　　　　　　　　　　　200 000

　　制造费用——基本车间　　　　　　　　　　　　　　　　6 000

　　　　　　——锅炉车间　　　　　　　　　　　　　　　　3 500

　　　　　　——供电车间　　　　　　　　　　　　　　　　2 500

　　贷：应付职工薪酬　　　　　　　　　　　　　　　　　512 000

## 二、辅助生产成本的核算

辅助生产是为基本生产服务而进行的产品生产和劳务供应。辅助生产成本是指辅助生产车间发生的成本。

企业设置"生产成本——辅助生产成本"核算直接用于产品生产的各种辅助材料成本。企业根据发出辅助材料的成本总额，借记"生产成本——辅助生产成本"科目及其明细账"辅助材料"成本项目，贷记"原材料"等科目。

基本生产车间发生的直接用于产品生产的直接材料成本，包括直接用于产品生产的燃料和动力成本，应专门设置"直接材料"等成本项目。原料和主要材料分产品领用的，应根据领料凭证直接记入某种产品成本的"直接材料"项目。

如果是几种产品共同耗用的材料成本，则应采用适当的分配方法，分配计入各有关产品成本的"直接材料"成本项目。在消耗定额比较稳定、准确的情况下，通常采用材料定额消耗量比例或材料定额成本的比例进行分配，计算方法如下：

归集在"生产成本——辅助生产成本"科目及其明细账借方的辅助生产成本，由于所生产的产品和提供的劳务不同，其所发生的成本分配转出的程序方法也不一样。提供水、电、气和运输、修理等劳务所发生的辅助生产成本，通常按受益单位耗用的劳务数量在各单位之间进行分配。分配时，借记"制造费用"或在结算辅助生产明细账之前，还应将各辅助车间的制造费用分配转入各辅助生产明细账，归集辅助生产成本。制造工具、模型、备件等产品所发生的成本，应计入完工工具、模型、备件等产品的成本。完工时，作为自制工具或材料入库，由"生产成本——辅助生产成本"科目及其明细账的贷方转入"周转材料——低值易耗品"或"原材料"等科目的借方。

辅助生产成本的分配，应通过辅助生产成本分配表进行。分配辅助生产成本的方法主要有直接分配法、交互分配法和按计划成本分配法等。这里主要介绍分配辅助生产成本的直接分配法和交互分配法。

1. 直接分配法

直接分配法不考虑辅助生产内部相互提供的劳务量，即不经过辅助生产成本的交互分配，直接将各辅助生产车间发生的成本分配给辅助生产以外的各个受益单位或产品。分配计算公式如下：

$$\text{辅助生产的单位成本} = \frac{\text{辅助生产成本总额}}{\text{辅助生产的产品或劳务总量（不包括对辅助生产各车间提供的产品或劳务量）}}$$

$$各受益车间、产品或 \atop 各部门应分配的成本 = 辅助生产的 \atop 单位成本 \times 该车间、产品或 \atop 部门的耗用量$$

【例 8-3】四川鲲鹏有限公司辅助生产车间的锅炉和机修两个辅助车间之间相互提供产品和劳务。锅炉车间的成本按供汽量比例分配，修理费用按修理工时比例进行分配。四川鲲鹏有限公司 2016 年 7 月有关辅助生产成本的资料见表 8-3 。

表 8-3

| 辅助生产车间名称 | | 机修车间 | 锅炉车间 |
|---|---|---|---|
| 待分配成本（元） | | 480 000 | 45 000 |
| 对外供应劳务、产品数量 | | 160 000 小时 | 10 000 立方米 |
| 耗用劳务、产品数量 | 锅炉车间 | 10 000 小时 | |
| | 机修车间 | | 1 000 立方米 |
| | 一车间 | 80 000 小时 | 5 100 立方米 |
| | 二车间 | 70 000 小时 | 3 900 立方米 |

根据资料编制直接分配法的辅助生产成本分配表（表 8-4）。

表 8-4　　　　　　　　　　辅助生产成本分配表

2016 年 7 月

| 辅助生产车间名称 | | | 机修车间 | 锅炉车间 | 合计 |
|---|---|---|---|---|---|
| 待分配成本（元） | | | 480 000 | 45 000 | 525 000 |
| 对外供应劳务、产品数量 | | | 150 000 小时 | 9 000 立方米 | |
| 单位成本（分配率） | | | 3.2 | 5 | |
| 基本生产车间 | 一车间 | 耗用数量 | 80 000 小时 | 5 100 立方米 | |
| | | 分配金额 | 256 000（元） | 25 500（元） | 281 500（元） |
| | 二车间 | 耗用数量 | 70 000 小时 | 3 900 立方米 | |
| | | 分配金额 | 24 000（元） | 19 500（元） | 243 500（元） |
| 金额合计（元） | | | 480 000 | 45 000 | 525 000 |

对外供应劳务、产品数量：机修车间 =160 000-10 000 =150 000（小时），锅炉车间 =10 000-1 000 =9 000（立方米）。会计处理如下：

借：制造费用——一车间　　　　　　　　　　　　　　281 500

　　　　　　——二车间　　　　　　　　　　　　　　243 500

　　贷：生产成本——辅助生产成本——机修车间　　　　　　　　480 000

　　　　　　　　——辅助生产成本——锅炉车间　　　　　　　　 45 000

2. 交互分配法

交互分配法先根据各辅助生产内部相互供应的数量和交互分配前的成本分配率

（单位成本），进行一次交互分配；然后再将各辅助生产车间交互分配后的实际成本（即交互分配前的成本加上交互分配转入的成本，减去交互分配转出的成本），按对外提供劳务的数量，在辅助生产以外的各受益单位或产品之间进行分配。

【例8-4】在【例8-3】中，用交互分配法编制的四川鲲鹏有限公司2016年7月辅助生产成本分配表见表8-5。

表8-5

### 辅助生产成本分配表

2016年7月

| 分配方向 | | 交互分配 | | | 对外分配 | | |
|---|---|---|---|---|---|---|---|
| 辅助生产车间名称 | | 机修 | 锅炉 | 合计 | 机修 | 锅炉 | 合计 |
| 待分配成本（元） | | 480 000 | 45 000 | 525 000 | 454 500 | 70 500 | 525 000 |
| 供应劳务数量 | | 160 000 | 10 000 | | 150 000 | 9 000 | |
| 单位成本（分配率） | | 3 | 4.5 | | 3.03 | 7.833 3 | |
| 辅助车间 | 机修车间 耗用数量 | | 1 000 | | | | |
| | 机修车间 分配金额 | | 4 500 | 4 500 | | | |
| | 锅炉车间 耗用数量 | 10 000 | | | | | |
| | 锅炉车间 分配金额 | 30 000 | | 30 000 | | | |
| | 金额小计 | 30 000 | 4 500 | 34 500 | | | |
| 基本车间 | 一车间 耗用数量 | | | | 80 000 | 5 100 | |
| | 一车间 分配金额 | | | | 242 400 | 39 949.83 | 282 349.83 |
| | 二车间 耗用数量 | | | | 70 000 | 3 900 | |
| | 二车间 分配金额 | | | | 212 100 | 30 550.17 | 242 650.17 |
| 分配金额小计（元） | | | | 454 500 | 70 500 | 525 000 | |

分配率的小数保留四位，第五位四舍五入；分配的小数尾差，计入二车间生产成本。

对外分配的辅助生产成本：

机修车间 = 480 000 + 4 500 - 30 000 = 454 500（元）

锅炉车间 = 45 000 + 30 000 - 4 500 = 70 500（元）

四川鲲鹏有限公司的会计处理如下：

（1）交互分配：

借：生产成本——辅助生产成本——机修车间　　　　　　　　　4 500

　　　　　　——辅助生产成本——锅炉车间　　　　　　　　　30 000

　　贷：生产成本——辅助生产成本——机修车间　　　　　　　　　30 000

　　　　　　　　——辅助生产成本——锅炉车间　　　　　　　　　4 500

（2）对外分配：

借：制造费用——一车间　　　　　　　　　　　　　　　　　282 349.83

| | |
|---|---:|
| ——二车间 | 242 650.17 |
| 贷：生产成本——辅助生产成本——机修车间 | 454 500 |
| ——辅助生产成本——锅炉车间 | 70 500 |

### 三、制造费用的核算

制造费用是企业为生产产品和提供劳务而发生的各项间接费用，包括生产车间发生的机物料消耗、管理人员的工资、福利费等职工薪酬、折旧费、办公费、水电费、季节性的停工损失等。制造费用属于应计入产品成本但不专设成本项目的各项成本。

企业设置"制造费用"科目反映各项制造费用的发生情况和分配转出情况。基本生产车间和辅助生产车间发生的用于组织和管理生产活动的各种材料成本，借记"制造费用"，贷记"原材料"等科目；基本生产车间和辅助生产车间管理人员的工资、福利费等职工薪酬，借记"制造费用"科目和所属明细账的借方，贷记"应付职工薪酬"科目。

生产一种产品时，制造费用可直接计入产品成本。生产多种产品时，要采用合理的分配方法，将制造费用分配计入各种产品成本。分配制造费用的方法有：生产工人工时比例法、生产工人工资比例法、机器工时比例法、耗用原材料的数量或成本比例法、直接成本比例法和产成品产量比例法等。

**（一）生产工人工时比例法**

生产工人工时比例法是按照各种产品所用生产工人实际工时数的比例分配制造费用。计算公式如下：

$$制造费用分配率 = \frac{制造费用总额}{车间生产工人实际工时总数}$$

$$\begin{matrix}某产品应负担 \\ 的制造费用\end{matrix} = \begin{matrix}该产品的生产工人 \\ 实际工时数\end{matrix} \times \begin{matrix}制造费用 \\ 分配率\end{matrix}$$

**（二）生产工人工资比例法**

生产工人工资比例法是按照计入各种产品成本的生产工人实际工资的比例分配制造费用的方法。计算公式如下：

$$制造费用分配率 = \frac{制造费用总额}{车间生产工人实际工资总额}$$

**（三）机器工时比例法**

机器工时比例法是按照生产各种产品所用机器设备运转时间的比例分配制造费用的方法。计算公式如下：

$$制造费用分配率 = \frac{制造费用总额}{机器运转总时数}$$

某产品应负担的制造费用 = 该产品的机器运转时数 × 制造费用分配率

**（四）耗用原材料的数量或成本比例法**

耗用原材料的数量或成本比例法是按照各种产品所耗用的原材料的数量或成本的

比例分配制造费用的方法。计算公式如下：

$$制造费用分配率 = \frac{制造费用总额}{耗用原材料的数量（或成本）总数}$$

$$某产品应负担的制造费用 = 该产品所耗用的原材料的数量（或成本） \times 制造费用分配率$$

（五）直接成本比例法

直接成本比例法是按照计入各种产品的直接成本（材料、生产工人工资等职工薪酬之和）的比例分配制造费用的方法。计算公式如下：

$$制造费用分配率 = \frac{制造费用总额}{各种产品的直接成本总额}$$

某产品应负担的制造费用 = 该产品的直接成本 × 制造费用分配率

（六）产成品产量比例法

产成品产量比例法是按各种产品的实际产量的比例分配制造费用的方法。计算公式如下：

$$制造费用分配率 = \frac{制造费用总额}{各种产品的实际产量（或标准产量）}$$

某产品应负担的制造费用 = 该产品的实际产量（或标准产量）× 制造费用分配率

【例8-5】四川鲲鹏有限公司基本生产车间 M 产品机器工时为 40 000 小时，N 产品机器工时为 30 000 小时，本月发生制造费用 630 000 元。

制造费用分配率 = 630 000 /（40 000 + 70 000）= 9

M 产品应负担的制造费用 = 40 000 × 9 = 360 000（元）

N 产品应负担的制造费用 = 30 000 × 9 = 270 000（元）

按机器工时比例法编制制造费用分配表，如表 8-6 所示。

表 8-6　　　　　　　　制造费用分配表　　　　　　　金额单位：元

| 借方科目 | 机器工时 | 分配金额（分配率：9） |
|---|---|---|
| 生产成本——基本生产成本——M 产品 | 40 000 | 360 000 |
| ——N 产品 | 30 000 | 270 000 |
| 合计 | 70 000 | 630 000 |

借：生产成本——基本生产成本——M 产品　　　　　　　360 000
　　　　　　　　　　　　——N 产品　　　　　　　270 000
　　贷：制造费用　　　　　　　　　　　　　　　　　　630 000

# 第三节　生产成本在完工产品和在产品之间的分配

计算本月完工产品的成本，要将本月发生的生产成本，加上月初在产品成本，在本月完工产品和月末在产品之间进行分配，求得本月完工产品成本。

本月发生的生产成本和月初、月末在产品及本月完工产品成本的关系可用下列公式表达：

月初在产品成本 + 本月发生生产成本 = 本月完工产品成本 + 月末在产品成本

在完工产品和在产品之间分配生产成本的方法有多种：

## 一、不计算在产品成本法

不计算在产品成本法是在月末虽有在产品，但不计算成本。也就是说，产品每月发生的成本，全部由完工产品负担，每月发生的成本之和即为每月完工产品成本。这种方法适用于月末在产品数量很小的产品。

## 二、在产品按固定成本计价法

在产品按固定成本计价法是除年末外的各月末在产品的成本固定不变，某种产品本月发生的生产成本就是本月完工产品的成本。年末，在产品成本不再按固定不变的金额计价，是根据实际盘点的在产品数量计算在产品成本。这种方法适用于月末在产品数量较多，但各月变化不大的产品或月末在产品数量很小的产品。

## 三、在产品按所耗直接材料成本计价法

在产品按所耗直接材料成本计价法是月末在产品只计算其所耗直接材料成本，不计算直接人工等加工成本。也就是说，产品的直接材料成本（月初在产品的直接材料成本与本月发生的直接材料成本之和）需要在完工产品和月末在产品之间进行分配，而生产产品本月发生的加工成本全部由完工产品成本负担。这种方法适用于各月月末在产品的数量较多且各月在产品数量变化较大、直接材料成本在生产成本中所占比重较大且材料在生产开始时一次就全部投入的产品。

## 四、约当产量比例法

约当产量比例法是将月末在产品数量按照完工程度折算为相当于完工产品的产量，然后将产品应负担的全部成本按照完工产品数量和月末在产品约定产量的比例分配计算完工产品成本和月末在产品成本。这种方法适用于月末在产品数量较多，各月在产品数量变化也较大，且生产成本中直接材料成本和直接人工等加工成本的比重相差不大的产品。计算公式如下：

在产品约当产量 = 在产品数量 × 完工程度

$$单位成本 = \frac{月初在产品成本 + 本月发生生产成本}{产成品产量 + 月末在产品约当产量}$$

产成品成本 = 单位成本 × 产成品产量

月末在产品成本 = 单位成本 × 月末在产品约当产量

【例8-6】四川鲲鹏有限公司的A产品本月完工370台，在产品100台，平均完工程度为30%，发生生产成本合计为800 000元。分配结果如下：

$$单位成本 = \frac{800\,000}{370 + 100 \times 30\%} = 2\,000\;（元/台）$$

完工产品成本 = 370 × 2 000 = 740 000（元）

在产品成本 = 100 × 30% × 2 000 = 60 000（元）

## 五、在产品按定额成本计价法

在产品按定额成本计价法是月末在产品成本按定额成本计算，产品的全部成本减去按定额成本计算的月末在产品成本的余额是完工产品成本。这种方法适用于各项消耗定额或成本定额比较准确、稳定，而且各月末在产品数量变化不是很大的产品。

这种方法的计算公式如下：

月末在产品成本 = 月末在产品数量 × 在产品单位定额成本

完工产品总成本 = （月初在产品成本 + 本月发生生产成本）- 月末在产品成本

$$完工成品单位成本 = \frac{完工产品总成本}{产成品产量}$$

【例8-7】四川鲲鹏有限公司C产品本月完工产品产量3 000个，在产品数量400个；在产品单位定额成本为：直接材料400元，直接人工100元，制造费用150元。C产品本月月初在产品和本月耗用直接材料成本共计1 360 000元，直接人工成本640 000元，制造费用960 000元。

表8-7

金额单位：元

| 项　目 | 在产品定额成本 | 完工产品成本 |
|---|---|---|
| 直接材料<br>直接人工<br>制造费用 | 400 × 400 = 160 000<br>100 × 400 = 40 000<br>150 × 400 = 60 000 | 1 360 000 - 160 000 = 1 200 000<br>640 000 - 40 000 = 600 000<br>960 000 - 60 000 = 900 000 |
| 合计 | 260 000 | 2 700 000 |

借：库存商品——C产品　　　　　　　　　　　　　　　2 700 000

　　贷：生产成本——基本生产成本　　　　　　　　　　　　2 700 000

## 六、定额比例法

定额比例法是产品的生产成本在完工产品和月末在产品之间按照两者的定额消耗量或定额成本比例分配。其中直接材料成本，按直接材料的定额消耗量或定额成本比例分配。直接人工等加工成本，可以按各该定额成本的比例分配，也可按定额工时比例分配。这种方法适用于各项消耗定额或成本定额比较准确、稳定，但各月末在产品数量变动较大的产品。计算公式如下：

$$直接材料成本分配率 = \frac{月初在产品实际材料成本 + 本月投入的实际材料成本}{完工产品定额材料成本 + 月末在产品定额材料成本}$$

$$完工产品应负担的直接材料成本 = 完工产品定额材料成本 \times 材料成本分配率$$

$$月末在产品应负担的直接材料成本 = 月末在产品定额材料成本 \times 直接材料成本分配率$$

$$直接人工成本分配率 = \frac{月初在产品实际人工成本 + 本月投入的实际人工成本}{完工产品定额工时 + 月末在产品定额工时}$$

完工产品应负担的直接人工成本 = 完工产品定额工时 × 直接人工成本分配率

月末在产品应负担的直接人工成本 = 月末在产品定额工时 × 直接人工成本分配率

【例8-8】四川鲲鹏有限公司 D 产品本月完工产品产量 300 个，在产品数量 40 个；单位产品定额消耗为：材料 400 千克/个，100 工时/个。单位在产品材料定额 400 千克，工时定额材料 50 小时。有关成本资料如表8-8所示。要求按定额比例法计算在产品成本及完工产品成本。

表8-8 单位：元

| 项目 | 直接材料 | 直接人工 | 制造费用 | 合计 |
|------|---------|---------|---------|------|
| 期初在产品成本 | 400 000 | 40 000 | 60 000 | 500 000 |
| 本期发生成本 | 960 000 | 600 000 | 900 000 | 2 460 000 |
| 合计 | 1 360 000 | 640 000 | 960 000 | 2 960 000 |

按完工产品定额与在产品定额各占总定额的比例分配成本：

（1）完工产品直接材料定额消耗 = 400 × 300 = 120 000（千克），完工产品直接人工定额消耗 = 100 × 300 = 30 000（小时），完工产品制造费用定额消耗 = 100 × 300 = 30 000（小时）

（2）在产品直接材料定额消耗 = 400 × 40 = 16 000（千克），在产品直接人工定额消耗 = 50 × 40 = 2 000（小时），在产品制造费用定额消耗 = 50 × 40 = 2 000（小时）

（3）计算定额比例：

$$在产品直接材料定额消耗比例 = \frac{16\ 000}{120\ 000 + 16\ 000} \times 100\% \approx 11.76\%$$

$$在产品直接人工定额消耗比例 = \frac{2\ 000}{30\ 000 + 2\ 000} \times 100\% \approx 6.25\%$$

$$在产品制造费用定额消耗比例 = \frac{2\ 000}{30\ 000 + 2\ 000} \times 100\% \approx 6.25\%$$

$$完工产品直接材料定额消耗比例 = \frac{120\ 000}{120\ 000 + 16\ 000} \times 100\% \approx 88.24\%$$

$$完工产品直接人工定额消耗比例 = \frac{30\ 000}{30\ 000 + 2\ 000} \times 100\% \approx 93.75\%$$

$$完工产品制造费用定额消耗比例 = \frac{30\ 000}{30\ 000 + 2\ 000} \times 100\% \approx 93.75\%$$

（4）分配成本：

完工产品应负担的直接材料成本 = 1 360 000 × 88.24% = 1 200 064（元）

在产品应负担的直接材料成本 = 1 360 000 × 11.76% = 159 936（元）

完工产品应负担的直接人工成本 = 640 000 × 93.75% = 600 000（元）

在产品应负担的直接人工成本 = 640 000 × 6.25% = 40 000（元）

完工产品应负担的制造费用 = 960 000 × 93.75% = 900 000（元）

在产品应负担的制造费用 = 960 000 × 6.25% = 60 000（元）

D 产品本月完工产品成本 = 1 200 064 + 600 000 + 900 000 = 2 700 064（元）

D 产品本月在产品成本 = 159 936 + 40 000 + 60 000 = 259 936（元）

借：库存商品——D 产品      2 700 064

    贷：生产成本——基本生产成本      2 700 064

## 练 习 题

### 一、单项选择题

1. 不计算在产品成本法适用于（    ）。

    A. 各月月末在产品数量很大

    B. 各月月末在产品数量很小

    C. 各月月末在产品数量变化不大

    D. 各月月末在产品数量变化很大

2. 某产品本月完工 50 件，月末在产品 60 件，在产品平均完工程度为 50%，累计发生产品费用 100 000 元，采用约当产量比例法计算在产品成本时，本月完工产品的成本是（    ）元。

    A. 37 500      B. 45 455      C. 62 500      D. 54 545

3. 下列各项中，不属于生产费用在完工产品与在产品之间分配的方法的有（    ）。

    A. 直接分配法                 B. 约当产量比例法

    C. 不计算在产品成本法          D. 定额比例法

4. 企业产品成本中原材料费用所占比重较大时，月末可采用的在产品和完工产品之间分配的方法是（    ）。

    A. 在产品成本按年初固定成本计算法

    B. 在产品按所耗直接材料成本计价法

    C. 定额比例法

D. 约当产量法

5. 某企业只生产一种产品，2016年4月1日期初在产品成本3.5万元；4月份发生如下费用：生产领用材料6万元，生产工人工资2万元，制造费用1万元，管理费用1.5万元，广告费0.8万元；月末在产品成本3万元。该企业4月份完工产品的生产成本为（　　）万元。

    A. 8.3         B. 9         C. 9.5         D. 11.8

6. 顺序分配法的特点是（　　）。

    A. 受益多的先分配，受益少的后分配

    B. 受益少的先分配，受益多的后分配

    C. 耗用多的先分配，耗用少的后分配

    D. 耗用少的先分配，耗用多的后分配

7. 某工业企业下设供水、供电两个辅助生产车间，采用交互分配法进行辅助生产费用的分配。2016年4月，供水车间交互分配前实际发生的生产费用为45 000元，应负担供电车间的电费为13 500元；供水总量为250 000吨（其中：供电车间耗用25 000吨，基本生产车间耗用175 000吨，行政管理部门耗用50 000吨）。供水车间2016年4月对辅助生产车间以外的受益单位分配水费的总成本为（　　）元。

    A. 9 000         B. 585 000         C. 105 300         D. 54 000

8. 某公司生产甲产品和乙产品，甲产品和乙产品为联产品。6月份发生加工成本900万元。甲产品和乙产品在分离点上的数量分别为300个和200个。采用实物数量分配法分配联合成本，甲产品应分配的联合成本为（　　）万元。

    A. 540         B. 240         C. 300         D. 450

9. 按计划成本分配法的特点是（　　）。

    A. 直接将辅助生产车间发生的费用分配给辅助生产车间以外的各个受益单位或产品

    B. 辅助生产车间生产的产品或劳务按照计划单位成本计算、分配

    C. 根据各辅助生产车间相互提供的产品或劳务的数量和成本分配率，在各辅助生产车间之间进行一次交互分配

    D. 按照辅助生产车间受益多少的顺序分配费用

10. 下列各项中，不属于辅助生产费用分配方法的是（　　）。

    A. 按计划成本分配法         B. 交互分配法

    C. 直接分配法         D. 约当产量比例法

11. 假设某基本生产车间采用按年度计划分配率分配制造费用。车间全年制造费用计划为4 800元。全年各种产品的计划产量为：甲产品200件，乙产品300件；单件产品的工时定额为：甲产品5小时，乙产品2小时。则该基本车间制造费用年度计划分配率是（　　）。

    A. 6.5         B. 5.6         C. 4.8         D. 3.0

12. A、B两种产品共同消耗的燃料费用为8 000元，A、B两种产品的定额消耗量分别为150千克和250千克。则按燃料定额消耗量比例分配计算的A产品应负担的燃

料费用为 ( ) 元。

 A. 2 000   B. 3 000   C. 4 000   D. 8 000

13. 下列事项中，不属于成本项目的有 ( )。

 A. 直接材料  B. 折旧费  C. 制造费用  D. 直接人工

## 二、多项选择题

1. 下列各项费用中，不应计入产品生产成本的有 ( )。

 A. 销售费用  B. 管理费用  C. 财务费用  D. 制造费用

2. 下列关于生产成本的说法中，正确的是 ( )。

 A. 生产成本科目核算企业进行工业性生产发生的各项生产成本

 B. 生产成本科目核算企业发生的各项间接费用

 C. 生产成本科目可按基本生产成本和辅助生产成本进行明细核算

 D. 余额反映企业尚未加工完成的在产品成本

3. 采用代数分配法分配辅助生产费用 ( )。

 A. 能够简化费用的分配计算工作

 B. 能够提供正确的分配计算结果

 C. 计算辅助生产劳务或产品的单位成本

 D. 适用于实现电算化的企业

4. 下列各项中，属于辅助生产成本分配方法的有 ( )。

 A. 直接分配法    B. 约当产量法

 C. 交互分配法    D. 定额比例法

5. 联产品的成本分配法有 ( )。

 A. 售价法     B. 产成品产量比例法

 C. 实物数量法    D. 定额比例法

6. 下列各项中，应计入制造费用的有 ( )。

 A. 生产用固定资产的折旧费

 B. 管理用固定资产的折旧费

 C. 生产工人的工资

D. 生产车间的劳动保护费

7. 职工薪酬包括 ( )。

 A. 计时工资    B. 计件工资

 C. 奖金、津贴    D. 补贴

8. 不可修复废品损失的生产成本，可以按 ( ) 计算。

 A. 废品所耗实际费用   B. 废品所耗定额费用

 C. 修复人员工资    D. 废品数量

9. 下列各项中，属于成本项目的有 ( )。

 A. 直接材料    B. 直接人工

 C. 制造费用    D. 燃料及动力

10. 成本核算的一般程序包括 ( )。

A. 确定成本核算对象      B. 确定成本项目

C. 归集所发生的全部费用      D. 结转产品销售成本

### 三、判断题

1. 成本一般以生产过程中取得的各种原始凭证为计算依据。 （　　）

2. 约当产量就是将月末在产品数量按照完工程度折算为相当于完工产品的产量。

（　　）

3. 假设企业只生产一种产品，那么直接生产成本和间接生产成本都可以直接计入该种产品成本。 （　　）

4. 辅助生产车间发生的各项成本中，直接用于辅助生产并专设成本项目的成本，应单独直接记入"生产成本——辅助生产成本"科目和所属有关明细账的借方。

（　　）

5. 采用直接分配法，可以直接将各辅助生产车间发生的成本分配给辅助生产车间以外的各个受益单位或产品。 （　　）

6. 车间管理人员的工资和福利费不属于直接工资，因而不能计入产品成本，应计入管理费用。 （　　）

7. 采用年度计划分配率分配法分配制造费用，"制造费用"科目及所属明细账都应没有年末余额。 （　　）

8. 应计入产品成本，但不能分清应由何种产品负担的费用，应计入生产成本。

（　　）

9. 费用中的产品生产费用是构成产品成本的基础，而期间费用直接计入当期损益，不计入产品成本。费用是按时期归集的，而产品成本是按产品对象归集的。

（　　）

10. 企业应对发生的所有因停工造成的损失予以计算。 （　　）

### 四、计算题

1. 某公司 D 产品本月完工产品产量 300 个，在产品数量 40 个；单位产品定额消耗为：材料 400 千克/个，100 工时/个。单位在产品材料定额 400 千克。工时定额 50 小时。每千克定额材料成本 20 元。实际发生的直接材料、直接人工的相关资料如下表所示。（假设该公司未发生制造费用。）

单位：元

| 项目 | 直接材料 | 直接人工 | 合计 |
|---|---|---|---|
| 期初在产品成本 | 400 000 | 40 000 | 440 000 |
| 本期发生成本 | 960 000 | 600 000 | 1 560 000 |
| 合计 | 1 360 000 | 640 000 | 2 000 000 |

要求：按定额比例法计算以下项目：

（1）计算完工产品定额材料成本、月末在产品定额材料成本；

（2）计算完工产品定额工时、月末在产品定额工时；

（3）计算直接材料成本分配率、直接人工成本分配率；

（4）计算完工产品应负担的直接材料成本和直接人工成本；

（5）计算月末在产品应负担的直接材料成本和直接人工成本。

2. 某企业生产的丁产品需经过两道工序制造完成，假定各工序内在产品完工程度平均为50%。该产品各工序的工时定额和月末在产品数量如下：

| 工序 | 各工序工时定额 | 月末在产品数量 |
|------|------|------|
| 1 | 90 | 500 |
| 2 | 60 | 300 |
| 合计 | 150 | 800 |

该企业本月份完工600件，月初在产品和本月发生的工资及福利费累计7 128元。

要求：根据以上资料，采用约当产量比例法分配计算以下指标完工产品和月末在产品的工资及福利费。

（1）各工序的产品的完工率；

（2）各工序在产品约当产量；

（3）工资及福利费分配率；

（4）完工产品工资及福利费；

（5）月末在产品工资及福利费。

3. 某工业加工厂第一生产车间生产A零件，需要甲、乙两种原材料，2008年12月份生产过程中领用甲材料30 000元，乙材料45 000元；需要支付给第一车间工人的工资共22 000元，车间管理人员工资9 000元；生产A零件的设备在当月计提的折旧为6 000元，假定A零件本月无其他耗费，均在12月完工并验收入库，并且无月初在产品成本和月末在产品成本。要求：编制相关会计分录，结转完工产品成本。

4. 某工业企业下设供水和供电两个辅助生产车间，辅助生产车间的制造费用不通过"制造费用"科目核算。基本生产成本明细账设有"原材料""直接人工"和"制造费用"3个成本项目。2016年4月份各辅助生产车间发生的费用如下：

| 辅助车间名称 | | 供水车间 | 供电车间 |
|------|------|------|------|
| 待分配费用 | | 88 000元 | 90 000元 |
| 提供产品和劳务数量 | | 115 000吨 | 175 000度 |
| 耗用量 | 供水车间耗用动力电 | | 20 000度 |
| | 供水车间耗用照明电 | | 5 000度 |
| | 供电车间耗用水 | 5 000吨 | |
| | 基本车间耗用动力电 | | 100 000度 |
| | 基本车间耗用水及照明电 | 100 000吨 | 30 000度 |
| | 行政部门耗用水及照明电 | 10 000吨 | 20 000度 |

要求：

（1）采用直接分配法，分别计算水费分配率和电费分配率。

（2）根据水费分配率，计算分配水费。

（3）根据电费分配率，计算分配电费。

（4）编制辅助生产费用分配的会计分录。

5. 假设某基本生产车间甲产品生产工时为 1 120 小时，乙产品生产工时为 640 小时，本月发生制造费用 7 216 元。

要求：按生产工人工时比例法在甲、乙产品之间分配制造费用，并编制会计分录。（列出计算过程，金额单位以元表示）

# 附录 初级会计实务实训

## 一、资料

1. 四川鲲鹏有限公司为一般纳税人，适用增值税税率为 17%，所得税税率为 33%；原材料采用计划成本进行核算。该公司 2016 年 12 月 31 日的资产负债表如表附-1 所示。其中，"应收账款"科目的期末余额为 4 000 000 元，"坏账准备"科目的期末余额为 9 000 元。其他诸如存货、长期股权投资、固定资产、无形资产等资产都没有计提资产减值准备。

表附-1

**资 产 负 债 表**

编制单位：四川鲲鹏有限公司　　　　　　2016 年 12 月 31 日　　　　　　　单位：元

| 资　产 | 金额 | 负债和所有者权益 | 金额 |
|---|---|---|---|
| 流动资产： | | 流动负债： | |
| 货币资金 | 14 063 000 | 短期借款 | 3 000 000 |
| 交易性金融资产 | 150 000 | 交易性金融负债 | 0 |
| 应收票据 | 2 460 000 | 应付票据 | 200 000 |
| 应收账款 | 3 991 000 | 应付账款 | 9 548 000 |
| 预付款项 | 1 000 000 | 预收款项 | 0 |
| 应收利息 | 0 | 应付职工薪酬 | 1 100 000 |
| | | 应交税费 | 366 000 |
| 其他应收款 | 3 050 000 | 应付利息 | 0 |
| 存货 | 25 800 000 | | |
| 一年内到期的非流动资产 | 0 | 其他应付款 | 500 000 |
| 其他流动资产 | 0 | 一年内到期的非流动负债 | 10 000 000 |
| 流动资产合计 | 47 514 000 | 其他流动负债 | 0 |
| 非流动资产： | | 流动负债合计 | 26 514 000 |
| 可供出售金融资产 | 0 | 非流动负债： | |
| 持有至到期投资 | 0 | 长期借款 | 6 000 000 |
| 长期应收款 | 0 | 应付债券 | 0 |

表附－1(续)

| 资　产 | 金额 | 负债和所有者权益 | 金额 |
|---|---|---|---|
| 长期股权投资 | 2 500 000 | 长期应付款 | 0 |
| 投资性房地产 | | 专项应付款 | 0 |
| 固定资产 | 8 000 000 | 预计负债 | 0 |
| 在建工程 | 15 000 000 | 递延所得税负债 | 0 |
| 工程物资 | 0 | 其他非流动负债 | 0 |
| 固定资产清理 | 0 | 非流动负债合计 | 6 000 000 |
| | | 负债合计 | 32 514 000 |
| | | 所有者权益： | |
| 无形资产 | 6 000 000 | 实收资本 | 50 000 000 |
| 开发支出 | 0 | 资本公积 | 0 |
| 长期待摊费用 | 0 | 减：库存股 | |
| 递延所得税资产 | 0 | 盈余公积 | 1 000 000 |
| 其他非流动资产 | 2 000 000 | 未分配利润 | 500 000 |
| 非流动资产合计 | 36 500 000 | 所有者权益合计 | 51 500 000 |
| 资产总计 | 84 014 000 | 负债和所有者权益总计 | 84 014 000 |

2. 2016 年，四川鲲鹏有限公司共发生如下经济业务：

(1) 收到银行通知，用银行存款支付到期的商业承兑汇票 1 000 000。

(2) 购入原材料一批，收到的增值税专用发票上注明的原材料价款为 1 500 000 元，增值税进项税额为 255 000 元，款项已通过银行转账支付，材料尚未验收入库。

(3) 收到原材料一批，实际成本 1 000 000 元，计划成本 950 000 元，材料已验收入库，货款已于上月支付。

(4) 用银行汇票支付材料采购价款，公司收到开户银行转来银行汇票多余款收账通知，通知上填写的多余款为 2 340 元，购入材料及运费 998 000 元，支付的增值税进项税额 169 660 元，材料已验收入库，该批原材料计划价格 1 000 000 元。

(5) 销售产品一批，开出的增值税专用发票上注明价款为 3 000 000 元，增值税销项税额为 510 000 元，货款尚未收到。该批产品实际成本 1 800 000 元，产品已发出。

(6) 公司将交易性金融资产（股票投资）兑现 165 000 元，该投资的成本为 130 000 元，公允价值变动为增值 20 000 元，处置收益为 15 000 元，均存入银行。

(7) 购入不需安装的设备一台，收到增值税专用发票上注明的设备价款为 854 700 元，增值税进项税额为 145 300 元，支付包装费、运费 10 000 元。价款及包装费、运费均以银行存款支付，设备已交付使用。

(8) 购入工程物资一批，收到增值税专用发票上注明的物资价款和增值税进项税额合计为 1 500 000 元，款项已通过银行转账支付。

（9）工程应付薪酬 2 280 000 元。

（10）一项工程完工，交付生产使用，已办理竣工手续，固定资产价值 14 000 000 元。

（11）基本生产车间一台机床报废，原价 2 000 000 元，已提折旧 1 800 000 元，清理费用 5 000 元，残值收入 8 000 元，均通过银行存款收支。该项固定资产已清理完毕。

（12）从银行借入 3 年期借款 10 000 000 元，借款已存入银行账户。

（13）销售产品一批，开出的增值税专用发票上注明的销售价款为 7 000 000 元，增值税销项税额为 1 190 000 元，款项已存入银行。销售产品的实际成本为 4 200 000 元。

（14）公司将要到期的一张面值为 2 000 000 元的无息银行承兑汇票（不含增值税），连同解讫通知和进账单交银行办理转账。收到银行盖章退回的进账单一联。款项银行已收妥。

（15）公司出售一台不需用设备，收到价款 3 000 000 元，该设备原价 4 000 000 元，已提折旧 1 500 000 元。该项设备已由购入单位运走。

（16）取得交易性金融资产（股票投资），价款 1 030 000 元，交易费用 20 000 元，已用银行存款支付。

（17）支付工资 5 000 000 元，其中包括支付在建工程人员的工资 2 000 000 元。

（18）分配应支付的职工工资 3 000 000 元（不包括在建工程应负担的工资），其中生产人员薪酬 2 750 000 元，车间管理人员薪酬 100 000 元，行政管理部门人员薪酬 150 000 元。

（19）提取职工福利费 420 000 元（不包括在建工程应负担的福利费 280 000 元），其中生产工人福利费 385 000 元，车间管理人员福利费 14 000 元，行政管理部门福利费 21 000 元。

（20）基本生产领用原材料，计划成本为 7 000 000 元，领用低值易耗品，计划成本 500 000 元，采用一次摊销法摊销。

（21）结转领用原材料应分摊的材料成本差异。材料成本差异率为 5%。

（22）计提无形资产摊销 600 000 元，以银行存款支付基本生产车间水电费 900 000 元。

（23）计提固定资产折旧 1 000 000 元，其中计入制造费用 800 000 元、管理费用 200 000 元。计提固定资产减值准备 300 000 元。

（24）收到应收账款 510 000 元，存入银行。计提应收账款坏账准备 9 000 元。

（25）用银行存款支付产品展览费 100 000 元。

（26）计算并结转本期完工产品成本 12 824 000 元。期末没有在产品，本期生产的产品全部完工入库。

（27）广告费 100 000 元，已用银行存款支付。

（28）公司采用商业承兑汇票结算方式销售产品一批，开出的增值税专用发票上注明的销售价款为 2 500 000 元，增值税销项税额为 425 000 元，收到 2 925 000 元的商业承兑汇票一张，产品实际成本为 1 500 000 元。

（29）公司将上述承兑汇票到银行办理贴现，贴现息为 200 000 元。

（30）公司本期产品销售应交纳的教育费附加为 20 000 元。

（31）用银行存款交纳增值税 1 000 000 元；教育费附加 20 000 元。

（32）本期在建工程应负担的长期借款利息费用 2 000 000 元，长期借款为分期付息。

（33）提取应计入本期损益的长期借款利息费用 100 000 元，长期借款为分期付息。

（34）归还短期借款本金 2 500 000 元。

（35）支付长期借款利息 2 100 000 元。

（36）偿还长期借款 10 000 000 元。

（37）上年度销售产品一批，开出的增值税专用发票上注明的销售价款为 100 000 元，增值税销项税额为 17 000 元，购货方开出商业承兑汇票。本期由于购货方发生财务困难，无法按合同规定偿还债务，经双方协议，四川鲲鹏有限公司同意购货方用产品抵偿该应收票据。用于抵债的产品市价为 80 000 元，增值税税率为 17%。

（38）持有的交易性金融资产的公允价值为 1 050 000 元。

（39）结转本期产品销售成本 7 500 000 元。

（40）假设本例中，除计提固定资产减值准备 300 000 元造成固定资产账面价值与其计税基础存在差异外，不考虑其他项目的所得税影响。企业按照税法规定计算确定的应交所得税为 1 252 218 元，递延所得税资产为 99 000 元。

（41）将各收支科目结转本年净利润。

（42）按照净利润的 10% 提取法定盈余公积金。

（43）将利润分配各明细科目的余额转入"未分配利润"明细科目，结转本年利润。

（44）用银行存款交纳当年应交所得税。

要求：编制四川鲲鹏有限公司 2016 年度经济业务的会计分录，并在此基础上编制资产负债表、利润表和现金流量表。

## 二、根据上述资料编制会计分录

（1）借：应付票据　　　　　　　　　　　　　　1 000 000

　　　　贷：银行存款　　　　　　　　　　　　　　　1 000 000

（2）借：材料采购　　　　　　　　　　　　　　1 500 000

　　　　应交税费——应交增值税（进项税额）　　　255 000

　　　　贷：银行存款　　　　　　　　　　　　　　　1 755 000

（3）借：原材料　　　　　　　　　　　　　　　950 000

　　　　材料成本差异　　　　　　　　　　　　　50 000

　　　　贷：材料采购　　　　　　　　　　　　　　　1 000 000

（4）借：材料采购　　　　　　　　　　　　　　998 000

　　　　银行存款　　　　　　　　　　　　　　　2 340

     应交税费——应交增值税（进项税额）       169 660

    贷：其他货币资金            1 170 000

   借：原材料              1 000 000

    贷：材料采购             998 000

     材料成本差异           2 000

（5）借：应收账款             3 510 000

    贷：主营业务收入           3 000 000

     应交税费——应交增值税（销项税额）     510 000

（6）借：银行存款              165 000

    贷：交易性金融资产——成本        130 000

         ——公允价值变动       20 000

     投资收益              15 000

   借：公允价值变动损益           20 000

    贷：投资收益              20 000

（7）借：固定资产             1 010 000

    贷：银行存款             1 010 000

（8）借：工程物资             1 500 000

    贷：银行存款             1 500 000

（9）借：在建工程             2 280 000

    贷：应付职工薪酬           2 280 000

（10）借：固定资产           14 000 000

    贷：在建工程            14 000 000

（11）借：固定资产清理          200 000

    累计折旧             1 800 000

    贷：固定资产            2 000 000

   借：固定资产清理           5 000

    贷：银行存款              5 000

   借：银行存款              8 000

    贷：固定资产清理            8 000

   借：营业外支出——处置固定资产净损失    197 000

    贷：固定资产清理            197 000

（12）借：银行存款           10 000 000

    贷：长期借款            10 000 000

（13）借：银行存款            8 190 000

    贷：主营业务收入           7 000 000

     应交税费——应交增值税（销项税额）   1 190 000

（14）借：银行存款            2 000 000

    贷：应收票据             2 000 000

（15）借：固定资产清理 2 500 000

　　　累计折旧 1 500 000

　　　贷：固定资产 4 000 000

　　借：银行存款 3 000 000

　　　贷：固定资产清理 3 000 000

　　借：固定资产清理 500 000

　　　贷：营业外收入——处置固定资产净收益 500 000

（16）借：交易性金融资产 1 030 000

　　　投资收益 20 000

　　　贷：银行存款 1 050 000

（17）借：应付职工薪酬 5 000 000

　　　贷：银行存款 5 000 000

（18）借：生产成本 2 750 000

　　　制造费用 10 000

　　　管理费用 15 000

　　　贷：应付职工薪酬 3 000 000

（19）借：生产成本 385 000

　　　制造费用 14 000

　　　管理费用 21 000

　　　贷：应付职工薪酬 420 000

（20）借：生产成本 7 000 000

　　　贷：原材料 7 000 000

　　借：制造费用 500 000

　　　贷：周转材料 500 000

（21）借：生产成本 350 000

　　　制造费用 25 000

　　　贷：材料成本差异 375 000

（22）借：管理费用——无形资产摊销 600 000

　　　贷：累计摊销 600 000

　　借：制造费用——水电费 900 000

　　　贷：银行存款 900 000

（23）借：制造费用——折旧费 800 000

　　　管理费用——折旧费 200 000

　　　贷：累计折旧 1 000 000

　　借：资产减值损失——计提的固定资产减值 300 000

　　　贷：固定资产减值准备 300 000

（24）借：银行存款 510 000

　　　贷：应收账款 510 000

| | | |
|---|---|---:|
| | 借：资产减值损失——坏账准备 | 9 000 |
| | 　贷：坏账准备 | 9 000 |
| （25） | 借：销售费用——展览费 | 100 000 |
| | 　贷：银行存款 | 100 000 |
| （26） | 借：生产成本 | 2 339 000 |
| | 　贷：制造费用 | 2 339 000 |
| | 借：库存商品 | 12 824 000 |
| | 　贷：生产成本 | 12 824 000 |
| （27） | 借：销售费用——广告费 | 100 000 |
| | 　贷：银行存款 | 100 000 |
| （28） | 借：应收票据 | 2 925 000 |
| | 　贷：主营业务收入 | 2 500 000 |
| （29） | 借：财务费用 | 200 000 |
| | 　银行存款 | 2 725 000 |
| | 　贷：应收票据 | 2 925 000 |
| （30） | 借：税金及附加 | 20 000 |
| | 　贷：应交税费——应交教育附加 | 20 000 |
| （31） | 借：应交税费——应交增值税（已交税金） | 1 000 000 |
| | 　　　　　　——已交教育附加 | 20 000 |
| | 　贷：银行存款 | 1 020 000 |
| （32） | 借：在建工程 | 2 000 000 |
| | 　贷：应付利息 | 2 000 000 |
| （33） | 借：财务费用 | 100 000 |
| | 　贷：应付利息 | 100 000 |
| （34） | 借：短期借款 | 2 500 000 |
| | 　贷：银行存款 | 2 500 000 |
| （35） | 借：应付利息 | 2 100 000 |
| | 　贷：银行存款 | 2 100 000 |
| （36） | 借：长期借款 | 10 000 000 |
| | 　贷：银行存款 | 10 000 000 |
| （37） | 借：库存商品 | 80 000 |
| | 　应交税费——应交增值税（进项税额） | 13 600 |
| | 　营业外支出——债务重组损失 | 23 400 |
| | 　贷：应收票据 | 117 000 |
| （38） | 借：交易性金融资产——公允价值变动 | 20 000 |
| | 　贷：公允价值变动损益 | 20 000 |
| （39） | 借：主营业务成本 | 7 500 000 |
| | 　贷：库存商品 | 7 500 000 |

（40）借：所得税费用——当期所得税费用　　　　　　　　　　1 252 218

　　　　贷：应交税费——应交所得税　　　　　　　　　　　　　1 252 218

　　借：递延所得税资产　　　　　　　　　　　　　　　　　99 0 000

　　　　贷：所得税费用——递延所得税费用　　　　　　　　　　99 000

（41）借：主营业务收入　　　　　　　　　　　　　　　　12 500 000

　　　　营业外收入　　　　　　　　　　　　　　　　　　500 000

　　　　投资收益　　　　　　　　　　　　　　　　　　　15 000

　　　　贷：本年利润　　　　　　　　　　　　　　　　　　13 015 000

　　借：本年利润　　　　　　　　　　　　　　　　　　9 520 400

　　　　贷：主营业务成本　　　　　　　　　　　　　　　　7 500 000

　　　　税金及附加　　　　　　　　　　　　　　　　　20 000

　　　　销售费用　　　　　　　　　　　　　　　　　200 000

　　　　管理费用　　　　　　　　　　　　　　　　　971 000

　　　　财务费用　　　　　　　　　　　　　　　　　300 000

　　　　资产减值损失　　　　　　　　　　　　　　　309 000

　　　　营业外支出　　　　　　　　　　　　　　　　220 400

　　借：本年利润　　　　　　　　　　　　　　　　　1 153 218

　　　　贷：所得税费用　　　　　　　　　　　　　　　　1 153 218

（42）借：利润分配——提取法定盈余公积　　　　　　　234 138.2

　　　　贷：盈余公积——法定盈余公积　　　　　　　　　234 138.2

提取法定盈余公积数额为：（13 015 000 − 9 520 400 − 1 153 218）×10% = 234 138.2

（元）

（43）借：利润分配——未分配利润　　　　　　　　　　234 138.2

　　　　贷：利润分配——提取法定盈余公积　　　　　　　234 138.2

　　借：本年利润　　　　　　　　　　　　　　　　　2 341 382

　　　　贷：利润分配——未分配利润　　　　　　　　　　2 341 382

（44）借：应交税费——应交所得税　　　　　　　　　　1 252 218

　　　　贷：银行存款　　　　　　　　　　　　　　　　　1 252 218

## 三、根据年初资产负债表和上述会计分录编制年末四川鲲鹏有限公司资产负债表（表附 −2）

表附 −2　　　　　　　　　　　　　　资产负债表

编制单位：四川鲲鹏有限公司　　　　　2016 年 12 月 31 日　　　　　　　　单位：元

| 资产 | 年末余额 | 年初余额 | 负债及所有者权益 | 年末余额 | 年初余额 |
|---|---|---|---|---|---|
| 流动资产 | | | 流动负债 | | |
| 货币资金 | 10 201 122 | 14 063 000 | 短期借款 | 500 000 | 3 000 000 |
| 交易性金融资产 | 1 050 000 | 150 000 | 交易性金融负债 | 0 | 0 |

表附－2（续）

| 资产 | 年末余额 | 年初余额 | 负债及所有者权益 | 年末余额 | 年初余额 |
|---|---|---|---|---|---|
| 应收票据 | 343 000 | 2 460 000 | 应付票据 | 1 000 000 | 2 000 000 |
| 应收账款 | 6 982 000 | 3 991 000 | 应付账款 | 9 548 000 | 9 548 000 |
| 预售款项 | 1 000 000 | 1 000 000 | 预收款项 | 0 | 0 |
| 应收利息 | 0 | 0 | 应付职工薪酬 | 1 800 000 | 1 100 000 |
| | | | 应交税费 | 1 052 740 | 366 000 |
| 其他应收款 | 3 050 000 | 3 050 000 | 应付利息 | 0 | 0 |
| 存货 | 25 827 000 | 25 800 000 | | | |
| 一年内到期的非流动资产 | 0 | 0 | 其他应付款 | 500 000 | 500 000 |
| 其他流动资产 | 0 | 0 | 一年内到期的非流动负债 | 10 000 000 | 10 000 000 |
| 流动资产合计 | 48 453 122 | 50 514 000 | 其他流动负债 | 0 | 0 |
| 非流动资产 | | | 流动负债合计 | 24 400 740 | 26 514 000 |
| 可供出售金融资产 | 0 | 0 | 非流动负债 | | |
| 持有至到期投资 | 0 | 0 | 长期借款 | 6 000 000 | 6 000 000 |
| 长期应收款 | 0 | 0 | 应付债券 | 0 | 0 |
| 长期股权投资 | 2 500 000 | 2 500 000 | | | |
| 投资性房地产 | | | 长期应付款 | 0 | 0 |
| 固定资产 | 19 010 000 | 8 000 000 | 专项应付款 | 0 | 0 |
| 在建工程 | 5 280 000 | 15 000 000 | 预计负债 | 0 | 0 |
| 工程物资 | 1 500 000 | 0 | 递延所得税负债 | 0 | 0 |
| 固定资产清理 | 0 | 0 | 其他非流动负债 | | |
| | | | 非流动负债合计 | 6 000 000 | 6 000 000 |
| 油气资产 | | | 负债合计 | 30 400 740 | 32 514 000 |
| 无形资产 | 5 400 000 | 6 000 000 | 所有者权益（或股东权益）： | | |
| 开发支出 | 0 | 0 | 实收资本（或股本） | 50 000 000 | 50 000 000 |
| 商誉 | 0 | 0 | 资本公积 | 0 | 0 |
| 长期待摊费用 | 0 | 0 | 减：库存股 | | |
| 递延所得税资产 | 99 000 | 0 | 盈余公积 | 1 234 138.20 | 1 000 000 |
| 其他非流动资产 | 2 000 000 | 2 000 000 | 未分配利润 | 2 607 243.80 | 500 000 |
| 流动资产合计 | 35 789 000 | 33 500 000 | 所有者权益（或股东权益）合计 | 53 841 382 | 51 500 000 |
| 资产总计 | 84 242 122 | 84 014 000 | 负债和所有者权益（或股东权益）总计 | 84 242 122 | 84 014 000 |

注："应收账款"科目的年末余额为 7 000 000 元，"坏账准备"科目的年末余额为 18 000 元。

## 四、编制年度利润表

1. 根据对前述业务的上述会计处理，四川鲲鹏有限公司 2016 年度利润表科目本年累计发生额如表附 -3 所示。

表附 -3　　　　　　　　　　2016 年度利润表科目本年累计发生额　　　　　　单位：元

| 科目名称 | 借方发生额 | 贷方发生额 |
| --- | --- | --- |
| 营业收入 | | 12 500 000 |
| 营业成本 | 7 500 000 | |
| 税金及附加 | 20 000 | |
| 销售费用 | 200 000 | |
| 管理费用 | 971 000 | |
| 财务费用 | 300 000 | |
| 资产减值损失 | 309 000 | |
| 投资收益 | | 15 000 |
| 营业外收入 | | 500 000 |
| 营业外支出 | 220 400 | |
| 所得税费用 | 1 153 218 | |

2. 根据本年相关科目发生额编制四川鲲鹏有限公司利润表如表附 -4 所示。

表附 -4　　　　　　　　　　　　　　利　润　表

编制单位：四川鲲鹏有限公司　　　　　　2016 年度　　　　　　　　单位：元

| 项　　目 | 本期金额 |
| --- | --- |
| 一、营业收入 | 12 500 000 |
| 　减：营业成本 | 7 500 000 |
| 　　税金及附加 | 20 000 |
| 　　销售费用 | 200 000 |
| 　　管理费用 | 971 000 |
| 　　财务费用 | 300 000 |
| 　　资产减值损失 | 309 000 |
| 　加：公允价值变动收益（损失以 "－" 号填列） | 0 |
| 　　投资收益（损失以 "－" 号填列） | 15 000 |
| 　　其中：对联营企业和合营企业的投资收益 | |
| 二、营业利润（亏损以 "－" 号填列） | 3 215 000 |
| 　加：营业外收入 | 500 000 |

表附－4（续）

| 项　目 | 本期金额 |
| --- | --- |
| 减：营业外支出 | 220 400 |
| 其中：非流动资产处置损失 | |
| 三、利润总额（亏损总额以"－"号填列） | 3 494 600 |
| 减：所得税费用 | 1 153 218 |
| 四、净利润（净亏损以"一"号填列） | 2 341 382 |
| 五、每股收益： | |
| （一）基本每股收益 | |
| （二）稀释每股收益 | |

# 练　习　题

南方公司 12 月份发生下列经济业务：

（1）南方公司收到投资者投入资金 3 000 000 元，其中，国家投入资本金 700 000 元，国兴公司投入资本金 1 300 000 元，程娜投入资本金 1 000 000 元。款项均存入银行。

（2）南方公司收到信阳公司投资转入专有技术和原材料一批。其中，原材料双方确认价值为 50 000 元（实际成本），投入的专有技术双方确认价值为 80 000 元。

（3）南方公司委托甲证券公司代理发行普通股 100 000 股，每股票面值 4 元，每股发行价 4.2 元。假定发行费用为 0 元。甲证券公司代理发行成功，将股款 420 000 元全部划入南方股份有限公司。

（4）南方公司于 2006 年 1 月 1 日向银行取得借款 800 000 元，6 个月后偿还。

（5）南方公司以土地使用权作为抵押向银行贷款 5 000 000 元，用于建造厂房。该笔贷款年利率 6%，贷款期限 2 年。

（6）南方公司购进全新不需要安装的设备 1 台，专用发票上注明买价 100 000 元，增值税 17 000 元，运杂费 3 000 元，调试费 500 元。全部款项通过银行支付。

（7）南方公司购入需要安装的车床 5 台，买价 100 000 元，增值税额为 17 000 元，支付的运费为 2 000 元，均用银行存款支付。在安装车床时，领用的材料物资价值 1 500 元，应付职工薪酬 2 500 元，安装完毕后交付使用。

（8）南方公司向大容公司购入甲材料 1 000 千克，单价 30 元；向宏大公司购入甲材料 1 500 千克，单价 30 元。货款、税款均未支付（增值税率 17%）。

（9）用银行存款支付上述购入甲材料的采购费用 900 元。

（10）采购员郑青借支差旅费 800 元，用现金支付。

（11）按购货合同向飞天公司购乙材料、丙材料两种，用银行存款预付货款

20 000 元。

(12) 飞天公司按购货合同要求将下列材料运到，南方公司验货后，将预付款冲销后的剩余货款、税款用银行存款结清。（乙材料 3 000 千克，单价 20 元；丙材料 5 000 千克，单价 40 元。）

(13) 购入上述乙、丙材料过程中，共发生运杂费 400 元，已用现金支付。假设运杂费按材料重量比例作为分配标准。

(14) 用银行存款偿还前欠大容公司的货款、税款 35 100 元，宏达公司的货款、税款。

(15) 采购员郑青报销差旅费 640 元，余款以现金交回。

(16) 本月购入的甲、乙、丙材料均已验收入库，月末按材料的实际成本结转入库。

(17) 月末，总计：生产 A 产品耗用甲材料 600 千克，乙材料 1 000 千克；生产 B 产品耗用甲材料 1 000 千克，丙材料 2 000 千克；车间一般耗用乙材料 500 千克，丙材料 1 000 千克；行政管理部门耗用丙材料 1 500 千克。

(18) 根据有关工资结算凭证，本月一共发生应付工资 40 000 元，按用途汇总：生产 A 产品工人工资 14 000 元，生产 B 产品工人工资 16 000 元，车间管理人员工资 4 000 元，厂部行政管理人员工资 6 000 元。

(19) 银行提取现金 40 000 元，备发工资。

(20) 以现金发放工资 40 000 元。

(21) 月末，按本月工资总额的 14% 提取职工福利。

(22) 月末，按照规定的折旧率，计算本月份固定资产折旧额。其中：生产车间使用的固定资产折旧 3 900 元，厂部行政管理部门机器折旧 7 000 元。

(23) 月末，企业用银行存款预付下一年度财产保险费 24 000 元。

(24) 用银行存款支付应由本月负担的固定资产保养费 3 500 元。其中：车间应承担的固定资产保养费 1 000 元，厂部应承担的固定资产保养费 2 500 元。

(25) 用现金购买办公用品 890 元并交付使用。其中：车间办公用品费 540 元，厂部行政管理部门办公费 350 元。

(26) 厂部行政管理人员王平出差，借支差旅费 2 000 元，以现金付讫。

(27) 王平出差回来到企业报销差旅费 1 400 元，余款以现金交回。

(28) 月末，将本月的制造费用按工人的工时进行分配，A 产品消耗的工时为 5 000 工时，B 产品消耗的工时为 7 500 工时。

(29) 结转本月完工入库 A、B 产品的制造成本。其中：A 产品完工入库 1 000 件，B 产品完工入库 500 件，按 A、B 产品的实际成本进行结转。

(30) 南方公司销售 A 商品 500 件给 M 公司，每件售价 80 元，销售 B 产品 50 件给 N 公司，每件售价 100 元。M 公司的货款税款已收存银行，N 公司的货款暂欠。

(31) 南方公司收到 P 公司准备购买 B 商品预付的订金 30 000 元，存入银行。

(32) 南方公司按合同向预付货款的 P 公司发出 B 商品 400 件，每件售价 100 元，并结清余款。

（33）南方公司将成本为 6 000 元的库存闲置的原材料一批进行出售，售价 8 000 元，货款通过银行收讫。

（34）南方公司一银行存款支付销售商品广告费 6 000 元，展览费 2 000 元，银行手续费 400 元，用现金支付业务招待费 610 元。

（35）月末，汇总 12 月份已售 A 产品 500 件、B 产品 450 件的成本。

（36）经计算本月应交消费税 2 000 元，城市维护建设税 140 元，教育费附加 80 元。

（37）月末，将结转本月发生的收入、费用、成本、税金。

南方公司经汇总 12 月份取得投资收益 8 116 元，营业外收入 4 000 元，营业外支出 3 000 元，1 月份～11 月份已累计实现利润 90 000 元，已预交所得税 29 700 元，若该年度应纳税所得额恰好为该年度会计利润总额。

（38）南方公司本年度实现净利润 74 041.7 元，按本年实现的净利润 10% 提取法定公积金，按本年度实现净利润的 5% 提取任意盈余公积金，宣布分配投资者利润 30 000 元。

要求：（1）根据以上业务编制会计分录。

（2）填列南方公司 2016 年 12 月 31 日的资产负债表（不需列出计算过程）。

（3）填列南方公司 2016 年 12 月 31 日的利润表（不需列出计算过程）。

**图书在版编目(CIP)数据**

初级会计实务/许仁忠主编 . —2 版. —成都:西南财经大学出版社,2017.1

ISBN 978 – 7 – 5504 – 2827 – 0

Ⅰ.①初… Ⅱ.①许… Ⅲ.①会计实务 Ⅳ.①F233

中国版本图书馆 CIP 数据核字(2017)第 015842 号

初级会计实务(第二版)

许仁忠 李丽娟 杨 洋 刘 婷 主编

责任编辑:张 岚
封面设计:杨红鹰 张姗姗
责任印制:封俊川

| | |
|---|---|
| 出版发行 | 西南财经大学出版社(四川省成都市光华村街 55 号) |
| 网　　址 | http://www.bookcj.com |
| 电子邮件 | bookcj@foxmail.com |
| 邮政编码 | 610074 |
| 电　　话 | 028 – 87353785　87352368 |
| 照　　排 | 四川胜翔数码印务设计有限公司 |
| 印　　刷 | 郫县犀浦印刷厂 |
| 成品尺寸 | 185mm×260mm |
| 印　　张 | 13.75 |
| 字　　数 | 310 千字 |
| 版　　次 | 2017 年 1 月第 2 版 |
| 印　　次 | 2017 年 1 月第 1 次印刷 |
| 印　　数 | 1— 2000 册 |
| 书　　号 | ISBN 978 – 7 – 5504 – 2827 – 0 |
| 定　　价 | 29.80 元 |